Study on Urbanization Resettlement for Rural Displaced Persons of Reservoir Project

"十二五"国家重点图书出版规划项目
移民研究文库·水库移民系列
编辑委员会

主　任：施国庆
副主任：陈绍军　余文学
委　员：黄涛珍　韩振燕　毛春梅　陈阿江
　　　　黄健元　杨文健　许佳君　王毅杰
　　　　石德生　朱文龙　余庆年　朱秀杰
　　　　郭剑平　张虎彪　董　铭　殷建军
　　　　孙　燕　何志扬　孙中艮　黄　莉
　　　　周　建　严登才　曹志杰　许　燕
　　　　胡子江　龙腾飞　朱东恺　郑瑞强
　　　　于浩淼　肖建良　尚　凯

河海大学社科青年文库

移民研究文库·水库移民系列

水库工程农村移民城镇化安置研究

周潇君　施国庆　王海宝 ◎著

社会科学文献出版社
SOCIAL SCIENCES ACADEMIC PRESS (CHINA)

丛书总序

移民已经成为世界性的难题，也已经成为世界性的科学研究前沿领域之一。在国内，移民问题已经成为中国改革开放30多年以来最热点的社会问题研究领域之一。

移民是人口在不同地区之间迁移及其社会经济恢复重建活动的总称。移民包括工程移民、生态移民、灾害移民、扶贫移民、环境移民、经济移民等多种类型。

移民学是一门运用人口学、社会学、经济学、管理学、工程技术科学、资源科学、环境科学、数学、统计学、心理学、人类学、政治学等多学科理论与方法，专门研究各类自愿性及非自愿性移民活动的科学。移民学研究的对象是工程建设、生态、环境、自然灾害、战争、社会冲突、经济、扶贫等各种原因引起的人口迁移活动及其相关的社会、经济、文化、生态、环境、资源、政治系统。研究内容包括各类原因引起的人口迁移、社会经济系统恢复重建问题，以及移民的经济、管理、政策、社会、文化、资源、环境、心理、民族、宗教及工程技术等问题。移民学可以揭示移民活动全过程及相关人口、社会、经济系统的变迁、恢复、重建、发展的机理与客观规律，为移民系统的识别、调查、分析、解释、预测、规划、评价、监测、控制、管理提供理论和方法，从而为移民活动的管理和移民系统建设提供科学依据。移民学是一门综合性很强的由多学科交叉产生的边缘学科，是自然科学、工程技术科学与社会科学交叉产生的一门新兴科学，极具复杂性、长期性和系统性，正受到越来越广泛的重视。

从全世界范围看，在1990~1999年的10年中，约有1亿因为开发活动导致的非自愿移民，而在2000~2009年的10年中，这一数字则增加到1.5亿。

1949年以来，中国已经产生工程建设征地拆迁移民7000多万人，其中1949~2008年动迁水库移民1930万人。1998年长江大水后进行了246万人移民建镇，黄河滩区和淮河行蓄洪区均需要通过移民方式解决防洪问题。汶川地震、玉树地震，舟曲泥石流以及全国各地大量的地质灾害也造成了大量灾害移民安置问题。2011年，全国有2.2亿农村人口正在逐步向城市（镇）和发达地区流动与迁移。国家正在实施的生态移民，2030年前约迁移1000万人。根据估计，移民也是人类适应和应对气候变化问题的重要手段。许多大中城市正在开展污染企业搬迁，河流、湖泊、海洋、草原等自然环境保护也导致人类经济活动形式的变化。

按照能否自愿选择，移民可以分为自愿性移民和非自愿性移民。

非自愿移民是尚未很好解决的世界性难题。从全球视野看，无论是中国、印度、巴西、俄罗斯等社会经济发展迅速的人口大国，还是非洲、东南亚、南美、中亚等大量发展中或者欠发达国家和地区，非自愿移民问题的解决都步履维艰。欧美发达国家已经进入后现代化阶段，其在现代化过程中虽然也积累了一定的非自愿移民政策、经验与教训，但是由于政治、社会、经济、文化、宗教、资源、环境等差异，这些政策和经验也并不能够为发展中国家所照搬甚至借鉴。

非自愿移民活动极为艰巨复杂，尤其当它与以年轻人或有专门技能的中年人为主、为寻求新的发展或者生活质量提高的机会而自主进行人生选择的自愿移民比较时。人口的非自愿迁移对任何人来说均非一个简单的过程，它要求人们迁离世代居住的家园，离开熟悉的土地、社区和环境，解体原有的社会经济系统和社会网络，重构个人和家庭可持续的生计系统，改变千百年世代形成的生产和生活方式，经历与亲邻分离的精神痛苦和心灵煎熬。它具有利益相关人群的不可选择性，其群体由各种年龄、不同性别、多种社会阶层的人组成，其观念与谋生能力各不相同。非自愿移民的迁移、安置与生计恢复工作是一项庞大而复杂的系统工程，涉及社会、经济、政治、文化、人口、资源、环境、民族、宗教、心理、工程技术诸多领域。随着人口的增加，各种资源减少，人地关系更加紧张，社会阶层分化加剧，非自愿移民的迁移与妥善安置也越来越困难，已经并将继续成为世界性的难题。

在各类非自愿移民活动中，水利水电工程移民尤其是水库移民的问题最复杂、影响最深远、涉及面最广、实施难度最大。

水利水电工程所导致的大规模移民活动，涉及永久征地、临时占地、房屋拆迁、个人或者家庭财产被征收、公共性设施与其他财产拆迁、工矿企业拆迁、城集镇迁建等实物损失型影响，需要进行物质系统恢复与重建；水库淹没和征收土地使移民丧失了土地等各类资源、经营性资产、收入机会、生计和获得财产机会等经济损失型影响，需要进行经济系统恢复与重建；它导致移民丧失教育、医疗卫生、文化、宗教场所、社区中心、商业贸易等公共服务机会，丧失或损失人力资本、政治地位、社会网络、劳动技能、生活环境等产生的社会损失型影响，需要进行社会系统恢复与重建。水利水电移民安置活动涉及人口迁入和迁出地区人口功能区的重新划分，自然资源转换与重新配置，公共设施与基础设施功能的调整与恢复，社会系统的恢复、调整、重建，经济系统的恢复、调整与重建。因此，移民是十分复杂的"人口－资源－环境－社会－经济系统"的破坏、修复、调整和重建的系统工程。

水利水电移民问题非常复杂。移民涉及土地、房屋、林地等有形资产损失及其补偿和重置，社会网络、人力资本、社会资本、政治资本等无形资产损失及补偿和重置，区域社会经济系统和移民家庭可持续生计系统重建，移民与安置区非移民的社会整合。水利水电移民问题具有以下特点：①非自愿移民本质。工程建设征地和水库移民在是否受征地与淹没影响和是否搬迁方面没有自由选择权，属于非自愿性移民。②移民规模大。水利水电移民尤其是水库移民，往往涉及整村、整乡、整县人口，迁移人口规模大。③复杂系统再造。水库移民涉及区域人口－资源－环境－社会－经济系统的功能调整、恢复、重建，十分复杂。④利益关系复杂。坝区与库区、上游与下游、左岸与右岸，可能涉及不同（省、市、县、乡）行政区域，政策法规、政治、经济、社会、文化体系等均可能有差异，"界河"工程利益关系复杂，具有冲突易发性。⑤社会经济整合不易。异地安置和后靠安置均涉及移民与安置区非移民在土地资源、公共设施、社会服务、就业机会、政治权力、发展机会等方面进行机会公平、资源分享、利益调节、均衡发展的社会经济整合难题。⑥移民家庭系统性损失严重。移民家庭失去土地、职业、生计、收入来源、住房、财产、社会网络、社区生产生活、宗教文化场所，损失严重。⑦移民安置意愿各异。移民家庭人口、资源、社会、经济条件不同，在迁移去向、安置方式、生计与收入恢复、房屋重建等安置方面需求各异，许多移民具有一定的选择权。⑧移民精神压力大。在补偿、迁移、安置、重建中，移民的生产生活和精神受到巨大的冲击。⑨移民社会适应不易。生活和生产方式调整不容易，语言环境适应不容易，社会网络重构不容易。⑩计划性与市场性并存。移民活动与工程建设在时间、空间上需要匹配，移民活动的复杂性、系统性、长期性、跨区域性、多利益主体性，都决定了移民活动要有中长期规划和具体实施计划，需要政府的强力介入、主导、组织、协调、实施和监督。移民活动处于市场经济环境中，各类财产（土地、房屋等）征收补偿和重置、各类资源调整（生产安置和住宅用地）补偿、公共设施建设等必须符合市场经济自愿、等价、公平交换的原则。

移民问题明显制约了水利水电工程的经济与社会可行性。移民投资在工程总投资中占有相当大的比重，且呈增加趋势。移民工作在工程建设中占有决定性地位，移民必须先行于工程。移民在社会发展中具有重要的地位。移民是世界上水电开发最具有争议的影响之一。

新中国成立后，前35年的水库移民造成了大量的遗留问题。大部分水库移民存在吃水难、用电难、上学难、就医难、行路难、住房难、种地难、收入低等诸多遗留问题，以至于在1985年后处理20年仍然难以彻底解决。水库建设导致了大规模的移民次生贫困，产生了"负示范效应"。许多水库建设形成了"先进的工程、落后的库区、贫困的移民"。1985年后移民政策法规、规划设计和实施管理虽然不断完善，移民生产生活条件不断改善，特别是2006年水利水电移民新政策实施后显著改善了移民安置状态，但由于中国人多地少的国情、城乡二元结构的差异、欠发达地区城市化与农民非农化转移不易，以及社会经济快速发展等多种因素，"移民难"这一社会现象仍然没有根本改变。水利水电移民成为工程建设最主要的制约因素，成为重大社会问题之一，水利水电移民成为导致社会失稳的最主要活动之一，而移民群体也成为当今中国社会最不稳定的群体之一。

在可以预见的未来一段时间里，水利水电工程移民仍然无法避免。中国的城市化将从2011年的49.6%提高到70%~80%甚至更高比例，城市需要淡水供应、防洪、排水、电力供应、污水处理设施。能源短缺，节能减排，需要尽可能开发利用清洁的水电能源。水土保持需要调整土地利用方式。水环境保护需要调整湖泊、河流利用方式。应对气候变化需要建设更多的水利基础设施：灌溉水源工程、城市和工业供水、海堤建设、河道防洪设施。而这些工程建设无疑需要占用大量的土地进行建设，征收土地、拆迁房屋及其产生的人口迁移和社会经济恢复重建活动就成为必然。

移民问题的解决，必须依靠科学的理论指导，采用科学的方法，有大批高素质的专业人才具体筹划、决策与实施。因此，移民科学研究、学科建设和人才培养作为基础性工作就极为重要了。

20世纪80年代后期，河海大学在国内率先开展了移民科学研究活动，1992年经水利部批准创建了世界上第一个非自愿移民研究机构——（水利部）水库移民经济研究中心，后创建河海大学中国移民研究中心。20多年来，该中心既承担大量的移民基本理论、方法的研究，也结合三峡、小浪底、南水北调、西部水电开发、首都机场扩建、高速公路和铁路等大型基础设施建设和生态移民、扶贫移民、城市污染企业迁移等进行应用研究。完成的研究成果在国内外产生了广泛的学术影响。目前，在国际上，河海大学被认为是研究非自愿移民问题最好的大学之一，特别是在工程移民、生态移民和环境移民等方面。中国移民研究中心已成为世界银行、亚洲开发银行推荐的贷款项目移民业务咨询机构，以及移民业务培训方面在中国最主要的合作机构。

河海大学在不断推动移民科学研究的同时，还不断加强学科建设和人才培养，逐渐创立、开拓和初步形成了移民学学科体系。1988~1992年培养了中国乃至世界上第一批移民专业本科毕业生（水资源规划与利用专业水库移民专门化），1992年开始首创移民学博士、硕士研究方向，先后在技术经济与管理二级学科内设立了工程移民科学与管理方向，在社会学学科设立移民社会学方向，在人口学学科设立人口迁移与流动方向，在土地资源管理学科设立建设征地拆迁管理方向，在行政管理学科设立移民管理学方向，在社会保障学科设立移民社会保障方向，形成了不同学科的移民分支研究领域。2004年，经过国务院学位办公室备案同意，在国际上首次在管理科学与管理学科设置了移民科学与管理二级学科。我于1999年在国际上首次提出建立水利水电移民学的学科设想，2002年在南京举行的移民与社会发展国际研讨会上进一步系统地提出了"移民学"建设总体框架。20多年来，河海大学不仅在移民科学学科创立和建设方面做出了自己的贡献，也为政府部门、研究机构、规划设计单位、咨询机构、大中型建设项目单位、实施机构、高等学校和科研机构等培养了一大批移民专业或者方向的博士、硕士和本科毕业生，这些毕业生活跃在中国各个行业的移民领域，已经成为中国移民行业的专业学（技）术带头人或者学（技）术骨干。

河海大学在移民科学领域的国际学术交流与合作方面，有广泛的影响和合作。河海大学建立了与世界银行、亚洲开发银行、欧洲投资银行、国际水电协会、国际水资源学会、英国海外开发署等多边和双边合作国际机构的长期合作关系，与德国、英国、美国、法国、南非、加拿大、荷兰、印度、土耳其、日本、韩国、印度尼西亚、哥伦比亚等国家移民机构或者学者开展学术联系，并进行了多次富有成效的双边或多边国际学术交流，与世界银行、亚洲开发银行合作举办了20多次移民研讨会（班）。

为了进一步推动具有中国特色的移民学学科的建立和发展，推动移民科学研究为中国社会经济可持续发展、以人为本的和谐社会的建设服务，在社会科学文献出版社的大力支持下，河海大学中国移民研究中心决定以"水利水电移民系列专著"形式，将近年来在中心工作的学者及毕业的博士研究生有关水利水电移民的研究成果予以出版，以供国内外从事移民研究的学者、政府官员、规划设计人员、实际工作者和相关专业的研究生、本科生分享和参考。

施国庆

河海大学中国移民研究中心主任、教授、博士生导师

2011年6月8日于南京

前　言

　　新中国成立以来，我国兴建了大量的水库工程，一方面满足了国家社会经济发展和水资源利用的需要，另一方面也产生了数量庞大的移民群体。长久以来，水库工程农村移民的安置以农业安置方式为主，通过行政命令强制性实施。从多年实践来看，这种移民安置方式简单易行，特别是在计划经济体制下，移民安置的实施基本上比较顺利。但是，随着计划经济向市场经济转型，原有安置方式的弊端逐渐显现，产生了诸多遗留问题。同时，耕地资源的日益紧张凸显了农业安置下人地矛盾不断加剧的现实困境。继续坚持以农业安置为主的安置思路，既会加速农业生态环境的恶化，也是对第一产业剩余劳动力转移压力增大问题的回避。因此，在我国社会主义市场经济体制已经建立，城镇化发展进入关键阶段的时代背景下，是否应该考虑增加城镇化安置在水库工程农村移民安置中的分量，让农村移民也尽可能充分享受到由城镇化发展带来的红利？这是本书想要尝试回答的问题。

　　近些年来，笔者利用参与科研项目的机会，实地调研了一些大型水库工程，从与移民的接触中，笔者深刻感受到，他们对城镇化安置的参与态度是积极的，但是也有着自己的担忧，包括在城市的落户、就业、社保等问题。目前，从理论研究与实践指导来看，对城镇化安置的关注都有所欠缺。在理论方面，没有系统地提出针对城镇化安置的研究框架，仍然是在农业安置的分析框架下解读城镇化安置，这实质上是一种"半"城镇化安置，既想让移民融入城市，享受城市发展带来的红利，又不断强调土地是保障移民生产生活水平的"最后一道防线"，这种安置思路只会导致移民在乡村与城镇间徘徊，加深移民在城市的边缘化。在实践方面，无论是制度安排还是行业标准都围绕农业安置制定，城镇化安置居于次要地位，没有政策法规与行业标准对城镇化安置实践进行指导，造成实施过程中不确定因素增加，例如，在城镇化安置下，环境容量的测算需要考虑哪些因素？城市的规模、城市内部区位与产业类型对移民的非农就业有哪些影响？城镇化安置下的制度安排会发生什么变化？基于此，笔者试图通过构建一个适应于城镇化安置的分析框架，从环境容量、就业与制度安排三个方面，为城镇化安置的实施与改进提供建议。

本书对水库工程农村移民城镇化安置研究的创新主要体现在四个方面。第一，提出了以"环境容量－就业－制度安排"为问题导向的城镇化安置分析框架。第二，构建了符合城镇化安置特点的系统动力学模型。从复杂系统的视角比较全面地分析了城镇化安置下，自然环境、经济环境与社会环境对安置区环境容量的影响。第三，将城市规模、城市内部区位、产业类型、移民劳动力特征与城市融入成本纳入统一的分析框架。基于构建的理论模型与数值模拟对不同情况下移民的就业效用的测算，明确指出水库工程农村移民城镇化安置应该围绕规模较小的城市展开。第四，从正式制度安排与非正式制度安排两个方面对水库工程农村移民城镇化安置的制度安排进行了分析。

本书所提观点仅为个人的认识与思考，不代表所属机构观点，文责自负。

目 录

第1章 绪论 …………………………………………………… 1
1.1 研究背景和意义 ………………………………………… 1
1.2 相关概念界定 …………………………………………… 9
1.3 国内外相关研究述评 …………………………………… 13
1.4 主要研究内容与研究方法 ……………………………… 27
1.5 技术路线与创新点 ……………………………………… 29

第2章 水库工程农村移民城镇化安置要素与分析框架 …… 31
2.1 水库移民城镇化安置要素 ……………………………… 31
2.2 关键要素在城镇化安置下的演变 ……………………… 38
2.3 水库工程农村移民城镇化安置分析框架 ……………… 51
2.4 小结 ……………………………………………………… 53

第3章 水库工程农村移民城镇化安置的环境容量分析 …… 54
3.1 城镇化安置环境容量分析的理论基础 ………………… 54
3.2 城镇化安置环境容量的概念与内涵 …………………… 58
3.3 城镇化安置环境容量系统的特征与结构 ……………… 62
3.4 城镇化安置环境容量系统动力学分析方法 …………… 72
3.5 城镇化安置环境容量系统动力学模型的构建 ………… 76
3.6 小结 ……………………………………………………… 83

第4章 水库工程农村移民城镇化安置的就业分析 ………… 84
4.1 水库移民城镇化安置就业现状及存在的问题 ………… 85
4.2 城市规模、劳动异质性与移民的就业 ………………… 98

4.3 基于新经济地理学的移民城镇就业模型分析 …… 103
4.4 小结 …… 121

第5章 水库工程农村移民城镇化安置的制度安排分析 …… 123
5.1 制度安排分析的理论基础 …… 123
5.2 水库移民安置制度的变迁、路径依赖与城镇化安置障碍 …… 129
5.3 水库移民城镇化安置制度创新分析 …… 154
5.4 水库移民城镇化安置制度安排建议 …… 164
5.5 小结 …… 173

第6章 案例研究：宁夏 D 工程农村移民城镇化安置 …… 175
6.1 D 工程背景 …… 175
6.2 D 工程移民城镇化安置环境容量分析 …… 179
6.3 D 工程移民城镇化安置就业分析 …… 186
6.4 D 工程移民城镇化安置制度安排分析 …… 193
6.5 小结 …… 201

第7章 结论与展望 …… 202
7.1 主要研究结论 …… 202
7.2 有待进一步研究的问题 …… 203

参考文献 …… 205

附 录 …… 221

后 记 …… 228

图 目 录

图 1.1 水库工程农村移民城镇化安置研究技术路线 ……… 29
图 2.1 水库移民城镇化安置关键要素内部关系 ………… 35
图 2.2 水库工程农村移民城镇化安置分析框架 ………… 53
图 3.1 《英国大百科全书》的自然资源系统 …………… 65
图 3.2 三个容量子系统与城镇化安置的关系 …………… 70
图 3.3 模拟系统与现实系统的关系 ……………………… 76
图 3.4 城镇化安置环境容量系统分解 …………………… 77
图 3.5 城镇化安置环境容量三个子系统之间的关系 …… 78
图 3.6 水库工程农村移民城镇化安置环境容量系统 …… 82
图 4.1 1990 年小浪底二、三期移民与河南农村居民受教育程度对比 ……………………………………………… 95
图 4.2 2010 年万州武陵镇三峡移民与重庆农村居民受教育程度对比 ……………………………………………… 96
图 4.3 水库工程移民安置规划流程 ……………………… 98
图 4.4 城市规模与劳动者效用 …………………………… 114
图 4.5 城市规模不同与同质性劳动力消费者效用 ……… 115
图 4.6 城市规模相同与异质性劳动力消费者效用 ……… 116
图 4.7 城市规模不同与异质性劳动力消费者效用 ……… 116
图 4.8 城市规模相同、区位不同与同质性劳动力消费者效用 …………………………………………………… 118
图 4.9 城市规模相同、区位相同与异质性劳动力消费者效用 …………………………………………………… 118
图 4.10 城市规模相同、区位不同与异质性劳动力消费者效用 …………………………………………………… 119

图 5.1　土地征收流程 …………………………………… 137
图 5.2　水库移民安置制度的路径依赖形成过程 ………… 148
图 5.3　水库工程农村移民城镇化安置制度安排创新理论
　　　　逻辑 …………………………………………………… 155
图 5.4　非正式制度安排静态博弈 ………………………… 160
图 5.5　非正式制度安排演化博弈 ………………………… 163
图 6.1　宁夏回族自治区现行移民安置制度政策框架 …… 194
图 6.2　宁夏回族自治区被征地农民养老保险政策解读 … 197

表 目 录

表 1.1　水库移民非农就业研究内容梳理 …………… 26
表 3.1　不同经济理论下影响经济增长的主要因素 ………… 68
表 3.2　水库工程农村移民城镇化安置环境容量情景设置 …………………………………………………… 81
表 4.1　栗子园小区就业工作站招聘信息 ………… 93
表 5.1　中国农村土地产权变迁 ………………… 136
表 5.2　水库移民安置制度变迁 ………………… 144
表 5.3　云南省逐年补偿的扶持机制执行情况 ……… 167
表 6.1　D 工程历年调查受影响移民数量 ………… 177
表 6.2　2014 年全国分地区城镇化率 …………… 180
表 6.3　宁夏城镇分布密度差异（2012 年）……… 180
表 6.4　2000~2014 年宁夏回族自治区城镇化、工业化与非农化相互关系 ………………………… 182
表 6.5　宁夏部分地区人口老龄化情况 …………… 184
表 6.6　历史检验验证结果 ……………………… 185
表 6.7　城镇化安置情景模拟结果 ………………… 186
表 6.8　2000~2014 年宁夏回族自治区产业结构变化情况 …………………………………………… 187
表 6.9　2011~2014 年宁夏回族自治区就业弹性变化情况 …………………………………………… 188
表 6.10　宁夏三次人口普查劳动参与率、劳动年龄人口结构与劳动年龄人口 ………………………… 189
表 6.11　1990~2010 年宁夏劳动参与率变动趋势影响要素指数变动 ……………………………… 190

第1章 绪　论

1.1　研究背景和意义

1.1.1　研究背景

新中国成立以来，全国兴建了大量水库工程，共修建了9万多座水库，安置移民超过2000万人（唐传利，2002：3~8）。几十年来，各类水库工程不仅在发展灌溉农业、提供清洁能源方面取得了预期的经济效益，而且在防洪蓄水、调节水资源方面产生了重大的社会效益。但是，由水库工程建设所导致的迁移人口安置也带来了很多问题，尤其是20世纪80年代中期以前建成的水库，受到当时社会经济环境、制度安排等历史条件的限制，水库移民遗留问题十分突出。《中国的能源状况与政策》白皮书明确指出，中国将持续推进水电流域梯级综合开发，在做好移民安置和环境保护工作的基础上，加快大型水电工程建设，因地制宜开发中小型水电工程，这意味着我国将掀起新一轮水库移民高潮。妥善解决、处理移民安置问题，不仅关系到我国水利事业的可持续发展，也关系到全面建成小康社会目标的顺利实现。

水库工程移民安置有多种方式，其相互交织。由于我国水库移民的主体是农民，农村移民占到全部移民的90%以上（贾永飞、施国庆，2012：9），因此长期以来，我国绝大部分水库工程移民安置采取以农业安置方式为主，多种安置方式相结合的模式。在这种安置模式中，土地扮演了重要的角色，它最大限度地使农村移民的生产生活模式得以延续，为他们提供了最大限度的生存和心理保障（郑瑞强、张春美、施国庆，2011a：160~172）。然而自改革开放以来，社会经济环境发生剧烈变化，以农业安置为主的安置模式越来越不能较好地适应这种变化。随着人民公社制度被废除和农村家庭联产承包责任制开始实行，更多的农村劳动力从农业活动中解放，获得了自由支配劳动的权利（Rozelle, Guo, Shen, 1999：367-393），也使曾经隐性化的农村剩余劳动力问题逐渐凸显（Banister, Taylor, 1989：3-20；蔡昉，2001：44~51）。并且，户籍制度的松动也为农村移民的迁移创造了必要条件（Solinger, 1999：455-478；North, 1990）。再加上近30年来第二、第三产业的迅速发展，资源配置向劳动密集型企业的倾斜以及城乡收入差距的拉大，在巨大的推力和拉力的共同影响下，越来越多的农村移民希望向城市迁移（Vendryes, 2011：669-692；蔡昉，1995：8~16）。在这种背景下，农业安置对水库工程农村移民的吸引力逐渐降低。譬如，云南省永善县黄花镇因溪洛渡水电站建设需要，2012年有1万多人要搬迁，却只有9户29人选择了农业集中安置，大部分人选择了城镇化安置①。还有云南的向家坝水电站，在2012年进行调查时，库区33927名农业人口中有22826人（占总数的67%）选择了城镇化安置（梁磊，2014）。除了农业安置方式自身对农村移民的吸引力下降外，它还受到社会经济条件和自然环境条件的制约，导致其顺利实施越发困难，具体表现为以下两点。

第一，农村已经面临大量劳动力转移的压力，再进行农业安置无助于压力的缓解，只会进一步加重第一产业的隐性失业问题。家庭联产承包责任制解放了更多的劳动力，其中一个原因就是劳动力不必像计划经济时期一样受生产队支配，根据生产队制订的生产计划从事劳动②。在他们的承包地上，一年基本有60个

---

① 《云南黄花镇万余人移民搬迁4个农业安置点失败》，新浪新闻，http://news.sina.com.cn/c/2012-05-03/092024361450.shtml，2012年5月3日。
② 《农村人民公社工作条例》（第二十一条）。

工作日，也就是说剩下的200多天他们是完全失业的①。同时，日益增加的失地农民也是"失业农民"的主要来源②。据估计，我国失地农民为4000万～6000万人，并且还在以每年300万～400万人的速度增长（杨涛、施国庆，2006：102～109；章友德，2010：27～35；李明月、胡竹枝，2012：95～102）。《全国土地利用总体规划提要》显示，到2030年左右，会出现超过1.1亿名的失地农民（丛旭文，2013）。农村已有的剩余劳动力与失地农民的增加导致"失业农民"规模更加庞大。经济数据显示，2000年以来，我国第一产业结构偏离度一直为负数，而第二、第三产业则为正值③。并且，由于我国第一产业产值比重下降的速度大于第一产业就业比重下降的速度，第一产业结构偏离度呈现缓慢上升趋势，这表明有大量剩余劳动力滞留于第一产业，隐性失业问题严重，劳动力转移压力持续增加。

第二，耕地资源日益紧张，实际面积持续减少，耕地质量总体偏低且呈下降趋势。2000年至2010年，我国耕地总量不断下降，由19.39亿亩下降到18.26亿亩。尽管2013年公布的第二次全国土地调查的数据显示，全国耕地为20.31亿亩，但耕地实际面积是不断减少的。账面数据多出的2亿亩主要是由第二次全国土地调查精度的提高与农业税取消后，地方瞒报耕地面积现象减少造成的。除了数量实际没有增加外，耕地质量总体也偏低。国土资源部花费10年时间完成的《中国耕地质量等级调查与评定》显示，我国超过2/3的耕地从质量来看，属于中等和低等地。而在未来水利水电开发重点区域中的西部地区，中、低等地面积占总耕地面积比例更是为85%以上（陈印军、肖碧林、方琳娜等，

---

① 《农民外出务工是因隐性失业》，和讯网，http://news.hexun.com/2013-03-19/152247133.html，2013年3月19日。
② 2003年6月30日，浙江省出台的《浙江省城乡统筹就业试点工作标准》中，第一次使用了"失业农民"一词。这是我国官方文件中首次出现"失业农民"的概念。
③ 产业结构偏离度主要有两种测算方法，一是用某产业的比较劳动生产率与1相减来测算；二是用某产业的增加值比重与就业比重之差来测算。此处，使用第一种测算方法，即某产业结构偏离度=某产业GDP相对比重/某产业就业相对比重-1。计算数据来源于《中国统计年鉴2013》。

2011：3557～3564）。国内外学者的不同角度的研究也都显示，我国耕地质量还可能继续下降（余振国、胡小平，2003：45～49；Lichtenberg，Ding，2008：59-68；段龙龙、李涛、叶子荣，2016：25～31）。耕地数量与质量的持续减少与下降会进一步限制依赖土地安置的农业安置方式的实施。

社会经济环境的剧烈变化导致农业安置已不能满足水库工程农村移民多样性的发展需求（杨文健，2004；杜云素、李飞，2014：109～112），也不利于国家城镇化战略的发展（郑瑞强、张春美、施国庆，2011b：1～4），而社会经济条件和自然环境条件的制约则造成农业安置方式实施的难度加大，因此，未来新一轮水库工程农村移民安置应把城镇化安置方式置于更重要的位置，并以此为基础对移民安置方式进行创新。水库工程农村移民的城镇化安置就涉及农业转移人口的市民化问题，这是我国全面深化改革的聚焦点和突破口，因此，在国家发展战略的顶层设计上，党的十八大报告与十八届三中全会均提出"推进农业转移人口市民化"。而市民化问题与落实新型城镇化发展政策密切相关，2012年中央经济工作会议首次正式提出"把生态文明理念和原则全面融入城镇化全过程，走集约、智慧、绿色、低碳的新型城镇化道路"。2013年，《国务院关于城镇化建设工作情况的报告》进一步指出，未来城镇化发展的战略重点之一即"全面放开小城镇和小城市落户限制，有序放开中等城市落户限制，逐步放宽大城市落户条件，逐步把符合条件的农业转移人口转为城镇居民"。2015年公布的《国家新型城镇化规划（2014-2020年）》，将推进农业转移人口的市民化以及推进户籍制度改革和城镇基本公共服务均等化置于规划核心地位，明确提出，到2020年要达到常住人口城镇化率60%和户籍人口城镇化率45%的目标，努力实现一亿名左右农业转移人口和其他常住人口在城镇落户。2015年，国务院发布《居住证暂行条例》，规定在全国建立居住证制度，推进城镇基本公共服务向常住人口全覆盖。2016年，《国务院办公厅关于印发推动1亿非户籍人口在城市落户方案的通知》，全面放开放宽重点群体落户限制，调整完善城市落户政策。这都为水库工程农村移民的城镇化安置提供了良好的契机,在我国正大力推行新型城镇化建设的背景下,抓住这一历史契机,将水库工程农村移民的搬迁过程融入新型城镇化的发展过程,不仅有利于突破现有以农业安置为主的安置模式对水库移民安置的约束,也可以推动新型城镇化的发展。

我国水库工程农村移民城镇化安置已有几十年的历史,最早可追溯到20世纪60年代的三门峡电站,在计划经济的背景下,政府以大量的农转非方式来安置移民,建立了三门峡市。自此之后,部分水库工程农村移民安置开始采用城镇化安置方式,它们中有的效果不尽如人意,比如湖北清江隔河岩水库移民(孙海兵,2014:123~125);有的则取得了较好的效果,例如云南青山嘴水库移民(郑瑞强、张春美、施国庆,2011a:160~172)。整体而言,虽然有了一些尝试,但无论是理论层面还是实践层面,目前水库工程农村移民的城镇化安置仍然处于探索期。在理论层面,城镇化安置比农业安置更加复杂,它除了需要考虑土地承载力、水资源等硬性约束条件外,还需要关注劳动力吸纳能力、产业发展等软性约束条件,而后者的定量测算需要考虑众多因素,包括三产发展速度、劳动力就业情况等。同时,在新型城镇化背景下,城镇化安置的两个过程已不可分割,第一个过程是搬迁到城镇的过程,第二个过程是融入城镇生活的过程,前者与生产生活方式变化密切相关,后者则与户籍身份转换相联系。只有完成这两个过程城镇化安置才算成功,而农业安置不需考虑第二个过程。这些因素增加了理论研究的难度。在实践层面,目前主要指导水利水电工程移民安置的政策文件和技术文件分别是《大中型水利水电工程建设征地补偿条例和移民安置条例》以及《SL 290-2009 水利水电工程建设征地移民安置规划设计规范》,二者关注的仍然是农业安置,对城镇化安置则没有提出详细要求,这导致各地在实施城镇化安置方案时往往没有政策依据,也缺少技术支持。此外,在2015年颁布的《SL 682-2014 水利水电工程移民安置验收规程》中,对城镇化安置只要求完成其第一个阶段，没有考虑后续如何融入城市生活[①]，这容易导致城镇化安置出现遗留问题，影响社会稳定。

因此，利用国家大力推进新型城镇化建设的契机，对新型城镇化背景下的水库工程农村移民城镇化安置有必要做系统科学的研究，探讨科学合理的城镇化安置体系、思路和方法具有重要的意义。

1.1.2 研究意义

（1）理论意义

新型城镇化背景下，水库工程农村移民城镇化安置有两个不可分割的阶段，第一阶段是向城镇搬迁的过程，第二阶段是融入城镇生活的过程。城市环境容量是影响这两个阶段的重要因素，也是实现城镇化安置的前提条件。20世纪70年代末环境容量概念被引入我国，得到了学界的广泛重视，并产生了深远影响（崔凤军，1995：80～84）。在此概念上，施国庆（1991：41～45）较系统地提出了水库移民的环境容量理论。随后，很多学者对此进行了进一步的研究，但是这些研究主要针对的是农业安置的农村环境容量（荀厚平、施国庆，1993：51～54；杨云辉，1998：37～38；王承云、蒋杰、熊军，2006：80～82；陈绍军、葛小波、李如春，2011：62～65；宁大同、晏晓林，1994：241～245；贾永飞、施国庆、王慧娟，2009：48～54），鲜有涉及城镇化安置的城市环境容量。城市环境容量不同于农村环境容量，后者主要考虑的是自然环境资源的承载能力，包括人均耕地、人均粮食产量、水资源等，而城市环境容量除了要考虑土地承载力等指标外，还需要更多地考虑社会经济因素，包括劳动力安置吸纳能力、产业发展情况、基本公共服务等，是一个比农村环境容量更加复杂的系统。理论上，目前还没有研究系统地分析城市环境容

[①] 《SL 682－2014 水利水电工程移民安置验收规程》要求工程竣工时，农村移民城镇安置验收合格应达到的标准主要包括：①移民全部完成搬迁；②住房建设已完成；③移民门面房已得到妥善处理；④基础设施和公共服务设施建设已按批准的移民安置规划完成，并按规定通过验收；⑤移民个人财产补偿费全部兑现到户。

量，按照传统的环境容量指标进行城镇化安置测算，既影响水库工程农村移民的搬迁也影响他们在城镇定居，基于此，它不仅是决定城镇化安置第一阶段成败的关键因素，也是第二阶段有序推进农村移民融入城镇生活的基础。

羁绊城镇化安置由第一阶段向第二阶段顺利过渡的是我国城乡二元结构的制度安排，这种二元结构不仅体现在城市与农村（城市居民与农村居民）之间，也进一步拓展到城市内部（市民与"半"市民）。这一制度安排对农村人口融入城市生活至少有两个不利的影响：第一，在城市劳动力市场执行就业歧视政策，即使在人力资本禀赋差别不大的情况下，城市政府也会以户口状态为区别，保护城市劳动者优先获得就业机会；第二，将农业转移人口排斥在城市社会福利和公共服务待遇之外，使他们无法享受失业保险、基本医疗保险、基本养老保险等，以及城镇最低生活保障制度。同时，我国过去 20 年实际面临三重转变，即农业部门向现代部门的二元经济结构转换、计划经济向市场经济的经济体制转轨以及乡村中国向城市中国的管理方式变化。这造成我国农业人口向城市转移的进程处于一个空前复杂的、不断变化的社会经济环境中。一方面，理论上，没有国外发达国家的经验可供系统的借鉴，因为先一步完成工业化和城镇化的西欧国家在农业人口转移的进程中往往只会面临二重或一重转变，如英国工业革命时期从农业向工业、从农村向城市的转变；德国统一后，德国东部地区则面临计划经济向市场经济的转轨。另一方面，制度上，虽然国内有多地开始推进户籍制度改革，但都存在一定问题，例如重庆市的户籍制度改革仅限于拥有本市户籍的农民。而水库工程农村移民由于多地处于落后地区，导致他们的经济资本与人力资本禀赋与一般农业转移人口相比有较大差距，属于相对弱势的群体，使其真正融入城市面临更大的困难。在新制度经济学的框架下，制度作为内生变量，受一系列社会经济环境变化的影响（North，1975）。并且中国的制度改革一直是渐进式的，这种改革方式以不伤害既得利益群体为前提。无论是对于城市居民还是已经完成"半"市民化的一般农业转移人口来说，相对于水库工程农村移民，他们在一定程度上都属于既得利益者，在与政府就制度改革沟通的过程中具有较强的政策影响力和谈判能力，使其在利益博弈中往往处于优势地位（Olson，1985），这造成推进水库工程农村移民真正融入城镇生活在制度上有更大的阻碍，同时也导致水库工程农村移民对城镇化安置的需求与一般农业转移人口不同。

因此，在理论与制度同时匮乏的背景下，水库工程农村移民城镇化安置的环境容量怎样测算？有哪些影响因素？城镇化安置是以大城市为主，还是将重心放在中小城市？在吸纳了水库工程农村移民后，制度创新的路径怎样？对于这些问题，理论方面尚没有给出系统性的统一回答。对它们的研究有利于科学合理地安排移民的搬迁过程，根据新型城镇化背景下不断变化的社会经济环境，应加速推进水库工程农村移民融入城镇生活。

（2）实践意义

2010年，我国人均国民收入为4260美元，根据世界银行的标准[1]，我国正式由"下中等收入"国家转变为"上中等收入"国家。2011年，我国城镇化率突破50%，为51.27%，城镇常住人口数量首次多于农村人口，按照美国地理学家Northam（1975）对城镇化发展阶段的划分，我国城镇化进程已由初期阶段转变为加速阶段，而这一阶段要一直到城镇人口占比超过70%才会结束。这两个"转变"影响深远，标志着我国经济社会和城镇化发展进入新的阶段，正由乡村中国向城市中国转变（张占斌，2013：48~54）。要完成城镇人口占比从50%到70%的跨越，在这一过程中，会有大量农村移民从乡村走向城市，实现他们由"农民"向"市民"的转变，这与经济增长方式的变化、新型城镇化的发展与产业结构的转型相关。如果不能正确处理好这种转变，就将可能陷入"中等收入陷阱"，进而影响城镇化的水平和质量（Fang，2012：49~61）。水库工程农村移民作为这部分群体的重要组成部分，直接影响到农业转移人口市民化的成功与

---

[1] 就人均国民收入而言，根据世界银行2010年的标准，低收入国家为1005美元或以下；下中等收入国家为1006~3975美元；上中等收入国家为3976~12275美元；高收入国家为12276美元或以上。

否。其重要性并不体现在数量上,而是因为他们是农业转移人口中的"短板"。根据 Liebig（1840）的最小因子定律（Law of Minimum），决定事物发展的往往是其非优势的部分。水库工程农村移民即属于农业转移人口的"非优势"部分,他们搬迁前多居住在信息交通闭塞、生活环境恶劣的山区,这造成相比一般的农业转移人口,他们的受教育程度与非农劳动技能水平更低,对城市生活的适应性也更差。此外,在搬迁的过程中,由于或多或少带有一定的非自愿因素,其对融入城市生活产生抵触心理,并且对政府的依赖程度也更高。这些因素决定了水库工程农村移民完成由"农民"向"市民"的转变比一般的农村迁移人口更复杂,难度也更大。

鉴于此,通过分析新型城镇化背景下水库工程农村移民城镇化安置的制度创新路径,系统地考虑将经济增长方式转型、产业结构调整等与水库工程农村移民城镇化安置相结合,有利于制定和完善城镇化安置进程中相关的就业政策、户籍政策、社会保障政策等。同时,对政府部门来说,可以为其推动非农人口安置提供系统的分析思路,其对农业转移人口融入城市起到积极作用。

1.2 相关概念界定

1.2.1 水库移民

在我国历史上,"移民"一词最早见于《周礼》:"若邦凶荒,令移民通财。"《管子》:"不明于决塞,而欲殴众移民,犹使水逆流。"《辞海》（第六版）中移民指:"迁往某一地区永久定居的人。"这里取后者。根据观察角度的不同,移民也可划分为不同的类型,一个有代表性的分类是按移民的意愿分为自愿移民和非自愿移民（施国庆,2005：161~166）。其理论来自 20 世纪 50 年代 Petersen（1958：256-266）根据迁移力量对移民做出的自愿与强迫的两级划分。自愿指迁徙者在比较了迁出地与迁入地的收益后,主动决定迁移;非自愿是指迁徙者的流动非出自主观意愿,但受外力强制作用不得不搬迁。此外,从移民行为与现象的性质来看，移民又可分为环境性移民、灾害性移民、工程性移民等（施国庆，2005：161~166）。从这一角度看，水库移民显然属于工程性移民，它是由修建水利水电工程建设征地、拆迁而导致人口流动和社会经济系统重建的总称（段跃芳，2004）。从移民意愿上来看，有研究将水库移民归入非自愿移民，认为他们因工程建设被迫搬迁（王应政，2012；周静，2012）。这种分类有一定道理，但没有注意到水库移民作为一种工程性移民所存在的自愿与非自愿之间的转化，不能因为水库移民是政府行政命令的结果就将其归类为非自愿移民（廖蔚，2005；朱东恺，2005）。同样是水库移民，有的移民可能不愿意搬迁，有的可能愿意搬迁，如从经济学的角度分析，可认为自愿与否取决于移民对搬迁后收益的期望，因此不能笼统地说水库移民全部都是非自愿移民，应该区别对待。但从总体上来看，水库移民安置中的非自愿性要比自愿性更为突出。

1.2.2 城镇化安置

从生活安置和生产安置的角度来看，水库移民安置主要可分为两类，一个是农业安置，另一个是非农安置。后者也可称为城镇化安置，它是与城镇化相关联的一种安置方式。城镇化（Urbanization）本身是一个多维的、复杂的演进过程（Jedwab，Vollrath，2015：1-21；Friedmann，2006：440-451），但其本质正如芝加哥学派的代表人物 Wirth（1938：1-24）所指出的，就是生产生活方式的转变以及农村人口向城市的迁移。城镇化与人口和产业集聚之间的紧密联系说明在人口自由迁徙受到限制和农业经济占主导地位的社会经济环境下，城镇化安置是不具备可行性的，因此，在我国改革开放前，受低水平城镇化率的影响，水库移民的城镇化安置情况很少。改革开放后，以三峡工程建设为契机，城镇化安置开始出现在移民安置规划中。较早对我国水库移民的城镇化安置进行研究的一批文献（朱农，1996：67~80；韩光辉，1997：33~41；杨定国，1995：209~215；辛胜阻、张永生，1992：28~29）认为城镇化安置指通过安置农村移民进入现有城市进而实现由农业向第二、第三产业的就业转移。这一概念的局限性在于将城镇化安置简单等同于农村移民中的劳动年龄人口的城镇再就业,而忽视了城乡二元结构下对农业人口实现生产生活转变的制度因素的影响。并且这一概念也没有明确指出城镇化安置与城镇化发展之间的关系。基于此,本书认为水库移民的城镇化安置是指通过社会、经济、法律、行政等综合措施,在不超过迁入地城镇人口承载力的前提下将农村移民转移到城镇进行生产和生活安置,以解决农业人口在第二、第三产业再就业为重点,以合理的制度安排为保障的一项复杂的系统工程。

1.2.3 城市环境容量

城镇化安置具有可行性的前提是迁入地的城市有足够的容量接纳移民。早在古希腊时期,柏拉图就在《理想国》中提到了对城市环境容量的控制。在中国,从《管子·乘马》中也可一窥人口与城市环境容量的辩证关系。城市环境容量也被称为城市承载能力(Urban Carrying Capacity),本身是对环境容量概念的一种展开。环境容量概念源于1798年英国经济学家Malthus在《人口原理》中提到的人口承载力概念(Carey, 1993: 140-148)。基于此,比利时数学家、生物学家Forest在1838年提出环境容量的理论,该理论认为在环境中,生物种群可以利用的食量有一个最大值,动植物的增加也会有一个极限,这个极限值从生态学的角度可被视为"环境容量"(杨锐, 1996: 12~15)。此后,这一理论被广泛运用于环境保护、人口研究、移民等领域。城市是一个开放的复杂系统,在一定的时间范围内和资源约束下,它是有容量限制的(周干峙, 2002: 7~8, 18)。这种容量限制,Edwin Cannan称之为适度人口(Optimum Population)(Nguyen, Olliaro, Dondorp, 2015: 758-766),Mumford(1961)称之为城市的容纳能力。诚然,城市环境容量作为一个复杂的系统还涵盖其他容量的子系统,包括人口容量、土地容量、交通容量、产业容量等。这些容量可用城市的自然容量、经济容量和社会容量加以概括(吴华安、王崇举、石智雷, 2010: 82~86)。但归根结底,城市环境容量的主体是人,城市的人口容量与其他容量的子系统相联系,而城市的人口容量也会影响其他容量的子系统,因此城市环境容量主要是指城市的人口容量（王国恩、胡敏，2016：36~41；朱喜钢，2000：19~24）。本书认为城市环境容量是指一个城市在特定时间和空间范畴内，以其他容量子系统为约束条件，以保持城市系统正常运转为前提，所能承载的最大人口负荷量。

1.2.4 制度安排

"制度是一系列被制定出来的规则、守法程序和行为的道德伦理规范，它旨在约束追求主体福利或效用最大化利益的个人行为。"（North，1975）。North此处对制度的定义既包含了正式的制度（规则和守法程序），也包含了非正式的制度（行为的道德伦理规范）。因此，制度安排也分为两类：正式的与非正式的。前者指的是这样一种制度安排：在这种制度安排中，新的制度安排取代旧的制度安排需要由受到旧的制度安排约束的团体的同意，Buchanan（1949：496-505）称之为"一致的同意"（Unanimity）。后者指的是这样一种制度安排：完全通过个人的行动实现新的制度安排对旧的制度安排的取代，而不需要群体行动（Lin，1989：1-33）。所有制度安排，无论是正式的还是非正式的，其总和就是制度结构，因此，制度安排是"嵌在"制度结构中的。新的制度安排替代旧的制度安排的动力，就是当旧的制度安排的成本高于新的制度安排的成本，或是新的制度安排获得的收益超过其实施的成本（Coase，1960：1-44）。正式的制度安排就是制度供给，它是对"公共资源"或"公共服务"的供给，而国家，正如North（1981：16）所指出的，作为一种具有暴力潜能的垄断组织，可以创造任何一种资源配置形式，所以政府是制度供给的主体（杨瑞龙，1993：45~52）。而非正式的制度安排实际不存在供给方，其执行依赖于社会的相互作用，具有自发性的特点（崔万田、周晔馨，2006：42~48）。Lin（1989：1-33）将制度供给又分为诱致性供给与强制性供给，前者是自下而上的"由一个人或一群人在响应获利机会时自发倡导、组织和实行的"制度变迁，后者是自上而下的"由政府命令和法律引入实行"的制度变迁。

1.3 国内外相关研究述评

1.3.1 水库移民环境容量研究

移民安置的前提取决于对水库移民环境容量的分析。水库移民环境容量研究的理论基础是环境容量理论,其实质是研究在一定时间和空间范围内各类资源的约束下,某区域的适度人口容量。而环境容量理论又可视为对适度人口理论的深化与拓展(廖蔚,2005;Seidl,Tisdell,1999:395-408)。

1.3.1.1 环境容量理论的演变

早在 2000 多年前,柏拉图在《理想国·法律篇》中就提出一个城邦(City-state)的理想人口规模应为 5040 人(柏拉图,1996:133~138)。在适度人口理论正式提出之前,以 Malthus"增长—限制—均衡"原理为代表的相关研究(Malthus,1986),已为适度人口理论的提出做了充分的理论准备。在近现代西方文献中最先系统提出适度人口概念的是 Ewdin Cannan 与 Knut Wicksell(Gottlieb,1945:289-316),他们指出在适度人口规模背景下,一个稳定的经济体内,每个人的平均福利将达到最大[①]。1888 年,Cannan 在《初等政治经济学》中认为"与一定时期内产业生产力可能达到的最高水平相适应的人口数量"就是适度人口。Wicksell 则通过引入边际分析,指出适度人口就是可获得产业收益最大值时的人口(Gottlieb,1945:289-316)。从 Ewdin Cannan 与 Knut Wicksell 对适度人口的阐述不难看出,他们所指的"适度人口"可理解为经济适度人口,在这一理论框架下,他们只考虑人口与产业发展的关系。对这种关系给出了一个更清晰解释的是 Carr Saunders,他认为经济标准是确定适度人口规模的唯一标准,他引入适度人口密度理论概括人口与经济发展的关系。除此之外,他也指出虽然经济标准是唯一标准,但适度人口同时还受到自然环境、社会习俗等方面的影响(Gottlieb,1945:289

---

① Gottlieb(1945)对适度人口理论早期的发展有详细的介绍。

-316)。这里 Saunders 实际已经对适度人口理论进行了一定程度的拓展,考虑土地承载力的影响以及适度人口的多目标选择。此后,以 Sauvy(1966)、Ohlin(1967)、Pitchford(1974)等为代表的学者将适度人口理论由静态研究扩大到动态研究,并且在继承 Saunders 思想的基础上,考虑了非经济因素对适度人口数量的影响,但其本质上依然是以收益递减规律为理论基础的经济分析,忽视了特定的社会经济制度对适度人口规模的影响。

环境容量理论进一步深化了适度人口理论,它从更系统全面的角度研究区域的人口负荷。这一概念最初源于生态学,与适度人口概念一样,其理论基础依然来自 Malthus 在《人口原理》中所阐述的一个基本概念:资源物理数量的有限与经济上的稀缺都是必然存在的(Malthus, 1986)。此后,1838 年,比利时数学家、生物学家 Forest 对环境中生物种群数量演变的研究(转引自杨锐,1996:12~15), Pearl 与 Reed(1920:275-288)基于生物实验对北美地区人口增长的研究,Park 与 Burgess(1921)利用食物资源确定某区域人口容量的研究,Hadwen 与 Palmer(1922:1-70)对阿拉斯加麋鹿在特定条件下的生存数量极限的研究,都为环境容量理论的发展奠定了基础。其中,Park 与 Burgess(1921)在研究中使用的承载力(Carrying Capacity)概念,带动了人口负荷与土地承载力关系的研究。20 世纪 40 年代,William Vogt 对人口与土地承载力的关系给出了一个经典的计算公式(Huijbregts, Hellweg, Frischknecht, et al., 2008:798-807):

$$C = T \times B/E = B \times T/E \qquad (1-1)$$

式(1-1)中,C 表示土地承载力,B 表示土地的生物潜力,E 表示环境阻力,T 表示技术因子,因此 T/E 即为技术进步对环境阻力的削弱。可以看出这一公式比较简单,主要反映的是土地对人口负荷量的影响。随着社会经济的发展,单纯用经济指标或土地指标对环境容量进行研究往往力有不逮。20 世纪 70 年代 Meadows 等在罗马俱乐部的资助下,发表了《增长的极限》。这是首次利用系统动力学的原理探讨环境容量问题,为环境容量研究打开了新的思路。20 世纪 80 年代初,联合国粮农组织和教科文组织从定性与定量研究方法的角度对资源承载力进行了深入研究。随着之后可持续发展概念的提出和推广，环境容量的研究通过与之相结合获得了迅速发展。1995年诺贝尔经济奖得主Arrow与其他国际知名生态学者在 *Science* 上发表《经济增长、承载力与环境》一文（Arrow, Bolin, Costanza, 1995: 512-520），可被认为是对自 Malthus 以来相关研究的陈述性总结，引发了关于环境容量研究的新热潮。

1.3.1.2 城市环境容量研究

（1）国外城市环境容量研究

城市环境容量是环境容量研究的分支，但它与生态学和人类学意义上的环境容量概念不同，它应被置于复杂的城市环境中讨论（Wei, Huang, Lam, 2015: 3244-3268）。现代适度人口理论的代表人物之一 Pitchford（1974）最早开始基于社会福利角度关注城市人口容量问题，但如前所述，这种分析依然建立在成本收益分析框架上，而缺少系统性思维。

Onishi（1994: 39-51）通过比较人造资源（Man-Made Resources）的供求关系，比如道路、供水、污水处理等分析了东京都的城市环境容量。研究发现，城市环境容量的扩容关键在于基础设施提升。相比前人的研究，Onishi的研究虽仍然基于经济学的供求分析框架，但已经较全面地将城市容量作为一个系统进行考虑。

Hochman 与 Thissee（1995: 1224-1240）基于对公共服务的最佳人口边界的研究讨论了城市环境容量问题。此时，公共服务已成为研究城市环境容量不可忽视的内容。

Joardar（1998: 327-337）较早地建立了一个针对城市环境容量的评估框架。这一系统考虑了以基础设施建设为代表的公共物品以及相应的公共财政支出。该研究为接下来讨论城市环境容量中公共服务供给的"阈值"奠定了基础。但其局限性在于，仅关注了基础设施和财政指标而忽略了其他重点。

Oh、Jeong 与 Lee（2005: 1-15）利用地理信息系统，将空间因素纳入城市环境容量分析框架，测算了基于基础设施和土地利用的人口密度。该研究受数据可得性影响而没有考虑经济、制度等方面对城市环境容量的影响。

Liu (2012: 462 - 470) 建立了包括土地、水资源、交通等方面的12个硬性指标,对中国长江三角洲的16个城市的环境容量进行了实证研究,发现土地资源和水资源是制约城市发展的关键因素,指出其研究的局限在于没有考虑软性指标对城市环境容量的约束。

(2) 国内城市环境容量研究

①城市环境容量概念界定

我国的城市环境容量研究起步较晚,因建立在国外已有研究的基础之上,所以从一开始就把城市环境容量作为一个完整系统加以考察。在这个系统中,城市人口容量扮演了重要的角色,因为它既与其他容量的子系统相关,又可相应反映出其他城市容量的子系统(沈清基,1994: 17~22)。

国内较早研究城市环境容量的学者是任致远(1982: 42~45)。此研究主要是对城市环境容量概念及其内涵的界定,他指出城市环境容量是其他容量在一起的有机综合,这些容量包括人口、土地、工业、环境等。其中第一性的容量受自然条件制约,其他容量是第二性的,受第一性的容量制约。

沈清基(1994: 17~22)进一步从概念上明确了城市人口容量在城市环境容量中的决定性作用,强调了人的活动强度与城市规模的关系,初步提出了对城市环境容量进行定性分析的思路。

朱喜钢(2000: 19~24)指出"由于城市容量的主体是人,因此,城市容量主要指的是城市的人口容量"。城市容量就是一个以人口容量为主题,同时涵盖交通容量、建筑容量等子系统的多维复合容量系统。朱喜钢对城市容量从系统论角度出发的界定被学界广泛接受。

吴华安、王崇举与石智雷(2010: 82~86)在朱喜钢(2000: 19~24)研究的基础上,从市民化的角度出发,对城市容量各子系统进行了归纳,并且引入了城市环境容量的社会视角。将城市环境容量分为自然容量、经济容量和社会容量三个子系统。这一划分较全面地反映了城市人口与住房条件、教育资源、医疗资源、社会制度等方面的关系。

②城市环境容量研究方法

齐文虎（1987：38~48）从系统动力学的角度出发，考虑了人口对各类资源利用的反馈作用，建立了计算城市容量的系统动力学模型，动态分析了资源承载力与人口增长的关系。齐文虎的论文是国内较早采用系统动力学建模方法定量计算城市环境容量的研究。

王浣尘等（1995：13~18，65）利用系统工程中的可能－满意度法对城市人口容量进行了分析，通过将经济生活、社会生活、生态环境和实力需求四个子系统纳入模型结构，得出了在目标时间点上的城市合理人口数量及其达成的条件。

李王鸣、潘蓉与祁巍锋（2003：38~41）利用城市环境分析法，从自然环境要素和人文环境要素两个角度分析了杭州市区的人口容量与环境的关系，研究发现，人口密度与城市中心距离及其联系条件存在较大联系，并与人文资源组合特征存在明显关联性。该研究的创新在于为城市人口容量管控提供思路。

王娜（2007：26~30）利用生态足迹法，以珠海市作为实证研究案例，同时从全球、全国和省三个层次比较珠海市的生态足迹，并将广州和深圳作为参照组，测算了珠海市2030年的城市人口容量与工业容量。但使用生态足迹法的弊端在于，其重心是在"足迹"而非足迹的"承载力"，因此本身并不是严格的环境容量研究（童玉芬，2012：28~36）。

吕斌、孙莉与谭文垦（2008：53~58）指出城市是一个复杂的系统，对单一容量的研究无法较好地反映城市的综合承载力。他们以中原城市群为例，采用综合指标法在国内较早地对城市的综合承载力进行了研究。

童玉芬和刘广俊（2011：152~157）认为对于城市环境容量，无论是从单一的资源角度，如水资源或土地资源，还是用简单的直接推算法进行测算，都存在一定问题，因此他们采用多目标规划中的可能－满意度法，测算了多种因素共同约束下的北京市城市人口容量，研究发现，水资源、建设用地与能源资源是三个关键的制约因子。对比同样采用可能－满意度法的王浣尘等（1995：13~18、65）的研究，童玉芬和刘广俊（2011：152~

157）在模型上考虑得更全面，也较好地体现了系统论的研究思路。

石忆邵、尹昌应和王贺封等（2013：133~145）指出在一定的时间和空间条件与资源禀赋以及环境容量约束下，城市综合承载力是有阈值的。在城市作为开放系统的前提下，多因子对城市综合承载力的协同效应已经取代了单因子的影响效应，因此要综合考虑各种限制因子，进而他们提出可用"状态指数"法识别主要的约束因素。

1.3.1.3　国内水库移民环境容量研究

在水库移民环境容量研究领域，国外学者基本没有对该问题进行专门论述。但他们从水库移民的社会效应、经济效应和生态效应着手，实际也是对水库移民环境容量另一种视角的研究。

国内较早对水库移民环境容量进行系统研究的是施国庆（1991：41~45）。在其研究中，他对水库移民环境容量的概念进行了界定，指出它是指"一个区域（移民安置区），在保护自然生态向良性循环演变，并保持一定环境质量的条件下，该地区经济所能持续供养和吸收的移民数量"，并提出了在水库移民环境容量的研究方法上，既要基于宏观分析，也要关注微观分析；既要考虑定性分析，也要采用定量分析。水库移民环境容量是基于环境容量理论提出的，后者经过一百多年的发展，在概念界定上已经趋于成熟，因此，对水库移民环境容量概念的研究较少，主要是测算和评价方法的研究。下面的文献研究主要关注水库移民环境容量的测算和评价方法。

荀厚平和施国庆（1993：51~54，95）从定性与定量两个角度对水库移民环境容量进行了研究。他们提出对水库移民环境容量可从自然环境和社会环境两个方面来研究，具体的分析应以动态分析、主次分析和可靠分析为基本原则，进而提出了计算容量的具体数学模型。该文是国内较早对水库移民环境容量的理论、方法和应用进行系统研究的文献，但局限性在于，虽然定性分析中提到了社会环境约束，但从计算方法看，主要考虑的还是自然资源约束，模型尚不能较好地模拟社会环境约束的影响。

宁大同和晏晓林（1994：241~245）再一次强调了移民安置

只依靠经济补偿是不够的，应重视移民环境容量的研究工作。他们以人均口粮、农业产值、水土保持与森林面积作为决策目标，采用多目标优化决策方法，以可行解择优测算三峡工程开县移民的安置环境容量。从研究选取的决策目标来看，用多目标优化方法固然可以较好地对其测算，但最后结果仍然忽视了移民环境容量中的社会、经济因素。

杨云辉（1998：27~38，47）认为水库移民环境容量是在一定环境条件下，以经济效益为目标函数的人口容量。杨云辉的研究从系统论的角度出发，基于宏观定性分析，再展开微观定量分析，强调了经济效益的重要性，但忽视了人口和社会经济、自然环境之间的平衡关系，对移民环境容量的界定过于片面。

邱桢耀（2006）将水库移民环境容量界定为由环境系统、自然资源系统、社会系统和经济系统四个既独立又相互关联的子系统组成，提出了用"类 AHP 水库移民环境容量系统分析法"对其进行测算。但在实证研究时，社会子系统实际上选择了人口数量作为唯一的指标，造成了与前面理论分析框架的脱节。

贾永飞、施国庆和王慧娟（2009：48~54）指出传统的水库移民环境容量评价仅考虑土地资源、水资源等自然资源，但忽略了文化环境、宗教信仰、民族差异等社会因素。他们提出移民环境容量由资源环境容量、社会环境容量、经济环境容量与自然环境容量构成，并采用模糊评价的数学模型对其进行评价。模糊评价虽可较好解决社会因素等定性指标的计算问题，但不能较好呈现各系统之间的互相关联与反馈。

陈绍军、葛小波和李如春（2011：62~65，70）等以可持续发展为前提，分析了农业安置的环境容量的要素构成，包括资源子系统、经济子系统、环境子系统与社会子系统，其中前二者为基础容量，后二者为限制容量。他们指出水库移民农业安置环境容量是一个复杂的动态系统，计算时，对安置区内的自然资源、经济发展、社会习俗等应统筹考虑。

1.3.2 水库移民非农就业研究

1.3.2.1 一般农业人口的劳动力转移研究

人类城镇化的迅速发展始于工业革命之后，在不到 200 年的时间里西方主要发达国家基本完成了由工业化推动的城镇化，也使农村人口向城市迁移逐渐成为普遍现象，这种迁移是以个人自愿为前提的。目前，对农村劳动力转移的研究基本在以下理论框架展开，包括 Ravenstein 等的推拉理论、发展经济学视角下 Lewis 的收入差异理论、Tordaro 的预期收入理论、Stark 等的新经济迁移理论，以及 Krugman 的新经济地理理论。

较早对农村人口向城镇迁移以寻求非农就业机会的现象进行研究的是 Ravenstein（1885：167 - 235），他归纳了人口迁移的因素，总结出人口迁移的七大定律，其可被看作推拉理论的雏形。之后 Herberle（1938：932 - 950）首次系统总结了"推拉理论"，他指出在迁出地推力与迁入地拉力的共同作用下，发生了人口资源迁移。

Lewis（1954：139 - 191）将一个发展中国家分为边际生产率为零甚至为负的传统农业部门与边际生产力较高的现代经济部门。随着现代经济部门的发展，农村剩余劳动力在工资水平没有实质增加的情况下，由传统农业部门向现代经济部门转移。转移到一定阶段，现代经济部门必须提高工资水平才可以完成对剩余劳动力的全部吸收，即城乡收入差距是吸引农村劳动力的原因。但该理论的缺陷在于以下几个方面。第一，它没有考虑失业问题，认为农村人口进入城市就会自动获得工作。这也是在古典经济学分析框架下出现的常见问题，即不考虑信息搜寻的成本。第二，劳动力需求的增长不一定会带来现代经济部门的扩张，除非其技术进步是希克斯中性（Hicks Neutrality）的。因为在现实中，可以发现有些企业为了扩大生产可能会走资本密集型发展道路而非劳动密集型。在 Tordaro（1969：138 - 148）的模型中，城市失业和农村人口流动同时存在。他认为农业劳动者在城市存在失业问题的情况下，仍向城市迁移是由其对城乡预期收入的差距决定的。

Stark 和 Bloom（1985：173－178）讨论了在城乡收入差距或预期收入差距不存在的情况下，家庭整体作为决策主体的重要性，认为移民是否决定搬迁受到搬迁后收入与风险的影响，前者期望可以实现最大化，后者期望则可以实现最小化。

上述研究本质上没有脱离 Lee（1966：47－57）总结的迁移四因素，即迁出地、迁入地、迁移障碍与迁移者。迁入地周边地区的因素没有被纳入分析框架，导致对劳动力流向的区位含糊不清，好像城市只是一个"点"而不是一个区域。以 Krugman（1991：483－499）为代表的新经济地理学派通过建立"中心—外围"模型，从城市集聚的角度，将劳动力流动内生于城市集聚的形成机制中，为劳动力的流向提供了有力的解释框架（Hering，Paillacar，2010：145－159）。

1.3.2.2 国内水库移民的劳动力转移研究

水库移民的非农就业问题，随着城镇化安置的出现，成为值得关注的问题。对水库移民劳动力转移问题的研究主要集中在以下几方面。

（1）劳动力转移方向

辜胜阻和张永生（1992：28~29）较早开始关注城镇化安置中农村移民的就业问题。他指出应利用三峡工程的机遇，推动一部分农村移民向非农产业转移。转移的方向是进入以县城为中心的乡镇企业。王恩涌（1996：104~107）则指出不应将农村移民全部转向传统农业，他们可以向非农产业转移。在转移方向上，他提出农村移民可采用劳务输出的形式向沿海发达地区转移。韩光辉（1997：33~41）认为在农业资源人地矛盾突出的情况下，水库工程农村移民应向非农产业转移。在转移方向上，就就业而言，根据《中华人民共和国水法》的精神，可将农村移民安置在水库下游受益的企事业单位。陈悦（2010：73~74）以重庆的三峡移民为例，认为劳动力转移的方向可偏向以重庆为中心的"一小时经济圈"以及就业容纳能力较强的中心城市或小城镇。

（2）就业存在的问题与对策

熊建立（2001：75~80）指出在城镇化安置过程中，库区城市受经济发展水平影响，劳动力容纳能力有限，导致移民进入后，阶段性就业压力膨胀。他认为化解就业难问题，除了提高地方经济发展水平外，还要建立完善的就业保障体系，加强就业引导，改变政府包办就业的做法。郎永健（2005：51~52）基于对就业现状的考察指出，依靠行政命令在企业安置的移民，大多是临时工，并且安置时不考虑企业自身经济状况；自谋职业的移民受个人因素影响，就业也很困难。徐旌、陈丽晖和李科（2009：1~10）认为水库移民就业的艰巨性体现在两点：一是受经济环境影响，就业形势严峻；二是移民自身条件限制导致就业难。他们提出从合理进行劳务输出规划、加强就业技能培训、完善社会保障制度等方面着手，化解问题。

（3）就业影响因素

巴娜（2010）从三峡移民就业的现状及问题着手，分析了影响移民就业的主要因素，包括政策因素、产业因素、环境因素、投资因素和心理因素，并结合移民自身的人力资本禀赋，提出了改善移民非农就业的建议。王承云（2012）研究了在三峡库区，产业结构、人力资本、社会资本、公共投资等就业影响因素与移民就业的关系。研究发现，这些因素对水库农村移民的非农就业均有显著影响。要解决移民的就业问题，应从供给与需求两方面着手，发掘就业潜能，扩大就业容量，同时健全帮扶措施，提升移民人力资本。

1.3.3 水库移民城镇化安置的制度安排研究

1.3.3.1 一般农业转移人口市民化的制度安排研究

新型城镇化以实现人的城镇化为目标，其暗含了一般农业人口向城市转移的两个阶段，第一阶段由农村向城市迁移，完成职业的转换；第二阶段则需突破城乡二元结构的制度约束，完成身份的转换。影响第一阶段即向城市自由迁移的制度性障碍几乎已经不存在，更具现实意义的是关注第二阶段的制度安排，这也是影响市民化的主要因素（黄锟，2011b：76~81）。

农业转移人口的市民化问题得到关注伴随着2000~2003年城乡一体化战略问题的提出。曾芳钰（2003：11~14）较早提出了市民化的问题。她指出，在城市化进程中，受城乡二元制度的制约，农业人口向城市的转移体现为一种不完全转移。中国城市化发展的必然趋势是农业转移人口的市民化，要实现这一目标首先必须改革传统的城乡二元制度。目前对市民化制度安排的研究集中在两个方面：一是有哪些制度因素制约了市民化的实现，二是以何种路径即新的制度安排化解这些约束。

(1) 影响市民化的制度制约因素

刘慧芳和冯继康 (2008：158~160) 认为，传统制度历史惯性的负面作用是市民化的主要掣肘，具体体现在三个层面：一是户籍制度，它与就业、教育等相关联；二是土地制度，它的不完善损害了农民的权益保障也加重了恋土情结；三是社会保障制度，它将农民排除在城市社会保障体系之外。高君 (2009：12~19) 认为社会保障制度是制约市民化的核心制度，当前的三种社会保障模式中，相对独立型无法适应农民工市民化，直接扩面型不能满足农民工市民化，双低（仿城）型阻碍农民工市民化。黄锟 (2011b：76~81) 指出市民化意愿及市民化能力受到城乡二元制度的影响。在市民化进程中，户籍制度因素（即显性户籍墙）影响并不明显，真正影响的是嵌入户籍制度中的就业、土地、教育、社会保障等福利性制度安排（即隐性户籍墙）。黎智洪 (2013：49~51) 认为虽然制度因素与非制度因素共同制约了市民化的进程，但在我国现阶段，制度因素是最主要、最直接的因素。户籍制度的存在造成了城乡壁垒的出现，形成了城乡二元制度。而与户籍制度相关的其他配套制度，实际又造成了城市中的新二元结构，具体表现在就业、社会保障、城市资源共享等方面。许抄军、陈四辉和王亚新 (2015：84~89) 等从非正式制度的视角，研究了农民工市民化的意愿及障碍。他们将非正式制度概括为城市归属感、故土情怀与进城成本。

(2) 实现市民化的制度安排

漆向东 (2006：75~80) 从农民市民化的制度供求矛盾，讨论了构建正式制度与非正式制度等社会资本的必要性。制度供求上的总量矛盾与结构矛盾对新的制度安排提出了要求。新的制度安排应以城乡一元化户籍制度为基础，进而改变城乡分离的就业制度，健全培训与就业制度，建立农民工社会保障制度以及改革现有土地制度。马桂萍和王芳（2008：14~16）指出从根本上制约市民化进程的是制度，而户籍制度又是根本之根本，因此新的制度安排路径以深化户籍制度改革为基础，逐步进行户籍制度的配套改革。刘传江和程建林（2009：66~72）分析了户籍制度及吸附在户籍制度上的其他相关制度安排对市民化进程的影响。未来制度创新的重点是突破韧性更强的"隐性户籍墙"，深化户籍制度改革，将农民工纳入城市资源配置体系。黄锟（2013：85~90）认为新的制度安排的总体思路是坚持一元化方向、渐进式改革、分类型实施、整体性推进，应将市民化分为准市民化和完全市民化两个阶段，依据不同阶段的目标、要求和制度特征，对户籍制度、就业制度、土地制度和社会保障制度进行创新。同时从加快经济体制转轨、加快产业结构调整和改革公共财政体制着手，为新的制度安排提供配套措施。陈学法和丁浩（2015：39~46）指出福利功能与户籍制度相关联，保障性功能则与土地制度相联系，因此，新的制度安排的目标就是要将福利功能与保障功能从户籍与土地上剥离，这种"剥离"不是分开的，而是要将二者结合起来进行系统改革。

1.3.3.2 国内水库移民城镇化安置的制度安排研究

从现有文献来看，专门对水库移民城镇化安置的制度安排进行论述的研究还很少。朱东恺（2005）的博士论文《水利水电工程移民制度研究》是首次从制度视角对水库工程移民问题进行的研究。他基于制度分析理论，从制度变迁的视角，结合识别出的问题以及可能的制度创新，尝试讨论合理的制度安排。但是此研究的制度视角没有考虑移民的城镇化安置，更多的是从农业安置角度出发。

黄廷政和段跃芳（2011：60~63）在研究水库移民进城安置模式时提出在制度安排上应加强体制保障，实现基本公共服务均等化；健全土地制度，完善土地补偿机制，以土地换住房为基础，解决移民城镇化安置的居住问题。

胡宝柱、谢怡然和张志勇（2012：112~113,116）提出了水库移民进城的社区安置模式，在居住、就业、社会保障等各方面，从制度上向城市看齐。在住房上，按照现代城市社区标准建房；在就业上，加强非农就业培训，增加非农收入比重；在社会保障上，吸纳农民进入城市社会保障体系。

杜云素和李飞（2014：109~112）将水库移民进城安置分为城郊安置与城镇化安置。在城郊安置下，土地制度与社保制度同农业安置接轨，移民不完全与土地剥离，将土地继续作为其生存的基本保障。在就业制度上，与城市就业制度靠拢，从而形成"离土不离乡"的制度安排。在城镇化安置下，补偿政策的制度安排要有调整，实现以土地换住房。在就业和社保等方面，要将移民纳入城市公共服务体系，使其和城市居民享受同等待遇。

段跃芳和窦春锋（2016：14~18）分析了水库移民城镇化安置存在的制度障碍，包括移民管理制度不适应城镇化安置、补偿制度不合理、城镇化安置帮扶制度不健全、移民社会风险规避机制不完善。基于此，在制度安排上，他们提出加快移民管理体制改革，让市场机制决定补偿标准，构建移民收入来源替代机制，建立有效的就业扶持制度以及对移民社会保障体系的建设进行支持与补充。

1.3.4 简要述评

（1）水库移民环境容量研究

由环境容量研究方法的演变来看，城市环境容量研究已呈现由静态视角转向动态视角，由研究单元素约束下的单一容量子系统发展到多元素约束下的系统容量，由单纯基于自然资源禀赋的城市环境容量研究延伸到涵盖经济资源、社会资源的综合容量的演变特征。对城市环境容量的测算虽然也有考虑多因素影响的综合指标法、理论推导下的直接推算法、基于人口演变的 Logistic 回归法等，但总体来看，系统动力学（System Dynamics）在处理城市环境容量时有突出的优势，它可以较好地呈现城市各种资源供给由单因子向多因子的转变，处理非线性与时变现象，更重要的是它可以将各种社会政策的变化引入模型，进行模拟，从而为复杂、动态的系统问题提供更为直观的决策结果。

从国内对水库移民环境容量的研究来看，其方向与环境容量研究变化的路径是基本一致的，都完成了由静态视角向动态视角的转变，都经历了由单因子约束向多因子约束的过渡，都实现了由自然资源系统向包含社会系统、经济系统等子系统的复合系统的拓展。但现有的研究无论是理论框架的构建还是实证模型的运用基本都以水库移民的农业安置为前提，没有系统地提出水库移民的城镇化安置环境容量系统是什么样，它与农业安置环境容量有什么不同。

（2）水库移民非农就业研究

从现有的文献来看，专门针对水库移民非农就业的研究还比较少。现有的研究主要从劳动力转移方向、就业存在的问题与对策以及就业影响因素三方面展开（如表1.1所示）。

表1.1　水库移民非农就业研究内容梳理

研究内容	观点
劳动力转移方向	向以县城为中心的乡镇企业转移 向沿海发达地区转移 向水库下游受益企事业单位转移
就业存在的问题与对策	问题：经济形势影响就业吸纳能力，阶段性就业压力膨胀，企业安置与移民个人就业困难 对策：加强就业技能培训与引导，完善就业保障体系，挖掘就业潜能
就业影响因素	政策导向、产业结构、人力资本、公共投资、环境影响等

现有水库移民非农就业研究忽视了劳动力就业的一个重要因素，即区位因素的影响。城镇化安置中，是将农村移民安置在大城市还是中小城市？安置在城市的什么区位都会对劳动力就业产生影响，因为根据城市规模与集聚效应的不同，各区位有不同类型的企业，在安置的过程中应考虑移民自身的特性进行劳动力转移。

（3）水库移民城镇化安置制度安排研究

从现有研究来看，无论是对一般农业人口市民化的制度安排研究还是对国内水库移民城镇化安置的制度安排研究，都偏重对正式制度的分析，而弱化了对非正式制度的讨论。虽然也有研究指出社会风俗、民族宗教等方面对移民融入城市生活的影响，但没有从制度分析的角度展开。此外，现在定性的研究多，定量的研究少。事实上，对于制度分析，特别是正式的制度安排，可从合约理论的角度予以阐述，进而为水库移民城镇化安置的制度安排提供一个不同于定性分析的视角。

1.4 主要研究内容与研究方法

1.4.1 主要研究内容

第一章，绪论。提出要研究的问题，说明研究的背景和意义，并对相关概念进行界定；梳理国内外相关领域的研究，做出简要评述。

第二章，水库工程农村移民城镇化安置要素与分析框架。分析了水库移民城镇化安置的基本要素，明确了环境容量、就业与制度安排是影响城镇化安置的关键要素。阐述这三个关键要素从农业安置到城镇化安置的变化，建立了"环境容量－就业－制度安排"的水库工程农村移民城镇化安置分析框架。

第三章，水库工程农村移民城镇化安置的环境容量分析。基于环境容量在城镇化安置中的演变分析，识别城镇化安置环境容量的影响因素，利用系统动力学理论方法构建水库移民城镇化安置的环境容量模型。

第四章，水库工程农村移民城镇化安置的就业分析。在对移民非农就业现状与存在的问题分析的基础上，从就业效用角度出发，基于新经济地理学理论，利用数理模型推导，分析城市规模、城市内部区位、产业类型、移民劳动力异质性与城市融入成本共同影响下，对移民就业效用的影响，为移民城镇化安置的城市区位选择提出建议。

第五章，水库工程农村移民城镇化安置的制度安排分析。以土地管理制度、土地产权结构与交易费用的变化为线索，梳理了水库工程移民安置的制度变迁。根据路径依赖理论分析制度安排创新的障碍。尝试采用不完全契约模型和进化博弈论分析交易费用最小化原则下正式制度安排的形成机制以及非正式制度安排在反复博弈中的演变过程，进而提出化解障碍的政策建议。

第六章，案例研究：宁夏 D 工程农村移民城镇化安置。将前面形成的"环境容量－就业－制度安排"分析维度应用于宁夏 D 工程农村移民城镇化安置的实证研究中。

第七章，结论与展望。归纳本书的主要结论，指出研究的局限性，展望有待进一步研究的问题。

1.4.2 研究方法

（1）文献法。查阅并收集了与本书有关的文献资料，包括专著、研究论文和数据资料。其中有统计机构发布的统计数据，也有设计机构所做的移民调查数据。

（2）社会调查法。深入水库工程移民安置工作现场，实际参与了移民安置工作的部分过程，对政府工作人员、工程设计人员、移民群体等利益相关方进行了深入的访谈，为后续的研究工作奠定了基础。

（3）系统动力学方法。该方法从全局的角度对所分析事物进行全面把握，厘清系统内部各元素之间的相互关系，以及与外部环境的联系。本书在对水库工程农村移民城镇化安置环境容量的分析中，采用系统动力学方法，对影响城镇化安置环境容量的关键因素进行了分析。基于 Vensim PLE 软件，构建了定量测算城镇化安置环境容量的系统动力学模型。

（4）新经济地理学方法。本书运用新经济地理学的分析方法，考虑城镇内部区位对移民城镇化安置就业的影响。基于新经济地理学常用的 Dixit - Stiglitz 模型，构建了移民就业的效用函数，模拟了不同城市规模、城市内部区位、产业类型、移民受教育水平下对移民就业效用的影响。

（5）制度分析方法。在对水库移民安置制度的分析过程中，基于制度变迁理论，以土地管理制度、交易费用与土地产权结构为线索，分析了正式制度安排与非正式制度安排对安置制度的影响。基于路径依赖理论的分析方法，分析了城镇化安置下的制度障碍，并提出了新制度安排的建议。

1.5 技术路线与创新点

1.5.1 技术路线

本书的技术路线如图1.1所示。

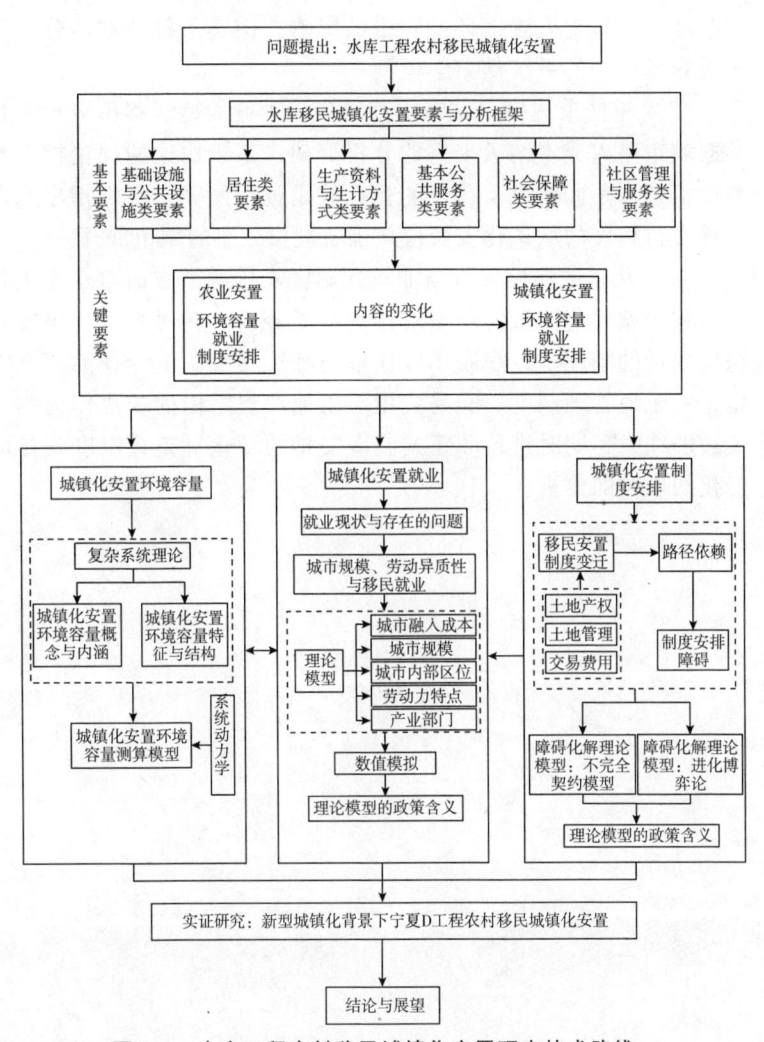

图 1.1 水库工程农村移民城镇化安置研究技术路线

1.5.2 创新点

（1）提出了以"环境容量－就业－制度安排"为问题导向的城镇化安置分析框架，将城镇化安置的全过程较系统地纳入了分析框架中。

（2）构建了符合城镇化安置特点的系统动力学模型。从复杂系统的视角比较全面地考虑了城镇化安置下，自然环境、经济环境与社会环境对安置区环境容量的影响，构建了符合城镇化安置环境容量特征的系统动力学模型。

（3）将城市规模、城市内部区位、产业类型、移民劳动力特征与城市融入成本纳入统一的分析框架。基于构建的理论模型与数值模拟对不同情况下移民的就业效用进行测算，明确指出水库工程农村移民的城镇化安置应该围绕规模较小的城市展开。

（4）从正式制度安排与非正式制度安排两个方面对水库工程农村移民城镇化安置的制度安排进行了分析。在对水库移民安置制度变迁的阐述中，摆脱了以往单纯陈述安置制度变迁的研究思路，将土地管理制度、交易费用与土地产权结构的变化作为制度变迁的线索，同时进行非正式制度安排的变化对正式制度安排的变化的影响的分析。

第2章
水库工程农村移民城镇化安置要素与分析框架

水库移民的城镇化安置是我国土地资源日益稀缺与城镇化发展趋势带来的必然结果。城镇化不等同于简单的城镇人口比例的提高，外在形式上它表现为农村人口向城镇的迁移，内在本质上它体现在一种以非农就业为主体的生活空间中（张鸿雁，2013：1~14，241）。其实质是城市生活方式和城市文明的地域性扩张（Wirth，1938：1-24）。水库移民的城镇化安置是对长期占据主导地位的农业安置方式的突破与创新，其目标与城镇化是一致的，都是要完成农村移民在生产和生活方式上的转变。从农业安置到城镇化安置，二者的基本要素是重合的，但是因为生产生活方式的转变以及对资源配置需求的不同，这些基本要素又会发生演变。本章的目的在于通过阐述水库移民城镇化安置的基本要素，从中总结对城镇化安置有重要影响的关键要素，并分析它们由农业安置到城镇化安置的演变情况，进而构建一个针对水库工程农村移民安置的分析框架。在这个框架中，环境容量分析是前提，就业问题是核心，制度安排是保障。

2.1 水库移民城镇化安置要素

2.1.1 水库移民城镇化安置基本要素

水库工程农村移民是由工程建设而导致土地、房屋等财产丧失，之后又在一定外力帮助下完成生产生活系统重建的群体。在城镇化安置前,他们属于农村居民。在征地拆迁发生时,他们原来生产生活所依靠的土地、房屋、社会关系、集体资产等逐渐丧失。在搬迁进城后,在国家补偿补助政策的扶持下,移民的生产生活又逐渐回到正轨。在这个"丧失-获得"的过程中,无论是在农业安置还是城镇化安置下,影响移民安置的基本要素是一致的,当然在各要素的具体组成内容上,因移民的需求不同会发生变化。大体上,就满足移民对生活安置与生产安置需求的角度而言,水库移民城镇化安置的基本要素包含以下几个方面。

(1) 基础设施与公共设施类要素

这类要素包括供水、供电、道路交通等保障移民搬迁进城镇后正常生活的要素。供水方面,由城镇自来水系统提供洁净、安全的用水;供电方面,由城镇供电网络保障移民的用电;道路交通方面,对于新建的集中安置小区,可以选择在公共交通较便捷的位置建设,若新建小区周围没有便捷的交通,为满足移民出行,则需要新建道路网络系统,并对公共交通路线进行调整;医疗设施方面,在安置小区附近应有从社区卫生所到具备较高等级医疗救治条件的医院,以方便移民就医;教育设施方面,为移民子女提供基本的教育资源,例如就近入学的资格,或是在安置小区附近新建校舍。

(2) 居住类要素

城镇化安置后,移民居住地点由农村宅基地转为城镇国有土地。为保障移民搬迁后的住房,可利用现有房地产市场空置房屋,也可新建安置小区,在合理的补偿制度的基础上,通过购置、置换等方式为移民提供满足居住要求的合法住宅。同时,在屋内设施方面,相比农业安置下,水、电、气等设施也更加完善。

(3) 生产资料与生计方式类要素

该类要素是生产安置的重要组成部分,城镇化安置后,移民的生计方式由农业向非农业转移,因此,从事农业生产时依赖的生产资料诸如土地、山林、水塘等已经丧失,移民生计方式面临全面的转型,对非农技能培训、就业市场信息提供等服务也产生了新的需求。生计方式类要素在移民城镇化安置中扮演了重要的角色,它是影响移民在城镇定居生活水平的决定性因素,也是移民城镇化安置的核心要素。

(4) 基本公共服务类要素

这类要素主要包括教育资源、就业服务等。城镇化安置的教育资源实际包括了两类：一类是针对处于受教育年龄阶段的移民，另一类是针对处于劳动年龄阶段的移民。教育与再教育是实现移民及其家庭可持续发展的重要推动力。城镇化安置下，第一类教育资源的供给往往与户籍制度相关联；对于第二类教育资源，主要是提供各类非农就业技能培训等非学历教育，这类教育对于占移民群体绝大部分比例的劳动年龄人口而言至关重要，可以有力地提高他们在城镇就业市场上的竞争力。

就业服务类要素与就业紧密相关，鉴于非农就业对移民城镇化安置的重要意义，移民对这类要素有迫切的需求。这部分内容包括了就业供求信息发布与职业培训信息发布渠道的建设、就业政策法规的咨询服务、职业指导等服务。

(5) 社会保障类要素

社会保障主要包含社会保险、社会救助和社会福利，医疗、失业、养老、低保等是其重要的组成内容。城镇化安置后，需要将农村移民原先所享受的新型农村合作医疗、新型农村居民养老保险、农村最低生活保障等待遇与城镇最低生活保障、城镇居民或职工养老保险和医疗保险等待遇相衔接，并在由"乡到城"转轨的过程中，在缴费上提供政策与资金方面的支持，使移民进城后基本的医疗、养老、生活得到保障。并且，城镇化安置后，移民以非农就业作为主要就业形式，因此还需要提高他们参加城镇失业保险的比例，并且为他们提供工伤保险。同时，还需为困难的移民群体提供城镇居民最低生活保障及其他的城镇社会救助以保障他们在城镇的基本生活。

(6) 社区管理与服务类要素

城镇社区是移民作为城镇居民接受社会管理与社会服务的具体承担方。社区管理包括人口管理、环境管理、公共资源管理等方面的内容；社区服务则包含教育服务、医疗服务、卫生服务等方面的内容。在城镇化安置后，原有农村社区管理机构组织在结构上面临重组，在机构功能上需要调整，在服务对象上发生变化。

2.1.2 水库移民城镇化安置关键要素

考虑到城镇化安置的特点,水库移民城镇化安置的基本要素实际受到三个关键要素的影响,即城镇化安置环境容量、就业与制度安排。

有足够的环境容量是移民安置的前提,这是农业安置与城镇化安置都首先需要考虑的问题,所不同的是,城镇化安置下,环境容量在空间上由农村转移到城镇。环境容量是城镇化安置的三个关键要素之一,首先在于它为生活安置的顺利实施奠定了基础,而生活安置是移民安置中除生产安置外的一个重要组成部分。生活安置要为移民提供房屋以居住,要为移民建设水、电、气等基础设施以保障日常生活需要,要在社区周边修建医疗卫生、文化教育等服务设施以促进移民享受城市公共服务,要为移民社区铺设通行道路并重新规划公共交通路线以方便移民出行,这些实际上都需要土地资源、水资源等自然资源作为支撑。此外,环境容量除了奠定了生活安置的基础外,也影响了生产安置的顺利实施。城镇化安置后移民的生计方式以非农就业为主,生计方式转型的成功与否又受到有没有足够的就业环境容量吸纳劳动力人口的影响。而就业的容量实质上又与安置地区的产业规划、劳动力市场的供给与需求,第二、第三产业的发展等各类经济因素密切相关,这些因素皆可归类于城镇化安置环境容量中的经济环境。最后,除了自然资源与经济环境外,一个地区多大程度上可以接受外来移民又受到社会环境的影响。综上所述,城镇化安置的环境容量是影响水库工程农村移民城镇化安置的一个关键要素,是整个安置活动顺利实施的前提性要素条件。

另一个城镇化安置的关键要素是就业,这与水库移民的生产安置紧密相连。城镇化安置下,移民的生计方式由农业向非农业转型,非农就业收入即移民收入的主要来源,也是推动移民可持续发展的有力支撑。移民就业的问题,特别是就业容量的问题已经被包含在环境容量要素中,但考虑到就业在维持移民生计水平可持续发展方面的重要意义,仅仅用就业容量概括水库工程农村移民城镇化安置的就业问题显然是不全面的。在其中还涉及移民的就业方向、移民自身条件与就业岗位的匹配、相关的就业服务等，因此，在城镇化安置的关键要素中，就业应被作为一个单独的要素予以重视。

就实施的角度而言，环境容量也好，就业也好，若对移民安置产生积极的作用，从根本上来说就需要制度安排予以保障。无论是基础设施和公共设施建设所需资金的调配、基本公共服务政策的调整、征地拆迁补偿制度对移民安置房的支持、移民在城镇就业的扶持规划还是城镇化安置下社区管理制度的重构等，都需要通过制度设计，更好地与水库工程农村移民城镇化安置相适应。水库移民城镇化安置关键要素内部关系如图 2.1 所示。

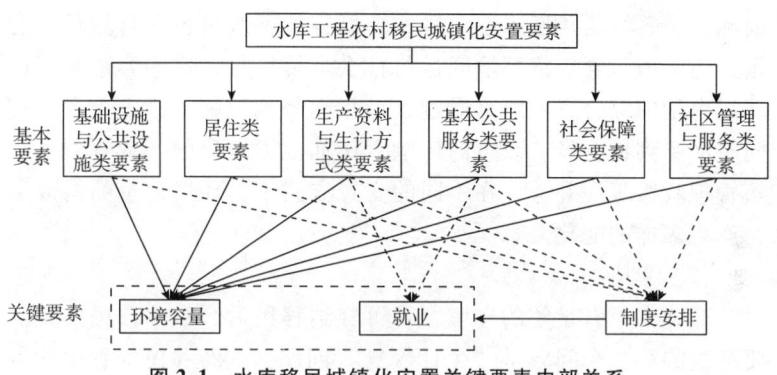

图 2.1 水库移民城镇化安置关键要素内部关系

（1）环境容量

水库移民安置要解决的首要问题是"居住"的问题。能够在迁入地有一个稳定的居住场所、安居下来对移民适应安置区新生活，实现稳得住、能致富的目标有至关重要的作用（宋悦华、雷洪，2000：51~55）。住在哪，怎么住，住所是否稳定，能住多少人，归根结底受到安置区环境容量的影响。无论是哪种安置方式，如果没有足够的环境容量，就只会使移民工作困于"重工程，轻移民"的怪圈，限制移民未来的发展空间（王必良，2012）。

水库移民安置的环境容量的实质是指在一定时期和区域范围

内各类资源的约束下,某区域所能接纳的最大移民数量。传统的水库移民环境容量关注自然资源承载力的约束,并常以人均耕地和人均占有粮食作为具体的计算指标(廖蔚,2005)。但是,这样计算的环境容量不是全部的移民安置环境容量。实际上,水库移民安置的环境容量中的"环境"可认为是以移民为主体,与移民生存和发展有关的一切外部环境(伍黎芝,2000)。从这个角度理解,只用自然资源环境概括移民安置的环境容量是不够的,而且自然资源环境也不应只考虑土地资源的约束。影响移民安置环境容量的因素很多,各因素之间又相互影响,造成水库移民安置环境容量具有复杂性。安置区自然资源的多少、人口素质的高低、地区经济的发展水平、生活消费水平、社会风俗的差异以及地方社会经济政策等都会对水库移民安置的环境容量产生影响,因此,从系统的角度来说,移民环境容量不应只包含自然环境容量,还应该包含经济环境容量与社会环境容量,这些容量对移民环境容量的综合影响最终通过人口指标得到反映。这三个子系统同时又受到社会经济政策的影响,比如地方政府的产业规划、户籍管理政策等。并且,在不同的安置方式下,环境容量的构成又会产生多样的变化。

(2)就业

在确定了有足够的环境容量可容纳移民后,水库移民安置需要解决的第二个问题是"生计恢复"问题,这与移民安置中的生产安置密切相关。在任何安置方式下,怎样合理规划生产安置,使移民的收入得到恢复进而超过搬迁前的水平一直是水库移民安置的核心问题。生计系统恢复与重建的失败是导致移民生活陷入贫困的主要原因(段跃芳,2007:131~134),处理不好生产安置问题,就容易引发各类矛盾与不和谐现象,并产生一系列社会问题(王应政,2010)。

生产安置是移民安置的重要组成部分,而在20世纪80年代以前,传统的水库移民安置采取的是"安置性"移民政策。"安置性"移民将移民安置与对移民的财产直接进行现金补偿画上等号。但是只用现金补偿,即使补偿标准基于市场价值测算,也无法弥补移民所有的经济福利损失(Ty,Westen,Zoomers,2013:

678-704)。而且，单纯依靠现金补偿也不能为移民创造与搬迁前类似的社会经济环境（Cernea，2000：3659-3678）。只有摆脱"重搬迁，轻安置"，重视生产安置，将非自愿移民安置视作一次发展的机会，才有可能使移民生计恢复，生活水平得到改善。Cernea（1997：56）更明确指出，移民安置自身就应该是发展项目，能使移民从中受益。同时，世界大坝委员会也认为，若要将移民安置转变为发展机会，移民安置规划的重点应是给移民提供更多的选择，更好地对生产安置进行规划，关注提高移民能力和提供更多的社会机会（World Commission on Dams，2003），因此，有必要将生产安置纳入移民安置中，为移民生产条件改善与收入恢复创造条件，如较早提出开发性移民概念的世界银行在《非自愿移民手册：开发性项目的规划与实施》中所指出的"移民安置的发展方向就是增加就业机会"。（World Bank，2004：2）就业机会的增加固然有利于移民生计系统的恢复和重建，但具体的规划同实施还要结合移民个人情况以及所采取的安置方式综合考虑。不同的安置方式下，移民就业有不同的侧重点。在大农业安置下，移民就业重点考虑第一产业；而在城镇化安置下，第二、第三产业就业则被放置在首要位置。

（3）制度安排

为了使居住与生计问题得到较好的解决，还需要有制度安排的支持。水库工程移民的制度安排实际包含了移民安置活动的所有阶段，在搬迁开始前就已经存在，这体现在项目建设的决策机制、土地征收的补偿制度等方面（朱东恺，2005）。如果没有恰当的制度安排予以支持，就会延长移民适应新的生活环境的时间，这又直接影响到他们在安置区生活的稳定性。一旦移民无法适应安置区的生活，他们的不满和抱怨情绪就可能逐渐累积，最终可能产生影响社会稳定的群体性事件（施国庆、余芳梅、徐元刚等，2010：35～40）。

制度安排主要支配的是经济单位之间可能合作与竞争的方式，这种安排可能是正式的，也可能是非正式的。传统上对水库工程移民安置的制度安排，多关注的是正式的制度安排，而较少关注非正式的制度安排。在不同的安置方式下，制度安排的内容也会有差异。同时，根据迁入地与迁出地之间社会经济情况的不同，产生新的制度安排的制度变迁的路径与幅度也会不同。就水库工程农村移民而言，如果是农业后靠安置，与搬迁前相比，移民对新的制度安排的需求相对来说就会减少。而如果是农业异地安置，则由于迁入地也是农村地区且生计模式与迁出地具有相似性，正式制度安排方面不会发生太大变化，但非正式制度安排方面可能会面临文化风俗、价值观念的不同挑战。如果是城镇化安置，由于迁出地与迁入地存在巨大的不同，移民在生活方式、生计模式等方面出现明显变化，则无论是正式制度还是非正式制度，都可能面临新的安排。

2.2 关键要素在城镇化安置下的演变

2.2.1 环境容量的演变

2.2.1.1 农业安置下的环境容量

在农业安置下，关注安置区农业资源的基本情况及其开发利用方式是环境容量分析的前提条件。土地面积越大、肥力越好、开发及利用的方式越合理，环境容量也就越大（陈绍军、葛小波、李如春，2011：62~65，70）。除了土地资源以外，水资源等自然资源环境，以及经济环境、社会环境也是影响环境容量的重要因素。在农业安置下，环境容量具有如下特点。

（1）自然资源环境

①土地。移民的居住需要宅基地，他们在这类土地上一般会修建平层或二层至三层的房屋，在移民安置区，这类住房大多以砖混结构为主。移民的生产活动则主要在农用地上进行，根据土地类型的不同，他们会从事不同的生产活动，例如水田可以主要种植水稻，旱地则主要种植玉米、小麦等农作物。除此之外，移民还会利用宅前屋后的土地进行小规模的家禽家畜养殖。这些土地就所有权而言，属于农村集体所有，移民则享有使用权。

②水资源。就移民而言，其供水水源主要还是河水、池塘水或井水，在部分经济发展较好的地区也会出现水塔式集中供水。

在一些气候条件较恶劣地区，对水资源的使用可能还受到极端天气的影响。除了生活用水外，移民可能还会利用承包的池塘从事水产养殖等生产活动。对这类水资源的使用基本不需要移民支付费用。

③能源。农业安置下，移民居住在农村地区，他们对能源的使用不仅与农村社会经济状况以及自身生活水平密切联系，也与当地生态环境压力有关（张馨，2012）。在发展中国家的农村地区，超过一半的农户仍以使用生物质能为主（Ardehali，2006：655-662），包括秸秆、薪柴、畜粪等，此外还有化石能源（煤炭和液化气），少数农户还会使用电能作为家用能源。2003年起，随着国家对农村能源建设的大力支持，在一些地区使用太阳能、沼气等新能源的比例也在不断升高。由于受家庭经济状况的影响以及农村地区可使用能源选择的多样性，移民在使用能源时多考虑现金支出、能源的可获得性与使用的便利性，而不太关注使用某类能源所带来的环境成本（李国柱、牛叔文、杨振等，2008：15~24；张馨、牛叔文，2013：1~5）。

（2）经济环境

①收入与支出。在农业安置下，移民的收入与支出也是经济环境容量的重要组成部分（陈绍军、葛小波、李如春，2011：62~65，70；贾永飞、施国庆、王慧娟，2009：48~54）。移民收入以农业收入为主，来自第一产业的收入可能会成为家庭主要收入。在收入水平上，移民总体上与城镇居民相比有一定差距。在农业环境下，尽管一定程度上移民可实现粮食的自我供给，但食品消费依然占据家庭消费结构的主要部分，这与其整体收入水平不高有关。在居住消费方面，一般的取暖、炊事、生活用水等现金支出相对较少，其中有很大一部分可能来自居民自建房屋的支出（温涛、孟兆亮，2012：4~14）。在衣着支出方面，年轻的移民已经养成了在市场上直接购买成品的消费方式，但中老年移民可能还习惯于购买原料，自己制作成衣。在家庭设备支出与文教娱乐支出方面，其一般在农村移民的消费结构中所占比例都比较稳定，这与农村地区娱乐方式的单一性与教育资源的有限性相关。在交通通信支出方面，如果移民外出打工频繁或者从事小生

意的话，则会比一般家庭有较高的支出。在医疗保健方面，一部分支出可由新型农村合作医疗覆盖，一定程度上减轻了移民的经济负担。

②劳动力供求。传统小农经营模式下，农户向土地索取资源，易盲目追求土地面积扩张，造成人地矛盾突出。在农业安置下，近年已经开始重视对农业生产活动进行合理规划，考虑安置区第一产业就业状况。在此过程中，农地的投入产出比例、农业机械化水平、单位土地产量等都会对第一产业劳动力的供求情况产生影响（张健、李文军、黄刘芳，2013：60~63）。

③地区生产总值。地区生产总值是衡量一个地区经济发展情况的重要指标（Coyle，2014）。产业结构调整是经济发展的大方向，因此即使在农业安置区，第一产业产值在国内生产总值构成中也只占了很小的比重。从全国统计年鉴来看，自 2009 年起，第一产业产值占国内生产总值比例就一直小于 10%。即使在一些水库工程移民较多的西部省份，这一比例也很少超过 15%（中华人民共和国国家统计局，2015：60，75）。

④安置区区位。在农业安置下，安置区位于农村地区，在以土地承载力为表征的自然资源环境容量上一般都有充足的空间容纳移民，但一般不具有交通便利和产业集聚的区位优势。特别是一些采取农业后靠安置的水库工程农村移民，在区位上与搬迁前相比变化并不明显。

⑤基础设施。在农业安置下，被选择为安置区的地区由于地处农村，配套的基础设施往往还不够完善，后靠农业安置下这一缺点更明显，因此，往往还需要投入资金对安置区的基础设施进行补充建设。

(3) 社会环境

①人口数量。移民安置需要考虑安置区的人口数量，特别是其变化情况。对农业安置而言，由于安置区位于农村地区，一般只要考虑户籍人口的自然增长率即可。它的流动人口主要是向城镇聚集的外出务工人口，一般很少有在自愿迁移前提下，向农村搬迁的流入人口。

②人口素质。人口素质不仅包括人口的文化教育素质，还包

括人口的身体素质、劳动技能、道德品质等（Murphy, 2004: 1~20）。它受到遗传因素、自然环境、生产生活方式，以及经济、社会等多种因素的影响（张魍，2012）。农村地区受客观情况影响，在受教育水平与劳动技能方面还处于较低水平。水库农村移民在搬迁前多处于交通不便、信息闭塞的农村地区，在人口素质方面与安置区居民相比，可能有一定差距，差距的大小由安置区的整体情况决定。但总体而言，因为同处农村地区，差距不会太大。

③公共服务。公共服务的实质可认为是提供具有非竞争性与非排他性的公共产品（Rosen, Gayer, 2013）。公共服务的供给是政府的基本责任，包括社会保障、医疗卫生、教育等方面。基本公共服务更强调由政府提供服务的部分，而不关注可引入市场机制的准公共服务和经营性公共服务（郭士国，2012）。在农业安置下，水库工程农村移民在搬迁后，户籍上仍是农业人口，就享受基本公共服务的内容方面而言，与搬迁前基本没有区别。在社会保障上，他们参加的是新型农村社会养老保险和新型农村合作医疗，享受的是农村社会救助与社会福利待遇；在医疗卫生上，安置区以条件一般的卫生所为主，平常缺少对乡村居住环境的日常维护；在文化教育上，农村地区一般教育资源缺乏，教育质量偏低。但受到地区社会经济发展水平的影响，各地区政府对基本公共服务在财政投入上会有不同。

④生活习惯与宗教信仰。农业安置下，移民依然居住在农村地区，就大的方面而言，生活习惯上差别不大，但仍然存在一定的微小的差别，特别是跨县、跨市甚至跨省的异地搬迁，这种生活习惯的差别会体现得更明显。在宗教信仰方面，无论是农业安置方式，还是其他安置方式，都可能会遇到移民宗教信仰与安置区居民不相适应的情况，此时就需要合理安置有宗教信仰的移民。

2.2.1.2 城镇化安置下的环境容量

在城镇化安置下，环境容量相比农业安置发生了变化。无论是自然资源环境、经济环境还是社会环境，都要比农业安置下更为复杂，具体的演变如下。

（1）自然资源环境

①土地。城镇化安置下，移民搬进公寓式楼房，这些楼房以

钢筋混凝土结构为主，多为6层或以上建筑，一层有2户或以上居民，这与农业安置下一户一院的居住模式显著不同。由于不再分配农用地，除了住在1楼的居民可能利用住宅配备的庭院，种植少量蔬菜供自用，或是饲养少量家禽外，移民已没有足够的生产资料从事农业活动，社区内的公用土地从法律与管理的角度来看也不允许移民开垦。这些土地由于在城镇范围内，因此所有权属于国家，移民则拥有房屋所有权。

②水资源。在用水便利度方面，相比农业安置下的移民用水，基于城镇良好的供水设施，城镇化安置下的移民可以享用全时段且水质合格的自来水供给，供水服务质量的提高以付费为前提。但相比农村地区的水资源管理与利用，城市水资源除了受到地下水资源、地表水资源等一般水资源要素影响外，还受到城市在人口、资本等要素方面的高度集中的影响，因此城市可被认为是水资源管理和利用最复杂的区域（杨雪梅、石培基、董翰蓉等，2011：2039~2045）。特别是随着城市集聚效应的日益显著，城市群的出现对生活生产用水以及生态需水量都提出了更高的要求（熊鹰、姜妮、李静芝等，2016：75~81）。

③能源。在移民搬进城镇后，能源的使用发生了很大变化。在使用种类上，几乎已不再使用生物质能源，而是以化石能源与电能为主，包括液化气、天然气等。在性质上，商品性则体现得更加明显。相比农村居民常用的薪柴、秸秆、沼气等能源的非商品性，城市居民需要为能源使用支付购买费用。在能源选择上，除了受个人与家庭因素（收入水平、心理认知、教育程度等）影响外，还受到能源供给方式（例如垄断供给）等政策因素的影响 (Zhao, Li, Ma, 2011：644-653)。

（2）经济环境

①收入与支出。搬进城镇后，移民从农业生产中抽离，收入来源由农业安置下的以第一产业为主转变为第二、第三产业占绝大部分比重。在收入水平上，如果移民不能找到稳定的收入或是自主创业失败，则可能会与城镇居民的平均收入水平有较大差距。在支出方面，移民通过市场获得食物，食品支出依然是最主要的支出，但所占比重出现下降。这并不一定由移民收入水平提

高引起，也可能由其他消费支出金额增加造成。在居住消费方面，由于国家统计局不再将构建房屋支出和自有住房虚拟租金纳入居住类消费统计，因此在城镇生活环境下，移民的居住消费主要是水费、电费以及能源支出等。在衣着支出方面，其消费习惯与农业安置下相比基本没有变化，但对年轻移民来说，因为城镇更靠近市场，会更方便他们购买衣服。在家庭设备及用品支出方面，因为城市生活与农村生活不同，移民可能需要购买一些农村生活不需要的设备及用品，并且这部分支出在搬迁初期可能会有较大开支。在文教娱乐支出方面，尽管城镇地区在娱乐方式上选择的范围更广，教育资源也更丰富，但移民受到收入水平的限制，其消费结构与消费习惯也不会发生太大变化，这可能会随着其收入水平的提高而改变。一方面，在交通通信支出方面，由于城市在距离上与火车站、汽车站等交通枢纽更近，一定程度上可减少外出打工移民在这方面的支出；但另一方面，移民的市内交通成本也可能上升。在医疗保健方面，如果移民完成了户籍的转换，一部分支出就可由城镇居民基本医疗保险覆盖。

②劳动力供求。相比农业安置下的劳动力供求，城镇化安置下移民就业集中在第二、第三产业，其劳动力供求受到更为复杂的社会经济环境影响，包括劳动年龄人口、劳动力参与率、产业结构等（周潇君、施国庆、黄健元，2016：50~57）。除了受经济周期影响的周期性失业外，移民还会面临由资源配置失调造成的摩擦性失业与经济结构变化导致的结构性失业，因此，城镇化安置下的劳动力供求对移民就业的影响远大于农业安置下的影响。

③地区生产总值。美国经济学家 Northam 分析了城镇化发展与 GDP 增长之间的关系，城镇化安置下，移民发展与城镇化的关系更加密切（Northam，1975）。一般来说，一个地区的 GDP 越大，结构越合理，增速越明显，该地区的经济环境就越能较好地容纳移民。

④安置区区位。城镇地区由于土地资源的稀缺性决定了城镇化安置在以土地承载力为表征的自然资源环境容量上可能比农业安置更为紧张，但是城镇地区在交通便捷、产业集聚方面的区位

优势要比农村地区更加明显。

⑤基础设施。相对完善的基础设施是城镇化安置较农业安置的优势之一。城市道路已全部实现硬化,路网建设也更为完善;以公交、地铁等构建的城市公共交通系统方便了移民的市内出行;水电供给上,供水系统和供电网络都已建成,只需将移民小区纳入相应的系统即可。

(3) 社会环境

①人口数量。城镇化安置在考虑安置区人口变化时,不仅需要考虑户籍人口的自然增长率,还要考虑城市的流动人口。不同规模的城市会导致不同程度的人口流动集聚,一般来说,城市规模越大,经济越发达,流入人口的规模也越大(张耀军、岑俏,2014:54~71)。这些人口多属于自愿迁入人口,相比非自愿迁移的水库工程农村移民,他们有更高的非农劳动技能、更强的融入城市生活的意愿,一定程度上会挤占水库移民的空间。

②人口素质。城市是人口聚集的地区,相比农村地区,城市会吸引更多的高素质人才。城镇化安置下,移民与安置区居民在人口素质方面的差距会比较明显。此外,还有自愿向城市迁移的一般农业转移人口,他们在人口素质方面相比水库移民也会有一定优势。

③公共服务。移民搬迁进城镇后,原有的农村公共服务内容已不能适应城镇生活的需要。在社会保障上,需要将他们纳入城镇社会保障体系,参加城镇职工或居民养老保险与医疗制度;在医疗卫生上,一般来说,城镇的医疗卫生条件与资源要好于农业安置区,但也存在相关费用增加的风险;在文化教育上,尽管城镇在教育资源上要比农村地区优越,但受到经济条件的影响,移民也并没有完全的自由择校的能力。

④生活习惯与宗教信仰。城镇化安置下,移民搬入城镇地区,生活习惯上会有较大的不同。从居住在农村时的独门独院到搬迁后的公寓楼房,从习惯使用免费燃料和水到要付费享受天然气和自来水服务,从无须为村庄管理付费到要为社区管理缴纳物业费,移民面对来自各方面的不适与差异。对于少数民族移民而言,搬进城镇后,由于其自身的生活习惯与宗教信仰原因,他们

与城市管理者的矛盾与冲突也会更加明显。此外,他们还会面临经济生活、文化生活和社会交往等问题(洪伟,2013)。

2.2.2 就业的演变

2.2.2.1 农业安置下的就业

在农业安置下,水库工程农村移民以从事农业活动为主,主要的生产资料包括土地、水域、机器设备等。他们依靠土地发展种植业与养殖业,充分发掘居住地附近的环境资源,例如利用林地、水面等进行多样化的生产与经营,包括果树种植、水产养殖等。除此之外,一部分移民会外出打工,还有部分移民可能会利用机器设备与生产技术,从事家庭作坊型生产活动。在这种以土地为基础的"大农业经济"下,移民的就业具有以下特点。

(1)生产活动依赖自然资本,产出受到自然环境制约。"大农业经济"就业模式下,移民对自然资本的依赖性普遍较强,这里的自然资本包括土地、林木等"任何能够产生经济价值的自然资产"(Wilhere,2010:20-29)。他们非常重视对土地等自然资源的充分利用,通过将土地及周边其他资源投入农业生产活动,移民可实现粮食、蔬菜等的自给自足,多出的产量还可在市场变现。同时,自然资本是在一定的自然环境中产生的,因而自然环境的变化(例如干旱、洪水等)可能会对生产活动造成负面影响。

(2)对人力资本要求较低,家庭人力资源得到充分利用。移民受到年龄、教育水平、知识储备等因素影响,往往缺乏一定的劳动技能,特别是非农劳动技能。但是由于农业生产活动对人力资本具有相对较低的要求,这并不影响他们就业。并且,家庭的所有成员,只要不存在严重的生理或心理疾病,即使已经超过劳动年龄,仍然可以继续从事农业生产,保障收入的稳定与持续。老人、妇女在操持家务的同时,也不会影响他们的农业生产活动。

(3)收入来源多样化且持续时间较长。在"大农业经济"下,移民的收入主要来自三方面,包括农业收入、工资性收入与政策性收入。其中工资性收入主要是外出打工收入,打工时间一般与农忙时间错开;政策性收入主要是每人每年600元的后期扶持收入,还包括其他类型的农业补贴。上述三种收入来源中,除工资性收入外，农业收入与政策性收入都会持续较长时间，而且政策性收入基本会伴随移民终生。

（4）生产活动与生活空间在地理位置上具有一致性。在"大农业经济"下，移民以分配的土地作为主要生产场所，其在地理位置上不会与生活空间有太远的距离，这由农业生产的性质决定。这实际上也为移民减少了上班通勤的成本。

2.2.2.2 城镇化安置下的就业

当移民安置采取城镇化安置后，移民原有的以第一产业为主的就业模式及特点会发生变化。如果移民在搬迁前外出打工的经历较丰富，就业模式变化的影响对他们来说就相对较小。但对于依然依靠传统大农业生产作为生计来源的移民而言，就业模式变化带来的影响将是巨大的，他们所拥有的赖以生存的传统农业技能会面临淘汰，其生产技能将不得不面临由农业向非农业的艰难转型。能否获得新的非农就业能力可视作移民由农民向市民转变是否顺利的核心因素（孙中艮、施国庆，2015：59~64）。

就城镇化安置而言，移民就业模式转变的大方向是由农业向非农业过渡，但是其本身也存在不同的情况，例如，虽然移民搬迁到城镇，进行生活安置，但仍然为其在城郊周围配备了口粮田。这种情况下，移民就业模式还没有完全向非农业转换，移民实质上处于一种城郊农民的状态。而在城镇化进程中，城郊农民向市民的过渡易使政府只着眼于其旧角色的脱离，即告别农业生产活动，但忽视其向市民新角色的进入（Ashforth，2000：12-13）。如文军（2012：7~11）所指出的，这种转变实际只是让城郊农民摆脱了作为一种职业而存在的"农夫（Farmer）"，但未改变其作为"农民（Peasant）"的意识形态与阶级属性。从这个角度理解，上述生活安置采用城镇化安置，而生产安置采用"半"城镇化安置的城镇化安置模式与城镇化的长期发展是冲突的，只会造成新的"半市民化"问题（吴业苗，2012：71~77）。基于此，本书关注的城镇化安置的就业模式是一种完全向非农就业模式转变的从业状态，移民的生计模式将完成由第一产业向第二、第三产业的转型。在这种模式下，移民的就业包含以下特点。

（1）生产活动对自然资本的依赖程度降低，社会经济环境对就业的影响加大。一方面，在移民城镇化安置后，政府不再为他们分配土地进行耕种。从事第二、第三产业对自然资本的依赖程度要远远小于从事第一产业。但是另一方面，第二、第三产业就业受社会经济环境变化的影响也更大，这些影响因素包括社会整体的经济环境、产业集聚的区位因素、地方政府对不同产业发展的扶持力度等。

（2）对人力资本的要求逐渐提高，家庭成员社会分工更加明确。一方面，相较于第一产业，第二、第三产业对移民的非农劳动技能有更高的要求，这体现在用人单位对劳动者工作经验、教育背景、技能水平的要求上；另一方面，进城后，一般除了自己创业的移民外，超过劳动年龄的人口基本就不会再有企业雇用，其劳动时间长度缩短。没有非农劳动技能的老人与高龄妇女，可能会专职家务，而不再从事其他生产活动，家庭成员的分工日渐明确。

（3）收入来源日趋单一。城镇化安置后，移民的收入渠道包括自主创业收入、非农领域务工收入以及政策性收入。但是对大部分移民来说，受到体制性因素、主体性因素和环境因素等制约因素的影响，自主创业的难度较大（王晓刚，2012：124~127）。在大多数情况下，非农领域务工收入往往成为他们主要的收入来源。同时，因为不再从事农业生产，以农业补贴为代表的政策性收入也会减少。

（4）生产活动与生活空间在地理位置上具有相对非重合性。在城镇化安置下，生产安置受到产业集聚因素、劳动力供求等方面的影响，移民就业的场所不一定与生活空间在地理位置上保持一致。同时，生产空间的地理位置又会对生活空间的地理位置产生影响，因为如果生活空间与生产空间在地理上距离过远，农民为了寻找非农就业机会，就不得不自己承担劳动力流动的成本并且就业信息搜寻的成本也会上升，这会对城镇化安置效果产生负面影响。

在城镇化安置下，就业要素的演变成为除环境容量外影响水库工程农村移民安置的另一重要因素，解决移民的非农就业问题是水库工程农村移民城镇化安置的核心。

2.2.3 制度安排的演变

2.2.3.1 农业安置下的制度安排

制度通过为人们提供日常生活的规则（既包括正式的规则，也包括非正式的规则），并建立一个人们互动的、稳定的（但不一定有效）结构来减少不确定性，因此，在水库移民安置中，恰当的制度安排意味着可以降低移民安置的风险。在农业安置下，其制度安排具有如下特点（段跃芳、窦春锋，2016：14～18）。

（1）移民管理的制度安排以政府为主体，强调如何将移民在农村土地上安置。政府既是决策者也是执行者，完全发挥主导作用，其制度安排的重点在于发放移民补偿资金、如何调整和分配土地、管理移民资金与项目以及实施后期扶持政策等。

（2）补偿制度从满足农村移民基本生活需求出发，补偿标准较低。在对移民的补偿上，主要有土地与建筑物两部分，此外还会支付一定的搬迁费用。所有的补偿都没有基于成本收益的原则，制度安排的重点不在于鼓励移民搬迁，而是保证对移民的补偿可满足移民在农村的基本生活需求，补偿内容没有涵盖移民的全部损失。

（3）帮扶制度关注农业生产，重视基础设施建设。帮扶政策以移民获得农用地、继续从事原来的农业生产活动为基础，重点考虑第一产业的发展规划。同时，由于农村地区在基础设施建设方面的相对落后，在后扶项目上投资安排的重点多围绕道路建设、通信网络等展开。

（4）缺少有效的社会风险规避的制度安排，社会转变压力较小，不注重制度性融入。农业安置下虽然也存在社会风险，但这些风险一定程度上被土地调换、宅基地分配所抵消。更重要的是，移民搬迁后依然居住在农村地区，无论是就生活方式还是生产模式而言，变化都不大，社会转变的压力较小。

2.2.3.2 城镇化安置下的制度安排

农业安置长期作为水库工程农村移民安置模式的主流形式，导致城镇化安置模式仍然处于探索阶段。在农业安置下，其制度安排是一种被动的形式，出发点不在于鼓励移民搬迁，提高移民对搬迁后生活的期望，而在于保证搬迁后的生活不会与移民原有生活产生过大的偏差。换言之，农业安置下的制度安排旨在确保搬迁前后，移民生产生活模式的一致性。但是这种制度安排无法适应城镇化安置下对新的制度安排的要求。首先，城镇化安置模式提高了移民搬迁由"非自愿"向"自愿"过渡的可能性。一方面搬迁固然无法完全避免移民在城镇生活的不确定性；但另一方面如亚里士多德所说，城市有"优良的生活"，它就会吸引人们向它聚集（亚里士多德，1983：7），因此，移民也会对城镇生活充满期待。在这一变化下，制度安排应从农业安置下的被动变为主动，鼓励移民搬迁，从制度上"主动"为移民提供搬迁的条件。其次，城镇化安置模式意味着移民需要与搬迁前的生产生活模式进行一定程度的"割裂"，而农业安置下的制度安排实质是希望维持一种"不变"的状态。无论何种安置方式，制度安排的目的之一当然包括将对因搬迁给移民带来的影响降至最小，就农业安置的角度而言，在制度安排方面，所谓的影响最小就是保持移民搬迁后与搬迁前的生产生活模式不变。但是这种制度设计无法满足城镇化安置的需求，一个不争的事实在于城镇化安置本身就农村移民而言就意味着变化——居住模式的变化、就业模式的变化，再坚持以"不变"为目标的制度安排已不合时宜。城镇化安置下的制度安排应是迎合并帮助移民适应这种变化，因此，城镇化安置下的制度安排相比农业安置，有两个主要的不同，一是由被动转为主动，鼓励移民搬迁；二是由不变转向改变，正视新的变化。在城镇化安置下，制度安排呈现如下特点。

（1）移民管理的制度安排既有政府的参与，也有市场机制在发挥作用。农业安置下，政府在资源配置中发挥绝对影响力的主要原因在于需要对土地资源配置方面进行调整与分配，市场机制很难依托我国目前的土地管理制度，在其中发挥作用。并且土地资源配置突出的外部性特征也对政府深度地参与提出了要求（蔡继明、王成伟，2014：23~27）。而城镇化安置下，土地资源配置的重要性显著下降，取而代之的是劳动，William Petty称之为除土地以外的另一个重要的原始经济资源，因此，移民管理的制度安排将逐步转向在移民进城后为他们创造就业与自主创业的环境与条件，其制度安排内容不仅包括就业配套服务与政策，还涵盖与之相关联的住房重建、风险规避等。这种制度安排的内容决定了市场机制必须比农业安置方式发挥更大的作用，但政府的角色也不应被忽视，它更多地体现在对移民安置活动的宏观指导、控制与监测方面。

（2）补偿制度提供激励移民搬迁的经济动力，满足移民在城镇的基本生活需求。Schultz 描述了一种农民理性，即他们作为理性的经济人，会最大限度利用有利可图的生产机会和资源（舒尔茨，1987：30~55）。同时，将农民作为理性"经济人"的假设依然是转型期中国农户经济决策行为的基本理论假设之一（王春超，2011：51~62；施国庆、周潇君，2016：58~64）。从理性经济人的角度来看，城镇化安置下，移民会追求利益最大化，这体现在要求尽可能高的补偿以支持搬迁、寻求迁入生产和生活更好的居住地、追求搬迁后有更高的生活水平，这些也是促使移民由"非自愿"转向"自愿"搬迁的主要动力（段跃芳，2005：48~49）。因此，城镇化安置下，补偿制度会转向更为公平合理的市场机制，产生足够的经济动力，促进移民搬迁，特别是在土地补偿方面做出调整，以更好地解决移民进城居住问题。

（3）帮扶制度转向第二、第三产业就业，后扶项目关注非农就业的配套服务。无论何种安置模式下，移民的就业问题始终是移民安置的核心问题。农业安置下帮扶制度基于农业活动展开，虽然也有非农技能培训等内容，但不是主流。城镇化安置下，第二、第三产业就业的重要性得到凸显，正如社会学家 Cernea（1997）所指出的："在土地极其短缺的地区，如中国和孟加拉国，移民的生产安置措施主要应该是就业安置，而不是依赖土地，应该创造机会让移民能在当地的工业或服务业中安置下来。"（塞尼，1996：67）因此，帮扶制度会建立一套新的体系以帮助移民就业与创业。除政府外，企业作为吸纳移民就业的主体也会更深入地参与其中。在后扶项目方面，农业安置下，农村地区在基础设施建设上的"短板"要求后扶项目投资与建设围绕其展开。但是在城镇化安置下，城镇地区在基础设施上有着高于农村的优越条件，因此，后扶项目必然会由基础设施建设等"硬"的方面转向社会服务等"软"的方面,其中就业配套服务是重中之重。其内容不仅包括促进移民就业创业,也包括移民失业后的再就业与生活保障措施,这又与社会风险规避制度相关联。

(4) 更关注社会风险规避制度的建立与完善,社会转变明显。社会风险不是凭空出现的,它与社会转变密切相关,伴随着以农业和农村生活为表征的传统社会向以工业和城镇生活为主的现代社会转变而产生。社会风险,如 Giddens (1991: 191-207) 所说,是现代社会与前现代社会根本差异的标识。在农业安置下,当然也存在社会风险,但由于其生产生活模式在搬迁前与搬迁后的一致性——用 Giddens 的术语来形容就是农业安置下并没有明显存在一个"自然和传统消亡后生存的世界",并且通过土地调配保证了农民收入来源的稳定性与连续性,因此,一定程度上移民不需要承担太大的风险。而在城镇化安置下,制度安排会转向社会风险规避制度的建立与完善,主要原因正在于移民的生存环境由农村社会转变为城镇社会。农业安置下,移民也会对搬迁后生活产生期望,但受到农村客观社会经济环境的约束,他们对搬迁后生活的期望会维持在一个较低的限度。而城镇地区相比农村地区的生活水平明显更高,这会提高一部分移民对搬迁后生活的期望水平。Davies (1962: 5-19) 指出如果期望值与实际满足的水平之间差距过大,就容易产生社会风险,引发社会冲突。因此,城镇化安置下,若要维护社会稳定,确保安置顺利,社会风险规避制度的建立与完善就是一种必然趋势。

2.3 水库工程农村移民城镇化安置分析框架

基于对水库移民城镇化安置关键要素演变的分析,本书重点关注水库工程农村移民的城镇化安置的以下三个内容:环境容量方面,居住环境上,移民由农村进入城镇,告别了过去独门独院的住宅,搬进了容积率更高的公寓,同时自然资源环境、经济环境、社会环境方面也发生了相应的变化,使城镇化安置面临一个有别于农业安置的、更为复杂的环境容量系统;就业方面，移民告别了农业生产，转向了非农就业或创业，一方面从事第二、第三产业，增收的潜力更大，但另一方面他们也面临生计转型的压力；制度安排方面，受居住环境、就业模式、社会生活等方面变化的影响，从制度上融入城镇生活既是移民自身的期望，也是一种城镇化安置的必要条件，这对移民的管理制度、补偿制度、帮扶制度以及社会风险规避制度都提出了新的要求。

上述三个关键要素构成了一个水库工程农村移民城镇化安置的分析框架。其中，环境容量分析是移民"安居"的前提条件。一个地区是否能够接纳城镇化安置移民，其根本在于它有没有足够的环境容量。这一部分通过分析城镇化安置环境容量系统的构成，厘清各子系统与城镇化安置的关系以及各子系统之间的关系，进而提出如何定量测算城镇化安置的环境容量。

就业是移民"乐业"的核心问题。水库工程农村移民的城镇化安置与城镇化发展一样，面临一个路线选择的问题。当一个城市环境容量足够时，从适合农村移民非农就业的角度考虑，到底应该在规模较大的城市还是规模较小的城市安置？回答这一问题，既要分析移民非农就业的现状及存在的问题，也要考虑到城镇化安置下可能影响移民就业的各类因素，特别是城市规模、城市内部区位、产业类型、移民劳动力特征以及移民城市融入成本影响。在全面分析上述要素的基础上，明确何种规模的城市适合移民城镇化安置后的就业。

制度安排是同时实现"安居乐业"的保障。移民的生产、生活安置能不能顺利实施，安置后有没有相应的政策帮助他们更好地适应城市生活等一系列问题，归根结底都需要一个适合城镇化安置的制度安排予以保障。回答"城镇化安置下的制度安排是什么样"的这一问题，需要分析水库移民安置制度的变迁，从源头厘清现行制度安排形成的原因，了解现行制度安排的路径依赖，总结现行制度安排对城镇化制度安排的障碍。

水库工程农村移民城镇化安置分析框架如图 2.2 所示。

```
                  ┌ 城镇化安置环境容量系统的构成
        环境容量 ─┤ 各子系统与城镇化安置的关系      → 对城镇化安置环
                  └ 各子系统之间的关系                境容量的测算

水
库
工
程                ┌ 移民非农就业现状                明确何种规模的
农                │                               → 城市适合移民城
村      就业   ─ ┤ 移民非农就业存在的问题             镇化安置后的就业
移                │
民                └ 城镇化安置下非农就业考虑的因素
城
镇
化
安                ┌ 水库移民安置的制度变迁
置
分      制度安排 ┤ 现行制度安排的路径依赖        → 城镇化安置下的
析                │                                制度安排
框                └ 现行制度安排对城镇化安置的障碍
架
```

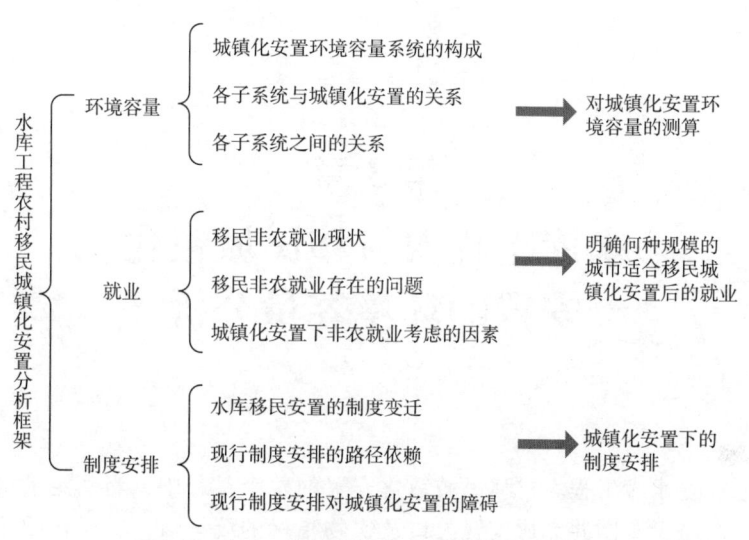

图 2.2　水库工程农村移民城镇化安置分析框架

2.4　小结

本章分析了水库工程农村移民安置的基本要素，从中总结了影响城镇化安置的关键要素，并详细分析了它们在城镇化安置下的演变。环境容量方面，自然资源环境、经济环境与社会环境共同构成了城镇化安置的环境容量系统，移民的生存环境总体而言有显著提高，但影响环境容量系统的各因素也呈现更为复杂的演变趋势。就业方面，第二、第三产业的特性决定了移民的就业主观上受到人力资源禀赋的影响，客观上受到社会经济环境的影响，并且影响的程度比农业安置更为突出。制度安排方面，市场机制会发挥更大的作用，同时为适应城镇生活的基本需求和就业方向的转变，补偿制度、帮扶制度以及社会风险规避制度等也会做出相应的调整。在对关键要素演变分析的基础上，本书提出了"环境容量－就业－制度安排"的分析框架。在这一框架下，环境容量分析是水库工程农村移民城镇化安置的前提，就业问题是核心，制度安排是保障。

第3章
水库工程农村移民城镇化安置的环境容量分析

在水库工程农村移民城镇化安置的整个过程中,当确定了水库的淹没范围并完成安置人口及实物指标的统计后,就操作的角度而言,需考虑的第一个问题就是在哪里安置这些移民。决定了是在"这里"还是"那里"安置的约束条件之一就是移民城镇化安置的环境容量。当我们在谈论城镇化环境容量时,一个宽泛的印象是它就是分析有没有足够的土地来接纳移民的问题。但随着分析的深入,可以发现,城镇化环境容量是一个复杂的系统,不仅包含了土地的问题,还包括了水资源问题、就业问题、公共服务问题等。根据这些影响因素的特征,可将其归类为自然、经济与社会三个方面。这三个方面共同构成了城镇化安置的环境容量系统。本章旨在通过构建考虑了城市区域自身特点的城镇化安置的环境容量系统,为移民城镇化安置的环境容量分析奠定基础。

3.1 城镇化安置环境容量分析的理论基础

水库移民作为一类迁移对象,具有整体性突出的鲜明特征,他们是迁移的主体。环境容量分析的目的就是研究安置区是否有能力吸纳身为迁移主体的移民。这里的"能力"包含了两层意思:一是指安置区的环境容量在空间上有能力接纳移民,二是指安置区有能力"消化"这些进入的移民。但是城镇化安置下的环境容量分析远比农业安置下的环境容量分析复杂得多,这是由城镇地区人口构成的多元性、经济结构的复杂性和集聚效应的辐射性决定的。基于此，需要利用复杂系统理论予以支撑。

一个安置区是否有足够的环境容量接收移民受到诸多约束条件的限制，例如土地面积、地区生产总值、就业供求关系等，这些影响因素并非各自独立，而相互关联。单独地分析某一影响因素约束下的城镇化安置环境容量，虽是一种研究思路，但不能全面反映安置区的吸纳能力。准确地预测和评价城镇化安置的环境容量，需要以系统理论为依托，理解系统内部各影响因素的相互作用。

一方面，在分析安置区接纳移民能力的同时，还需要考虑移民的进入对整个系统的影响，即不仅要考虑是否有空间容纳，还要关注移民是否能够顺利融入系统之中，系统不会因移民的进入而崩溃。城市作为一个复杂的巨系统，具有开放性的属性，这为移民的进入提供了条件。但另一方面，复杂系统也具有脆性，这种脆性伴随系统而存在。在没有受到外界干扰，系统处于平衡状态时，脆性不会显现，一旦受到外力干扰达到一定程度，一直隐含的脆性就会被激发，进而使系统失去均衡状态（李祥飞、阎耀军，2015：188~192）。就移民城镇化安置的角度而言，这些外力干扰可能指由于移民占用世居民众的社会资源而引发的社会冲突，为安置移民而对自然资源的过度开发导致的生态环境破坏等，因此，维持系统的稳定状态，需要从可持续发展的角度出发，理解系统怎样在一定条件下维持均衡状态。

3.1.1 复杂系统的含义与构成

3.1.1.1 复杂系统的含义

现代的系统科学诞生于20世纪40年代，形成了以系统论（System Theory）、信息论（Information Theory）和控制论（Cybernetics）为代表的科学理论，它们主要研究的是系统中平衡结构的形成与演变。经过几十年的发展，到1990年，基于大量创新性的工作，钱学森教授总结和提炼出了"开放的复杂巨系统"（Open Complex Giant System）理论，并于1992年进一步提出了从"定性到定量综合集成研讨厅"（Hall for Workshop of

Metasynthetic Engineering）体系（魏宏森，2013：1~8；钱学森、于景元、戴汝为，1990：3~10）。

复杂系统，从系统分类的角度来看，是相对简单系统而言的。根据不同的原则，可将系统分为人造系统和自然系统、开放系统和封闭系统等。但从系统的实质出发，根据系统的子系统种类及其个数、相互之间关系的复杂程度等，可用简单系统与复杂系统两种类型对系统予以分类。简单系统指构成系统的子系统数量较少，且各子系统之间相互关系也相对单纯。而复杂系统则包含种类较多的子系统，这些子系统具有层次结构，并且相互之间的关系也很复杂。一般认为复杂系统是具有复杂行为的系统，这种复杂性表现在系统的结构、功能、行为和演变等各方面。

3.1.1.2 复杂系统的构成

（1）系统环境

系统不是孤立存在的，在系统之外，也存在与其相关联的事物组成的集合，即系统环境。用集合形式可表示为：

$$ES = \{x \mid x \in S, 且与 S 具有不可忽略的关系\} \quad (3-1)$$

式（3-1）表明环境 E 是系统 S 之外的一切与系统 S 具有不可忽略关系的事物的集合（Haken，1978）。复杂系统的功能需要在一定的环境中才可实现，其变化也与外部环境有关。系统不会孤立于环境而存在，其自身的属性、结构、状态等均在不同程度上受到外部环境影响。此外，组成系统的元素在不同环境中也会有不同的排列方式，比如农业安置下，其环境容量系统处于农村的大环境中，生产子系统为适应农村生活而运行，第一产业处于主要位置；而在城镇化安置下，环境容量系统本身就处于城市这一巨大的复杂系统中，生产子系统为适应城镇环境，必然会从以第一产业为主向第二、第三产业转移。基于此，可以认为环境也是影响系统的一个重要因素。

（2）系统元素

系统由不同的元素有机组合而成，元素是系统的基本单元。对简单系统而言，只要有两个或两个以上元素就可组成一个系统，但对于复杂系统来说，元素会有相对较多的数量。此外，元素与元素之间存在有机联系,在复杂系统中,这种联系以一种极其复杂的形式呈现出来,在不同的环境下,会有不同的表现与功能。

3.1.2 复杂系统的特性

复杂系统的特性如下。

(1) 层次结构性(Hierarchy)。其是简单系统与复杂系统的主要区别。简单系统的各个元素可以不依托层次结构就有效组织起来,但是复杂系统内各元素的分解与整合必须按照层次进行。正是层次结构规范了各子系统之间的关系,这些关系可能涵盖从属、包含、服从等。

(2) 整体涌现性(Whole Emergence)。其是系统学中绝对重要的科学理论(苗东升,2006:54,56)。当各个部分以某种方式组成一个整体即系统时,这个整体会具有部分或部分总和所没有的功能、属性和形态等,即所谓的"整体大于部分"。在满足一定条件后,各部分产生相互作用,发生微小变化,通过系统的自组织和自协调,这种变化可发生质变,即为复杂系统中的涌现或突现。用公式可表示:

$$F_{整体} = \sum F_{部分} + \sum F_{联系} \qquad (3-2)$$

式(3-2)中,$F_{整体}$ 表示系统整体的功能,$\sum F_{部分}$ 表示部分功能之和,$\sum F_{联系}$ 则表示部分通过相互之间的联系产生的功能。

(3) 开放性(Openness)。这种开放性体现在复杂系统可与其他系统和外界环境进行物质、能量和熵的交流。封闭系统可基于热力学第二定律达到平衡状态,但因不与外界进行交换,其最终会停止运动并失去发展能力(严格意义上的封闭系统是不存在的,任何系统都会与外界进行物质、能量和熵的交换)(孙晶琪、冷媛、李春杰,2012:111~119)。开放系统不仅可与外界进行交换,而且可基于耗散结构实现远离均衡状态下由混沌向有序的演变,即:

$$ds = d_e s + d_i s \qquad (3-3)$$

式(3-3)中,ds 表示熵的变化,$d_e s$ 表示系统因开放而引起的与外界熵的交流，$d_i s$ 表示系统内部熵的变化。当 ds 为 0 时，说明系统处于稳定状态；小于 0 时，说明系统处于发展状态；大于 0 时，则说明系统处于衰退中。

(4) 脆性 (Brittleness)。复杂系统在外界干扰达到一定程度后，脆性会被激发，导致系统崩溃。复杂系统由子系统构成，因此其脆性过程以子系统为载体，部分子系统的崩溃导致复杂系统的崩溃，即复杂系统由有序状态转变为无序状态。一般认为，复杂系统的脆性受三要素（即脆性因素、脆性时间和脆性结果）影响。

(5) 非线性 (Nonlinearity)。复杂系统具有难以线性化的非线性，这是由基本元素之间的相互作用引起的，进而导致系统在各种条件下可能存在无序（混沌）和有序（规则）的解，产生了无序与有序之间转化的问题。

(6) 相关性 (Mutuality)。复杂系统由各元素构成，这些元素之间存在相互影响、相互制约、相互依存的关系。元素的数量、属性、特点和相互关系不同，系统的功能、结构等就会不同。对复杂系统而言，各元素呈现数量巨大化、属性多样化、特点鲜明化、相互关系复杂化的状态。相关性可描述这些元素间的特定关系以及演化规律。

(7) 自适应性 (Self-Adaptability)。复杂系统的开放性决定了它可与外界环境发生物质、能量和熵的交换。外部环境的变化必然会引起系统内部的变化，而复杂系统可通过调节自身结构或参数做出自适应反应。无法适应外部环境及其变化的系统将失去生命力，理想的系统应与外界环境保持最优的适应状态。

3.2 城镇化安置环境容量的概念与内涵

3.2.1 城镇化安置环境容量的概念

对城镇化安置环境容量的分析直接与移民安置后生产生活水平的恢复与提高相联系，是移民安置成功与否的前提。城镇化安置环境容量的概念源自环境容量理论，它是在人口承载能力和适度人口概念的基础上,结合水库工程农村移民的特点和要求而提出的。

(1) 人口承载能力

人口承载能力最早由美国学者 William Vogt 提出,强调每块土地的人口承载能力都有一个阈值,这个阈值受到生态系统的影响。虽然人口承载力会随着社会经济发展、科学技术进步而提高,但在一定条件下,生态系统所能供养的人口数量是有限度的,这个上限即为"阈值",用公式可表示为:

$$F > C; F = C; F < C \qquad (3-4)$$

式(3-4)中 F 表示某地区生态系统的阈值,C 表示某块土地面积的人口承载能力。$F > C$ 意为此地区生态系统的人口承载力处于弱载状态;$F = C$ 表示此地区生态系统的人口承载力处于满载状态;$F < C$ 显示此地区生态系统的人口承载力处于超载状态,已经超过阈值。

人口承载能力的概念更多的是从自然生态的角度对环境容量展开分析,在这一分析框架下,经济因素、社会因素、政策因素等均没有被涵盖,因此,人口承载能力所研究的内容可视为是自然资源环境下的人口容量。

(2) 适度人口

对于适度人口,Hirschman (1958) 认为,其是指根据人们的意愿,在各种既定的消费期望水平下,当前的经济发展水平所能承受的最大人口数量。Edwin Cannan 最早对适度人口给出了明确定义,他指出产业最大收益点即为适度人口的标准。Knut Wicksell 也认为,就人口与产业效益的关系而言,获得产业收益最大值时的人口即为适度人口 (Gottlieb, 1945: 289 – 316)。Carr Saunders 则更直接地指出了适度人口与经济发展之间的关系,他认为考察适度人口数量的"唯一标准是经济标准——可据此确定可取人数的唯一验证是以每人平均收入为基础的。""一个国家整个人口的情况是由经济因素制约的。"(Hoover,Fisher,1949)

适度人口概念的提出与经济因素紧密相连,在理论依据上以经济分析中的收益递减规律为基础，将经济标准作为衡量适度人口的唯一参照指标。

(3) 城镇化安置环境容量

城镇化安置环境容量是对人口承载能力和适度人口概念的拓展，它需要在了解安置城镇适度人口容量和现有人口数量的前提下进行分析。但是它考虑的不仅仅是自然资源环境下的人口容量或是经济环境下的人口容量，它还要关注社会因素对人口容量的影响。其原因在于城镇化安置环境容量实质上计算的是城镇地区在一定条件下可吸收的移民人口数量。在这里"吸收"应包含三层含义，在自然资源方面，有足够的土地资源、水资源等供养迁入的移民；在经济因素方面，能提供充足的就业机会，保证移民在现有的人力资源禀赋下获得尽可能高的收入；在社会环境方面，从正式的社会公共政策到非正式的社会风俗习惯，都为移民融入城镇日常生活提供足够的空间。

城镇化安置环境容量可指城镇区域在保证自然生态系统良性循环、社会经济可持续发展、世居民众生活稳定的条件下，该区域所能供养、吸收的移民数量。它的大小取决于多种因素，包括该区域的土地面积、气候条件、矿产资源、经济环境、生活水平、社会政策、人口密度和人口素质等。这决定了城镇化安置环境容量系统是一个由多种元素组成的复杂系统，这一系统包括自然资源子系统环境容量、经济发展子系统环境容量以及社会子系统环境容量。

3.2.2 城镇化安置环境容量的内涵

城镇化安置环境容量是相对于农业安置环境容量而言的，移民安置环境容量可根据区域的适度人口容量与现有人口数量的差值计算，在这一点上，无论是城镇化安置还是农业安置的环境容量是没有区别的。二者不同的地方在于，城市就是一个比农村地区更开放、更复杂的系统（周干峙，2002：7~8，18）。这决定了在与外部环境进行交流时，相比农村，城市地区在规模上更庞大，种类上更多元，形式上也更复杂，这增加了城镇化安置环境容量的分析难度。在物质、能量和熵等的"进入"方面，城市自身的集聚效应，吸引了大量的资金、人员进入城市。Marshall（1890）最早指出了城市的集聚效应体现在劳动力市场池效应、专业化产品投入和知识外溢三方面，这直接受到城市的资源禀赋优势、比较技术优势以及外部经济的影响（Combes, Duranton, Gobillon, 2010: 253~266）。在物质、能量和熵等的"流出"方面，受外部性的影响，城市又会带来资本外流与技术外溢。相比城市地区，农村地区不具备"进入"与"流出"的条件。城市的上述特性增加了城镇化安置环境容量系统的复杂性。

城镇化安置环境容量以城镇区域的环境容量作为分析对象，它与城镇区域环境容量在一定程度上有相似之处，但也有一定的区别。首先，城镇化安置环境容量旨在分析满足移民生存并且具有可持续发展能力的外部环境或条件所能接收的最大移民人数，而城镇区域环境容量关注的是在本区域内自然资源、社会等环境约束下所能承受的最大人口数量，二者的关系用公式可表示为：城镇化安置环境容量＝城镇区域环境容量－城镇现有人口数量。其次，城镇化安置环境容量中的移民是受工程建设影响而搬迁的移民，就意愿上而言，属于"非自愿"与"自愿"的混合体，他们融入当地生活的意愿较低，而城镇区域环境容量在考虑人口容量时，虽然也会将人口流动因素纳入分析框架，但这里的"人口流动"是自愿的人口流动，自愿性决定了他们主动融入当地生活的意愿较高。

城镇化安置环境容量的内涵主要包括三个方面。

（1）城镇化安置自然资源环境容量。城镇化安置自然资源环境容量是指安置城镇在土地资源、水资源、能源资源等方面所能承受的移民数量。这些资源的利用率越高，也就越有利于城镇化安置环境容量的扩大。利用率的提高又受到各种因素的影响，包括科技水平、市政规划、基础设施建设、政策法规等。此外，环境容量的扩大除了受到资源利用率提高的影响外，还与对自然资源的保护息息相关。对环境与生态的保护是可持续发展的前提，移民安置不可避免地会对安置区自然环境造成一定程度的破坏，因此需要加大对环境的保护力度。

（2）城镇化安置经济环境容量。城镇化安置经济环境容量是指安置城镇在一定经济条件下,所能吸收的移民数量。在城镇化安置下,经济因素对环境容量影响的重要性日益凸显,一方面这当然与城镇地区在经济活动上与农村地区相比更具活力有关;另一方面也因为城镇化安置下移民由农业向非农业转移,就业机遇受到外界经济环境变化影响更大。一般而言,经济发达的地区可提供的就业岗位多,可安置的移民数量也就越多;经济落后的地区可提供的就业岗位少,可安置的移民数量也就越少。在大城市,相关产业吸纳的农村移民劳动力数量要比中小城市多。通常来讲,城镇经济水平的不断提高对环境容量有扩大作用,加强基础设施建设,完善产业扶持规划,增加劳动力就业机会将有效扩大环境容量。但是也应注意到,在大城市由经济发展带动产业升级的同时,其劳动密集型产业会逐渐向经济相对落后的中小城市转移,即所谓的国内版"雁阵模式"(Flying Geese Paradigm)(曲玥、蔡昉、张晓波,2013:757~776),而从移民人力资源禀赋考虑,显然劳动密集型产业可能会较适合他们。

(3)城镇化安置社会环境容量。城镇化安置社会环境容量是指安置城镇在社会政策、风俗习惯、文化传统、意识形态、人口结构与素质等方面所能承受的移民数量。社会因素往往难以量化,但又确实对城镇化安置环境容量有重要影响,特别是城镇化安置下,社会环境的变化明显。通常情况下,搬迁后的社会环境相比搬迁前变化越小,越有利于移民安置。但在城镇化安置下,对水库工程农村移民而言,社会环境的显著变化已不可避免,因此,城镇化安置更需要重视社会环境对移民环境容量的影响。

3.3 城镇化安置环境容量系统的特征与结构

3.3.1 城镇化安置环境容量系统的特征

城镇化安置环境容量系统是各子系统相互关联、相互作用、相互依赖而构成的具有复杂结构和多种功能的开放系统。这一系统对外部活动的响应没有表现为一种线性关系,而是呈现一种"复合"的非线性关系。它具有以下特征:

（1）整体性。城镇化安置环境容量系统的整体性体现在水库工程农村移民自身的发展和需求上。移民自身的发展及其对环境容量的需求并非单一性的，而从资源、经济、社会等多方面协调一致。农村移民作为城镇化安置的主体，通过各种活动，满足自身对自然、经济、社会环境等方面"容量"的需求，同时使自身的需求与自然、经济、社会环境等方面的供给达到平衡与协调，使整个环境容量系统向可持续的良性循环方向发展。

（2）层次性。城镇化安置环境容量系统由各个子系统组成，这些子系统并非简单的叠加，而是具有一定的层次性。不同的层次又具有不同的特征。同时，每个子系统又涵盖了若干个指标，这使系统的层次性呈现复杂性与多元性。当然，基于不同的视角与理论，不同的学者对城镇化安置环境容量系统会有不同的理解，对层次的划分也会不同。

（3）相关性。城镇化安置环境容量系统内部各要素之间相互关联、互为基础、互为发展。这表现为某一方面的变化会使其他方面也发生变化，例如，公共财政对基础设施的投资不仅可带动当地经济发展（史雅娟、朱永彬、黄金川，2016：45~461），还可增加就业机会，实际扩大了经济环境容量。

（4）开放性。城镇化安置环境容量系统是一个开放的系统，这种开放性是双向的。一方面，安置地区"开放"地吸收移民；另一方面，移民以"开放"的姿态与外界进行信息、人力、物质等的交换，以保持自身发展。移民搬迁后，其生产生活的改善与发展离不开对安置地区自然、经济和社会环境的依赖。同时，安置地区的发展也需要与移民自身的发展保持协调。

（5）适应性。城镇化安置环境容量系统需要有较强的适应性才可以完全吸纳移民。在移民迁入后，他们会从自然、经济、社会等各方面对系统造成影响。系统需要逐渐适应由移民迁入带来的这种变化，移民会增加对系统内自然资源的使用，会对就业机会有更多的要求，会与社会环境产生摩擦，这些都需要系统去适应。

（6）脆性。随着移民的迁入，城镇化安置环境容量系统作为一个复杂动态的开放系统会发生时、空、量、序的变化，在物质、信息和熵的交换与变化方面，输入和输出的量都非常巨大。在内部，城镇化安置环境容量系统依赖于世居民众和移民的共同活动，其为系统内部输入能量和物质，以维持系统稳定；在外部，其本身就处于城市这一复杂的巨系统中。这种依赖性与独立性加重了系统的脆性。当系统由于受到内、外部因素干扰而使其某一部分崩溃时，就会对其他部分产生直接或间接的影响，进而诱发整个系统的脆性。

3.3.2 城镇化安置环境容量系统的分析框架

城镇化安置环境容量是一个作为安置区的城市在特定空间范围，在不影响城市系统（肌体）正常运转并能促进城市可持续发展的情况下所能吸收的最大水库工程农村移民数量，可从自然环境、经济环境和社会环境三个维度来分析。它是一个开放的复杂系统，由自然资源容量子系统、经济容量子系统和社会容量子系统构成，每个子系统又由若干个元素（指标）组成，它们之间相互联系、相互制约、相互影响、相互依赖。理论上而言，影响城镇化安置环境容量的元素当然很多，仅仅在自然资源容量子系统里就包含了土地资源、水资源、矿产资源等。但作为系统分析的框架，并不是要将所有的元素都涵盖其中，从可操作性以及数据易得性角度考虑，系统应尽可能纳入对整体容量有重要限制性约束的元素。

(1) 自然资源容量子系统

《中国资源科学百科全书》将自然资源定义为："人类可以利用、自然生成的物质与能量，它是人类生存与发展的物质基础。"由上述定义可以看出，自然资源是人类生存与发展的必需品，占据不可取代的地位，无论采用何种安置方式，都离不开安置区的自然资源，它是安置区人口增长的物质基础，也为地区经济发展提供了重要的自然条件，这决定了资源禀赋是衡量安置区环境容量的重要因素。城镇化安置下，自然资源环境容量主要揭示了人口与城市的土地资源、水资源、能源等之间的相互关系，如果没有一定的自然资源环境予以支撑，就不会有城市的可持续发展，城市的综合环境容量也不从谈起。《英国大百科全书》的自然资源系统如图 3.1 所示。

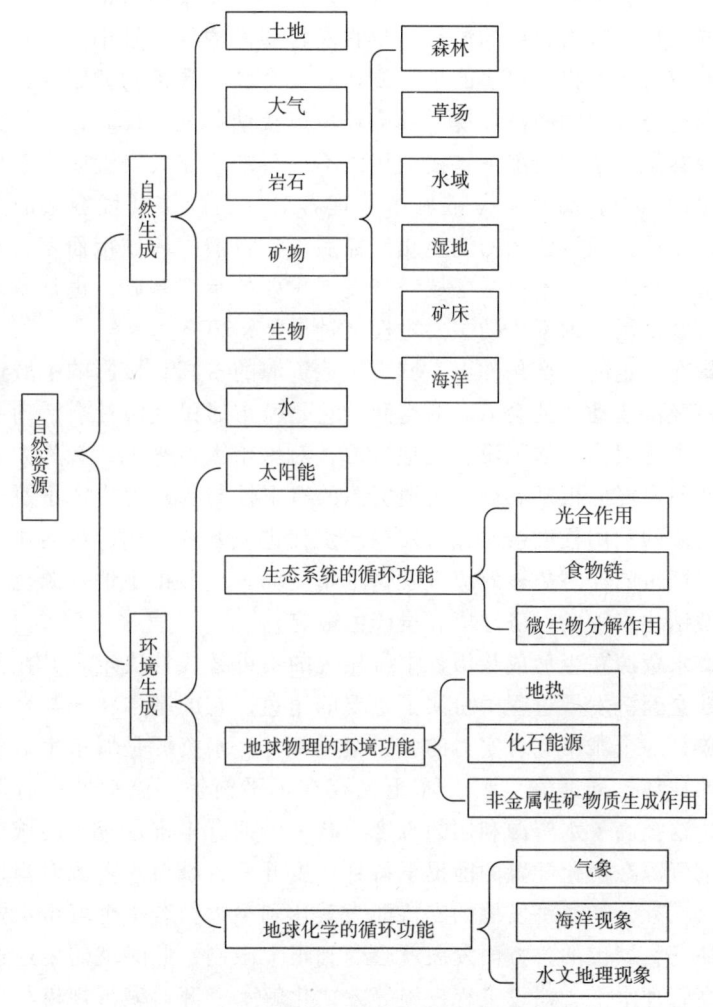

图 3.1 《英国大百科全书》的自然资源系统

城镇化安置的自然资源容量作为接纳农村移民的控制性系统，其客观承载能力直接决定了一个城市在满足现有居民的需求及达到城市可持续发展的目标外，还有多大的自然资源承载能力接纳水库工程农村移民。如果安置城市在自然资源容量方面尚有较大的空间，在吸纳农村移民时，从当地政府到现有居民，其抵触情绪就会少一点，如土地、水等资源比较充裕的城市，生态环境的人口承载力较好的城市，吸收农村移民的压力较小。这有助于城市管理者投入更多的精力放在对社会经济政策的调整上，从而创造更有利的经济环境、社会环境以接纳移民；反之，在自然资源容量紧张的情况下，接纳移民不仅会继续加大安置区生态环境保护压力，而且会分散城市管理者对社会经济环境容量的关注，使社会经济政策的调整相对滞后。对目前国内城市而言，土地资源与水资源不仅是区域经济发展重要的承载基础，也是城市人口容量制约因素中的主要短板（钟世坚，2013）。

在一定的生产条件下，城市土地资源的多寡直接影响了城市人口经济活动和社会活动的空间，它是城市居民经济社会活动必不可少的载体，如果没有土地资源，对城市人口来说，就失去了生产与发展的根基。城市土地资源的有限性与稀缺性决定了对土地资源的利用程度会对城市发展产生促进或制约作用，进而还会影响城市的经济集聚效应，就这个角度而言，城市土地资源也会对城镇化安置的经济环境容量产生影响。

水资源在生命成长历程中所显现的不可替代性决定了其在人类社会经济发展过程中扮演了重要的角色，它的基本状况与发展态势是一个城市综合实力的主要组成部分。水资源是城市生活生产的载体，同时在空间分布上又存在不平衡性、流动性和有限性，这提高了水资源利用的难度。若一个拥有丰富水资源的城市的水资源在优化配置的前提下得到适度开发，城市水资源对当地人口、社会和经济发展的支持能力就达到最大。若一个城市水资源缺乏，城市的各方面发展就会受到很大限制，此时就需要通过提高管理水平、建设工程设施等方式化解水资源对城市规模与发展的制约。就这个角度而言，城镇化安置的自然资源容量不能没有水资源承载力的支撑（李青龙、王路光、张焕帧等，2004：87~89）。

（2）经济容量子系统

相比起自然资源容量子系统可以通过土地资源承载力、水资源承载力等对城镇化安置环境容量产生硬性的约束，经济容量子系统对城镇化安置环境容量的影响更多的是一种软性的约束。这种约束受到经济子系统内部各要素相互关联、相互作用的影响，呈现一种复杂的变化状态。从这个角度来看，可以认为自然资源容量子系统为移民提供了物理活动的空间，而经济容量子系统则为移民提供了经济活动的空间。一般而言，经济容量子系统的组成可以从产业系统的角度出发来分析，即它包括第一产业系统、第二产业系统与第三产业系统，或者称为农业经济系统、工业经济系统与第三产业经济系统。一个区域的经济容量子系统的良性循环离不开经济增长的支撑，影响经济增长的要素有很多，不同的经济理论下经济增长有不同的模式。

尽管对经济增长理论而言，目前尚缺乏一个完整的、历史逻辑与理论逻辑统一的分析框架（蔡昉，2015：4~15），但是在论及影响经济增长的因素方面，这些理论具有某种程度上的一致性，只是因为所分析的经济发展阶段不同，而在侧重点上有所差异。在产业革命之前的时代，如 Malthus 所指出的人口与土地要素是促进经济增长的重要推动力。而在新古典增长模型中，土地要素对经济增长不再起重要作用，甚至可舍弃这个要素（Hansen，Prescott，2002：1205-1217）。在由马尔萨斯增长向新古典经济增长的转变中，又存在一个 Lewis 所描绘的二元经济发展阶段。他指出，对于英国和其他西北欧以外的发展中经济体而言，农业部门剩余劳动力的无限供给状态是经济发展类型由传统向现代、农业向工业转变的关键因素。Lewis 将其形容为"蓄水池"，保障"蓄水池水量"来源的除了农村剩余劳动力外，还包括人口增长量、临时就业者（包括临时工、家庭手工业者、小商贩、家庭服务业者和可能会进入劳动力市场的家庭妇女）以及劳动力的机械增长量（例如来自国外的移民）。当劳动力由无限供给转为有限供给，并伴随农业部门工资沿边际生产力曲线提高以及工业制度性工资水平的上升，即经济发展跨越"刘易斯转折点"后，经济增长就会由依靠劳动力与资本要素驱动转为依靠全要素生产率（Total Factor Productivity），特别是与技术进步密切相关的生产率（蔡昉，2013：56~71）。以 Robert Solow 为代表提出的新古典经济增长理论针对这种依靠全要素生产率促进经济增长的模式构建了理论框架。Solow 指出经济增长的源泉来自三个方面：资本积累、与人口增长有关的劳动力供给，以及因技术进步带来的全要素生产率的提高。换言之，在新古典经济学框架下，影响经济发展的要素可概括为资本、人口与劳动力以及技术（Solow，1956：65-94）。除了上述影响因素外，在新制度经济学框架下，相比其他因素，制度对经济增长的作用得到了强调。随着制度的变迁，对经济增长起重要作用的除了规模经济和技术进步因素外，制度性因素也扮演了一个重要的角色，这一因素主要通过对经济主体行为的规范和引导来推动经济增长。不同经济理论下影响经济增长的主要因素见表3.1。

表3.1 不同经济理论下影响经济增长的主要因素

理论	影响经济增长的主要因素
古典经济学	人口、土地
发展经济学	人口与劳动力供给
新古典经济学	资本、人口与劳动力资源、技术
新制度经济学	制度

综合上述经济理论，影响区域经济增长的因素可概括为土地、人口与劳动力资源、资本、技术以及制度安排。这些影响因素在不同的经济发展阶段对经济增长的影响强度也会有区别，例如，当一个地区仍然处于人口红利阶段，也就是二元经济发展下的劳动力无限供给阶段时，驱动经济增长的动力就以劳动力资源为主要力量。而一旦跨越了"刘易斯转折点"，经济增长的驱动力就会向全要素生产率转移。对水库农村移民城镇化安置环境容量中的经济容量子系统而言，如果上述五种因素可以协调合作，促进区域经济总量稳定增长、产业规模不断扩大、产业结构持续优化，其结果就是会产生更多的就业机会，对水库移民更好地融入城镇生活产生正效应。反之，当这五个因素出现了问题，例如资本投入不够、技术落后、制度安排不适应现实情况，进而导致经济萎缩、产业规模停滞不前，产业结构单一，那么失业率就会居高不下，就业机会就会减少，结果对水库农村移民在城镇的定

居产生负效应。

(3) 社会容量子系统

在水库移民城镇化安置环境容量的三个子系统中，社会容量子系统可能是其中最复杂的子系统，其复杂性来自其构成的要素。如马克思在《资本论》中所阐述的："现在的社会不是坚实的结晶体，而是一个能够变化并且经常处于变化过程中的有机体。"有机体即暗示了社会作为一个系统是由各种要素构成的有机整体。在这个有机整体中，包含了社会政策、法律制度、道德规范等因素。赫尔曼·哈肯（1995）称这些因素为"序参量"（Order Parameter）。这些因素按照一定的关系组合起来，形成了复杂结构。在因素与系统之间，通过结构的衔接，就构成了城镇化安置环境容量的社会容量子系统。它反映了一个城市的公共服务、社会政策等能让多少移民获得正常的生活环境。

如果说自然资源容量子系统为移民提供了物理活动的空间，经济容量子系统为移民提供了经济活动的空间，那么社会容量子系统就为移民提供了社会活动的空间。就城镇化安置的目标而言，当自然资源有空间可以接纳移民，经济活动方面也可以为移民提供充足的就业机会时，最后影响移民是否能在安置区长期居住的决定性因素就是安置区在社会空间方面是否能吸纳移民，是否能使移民真正地融入当地社会，即通过社会容量子系统的良性循环，切实解决人的城市化的问题。要实现这一目标，作为一个良性循环的社会容量子系统，其必然具有包容性发展（Inclusive Development）的特征。

包容性发展表现在水库工程农村移民城镇化安置的四个阶段：①城镇开放并接纳移民定居；②移民进入城镇后，在就业机会、公共服务等方面享有与城镇居民同样的平等待遇，包括法律上的（*de facto*）和事实上的（*de jure*）；③移民的市民身份在法律上和事实上得到认同，不会因个人因素而被排斥在城市公共事务、生活与工作之外；④移民与城镇世居民众具有相同的行为模式和价值观。第一阶段主要由自然资源容量子系统决定，第二阶段的一部分受到经济容量子系统的影响，剩余的阶段则由社会容量子系统主导。完成针对水库工程农村移民的包容性发展阶段对社会容量子系统的挑战在于,移民受工程建设影响,在短时间内大量涌入城镇区域,此时,社会容量子系统中任何一部分的变化都会导致其他部分也发生变化。这需要社会容量子系统的各部分尽快适应并相互调试,以避免内部功能发生紊乱,从而整合出一个与变化相适应的、稳定的系统。

(4) 三个子系统与水库工程农村移民城镇化安置的关系

水库工程农村移民城镇化安置的主体是移民,安置的最终目标是要实现移民由农民向市民的转变。在这个过程中,城镇化安置环境容量系统的自然资源容量、经济容量和社会容量三个子系统分别通过不同的作用轨迹影响着"农村移民—定居者—市民"的城镇化安置进程。三个容量子系统与城镇化安置的关系如图 3.2 所示。

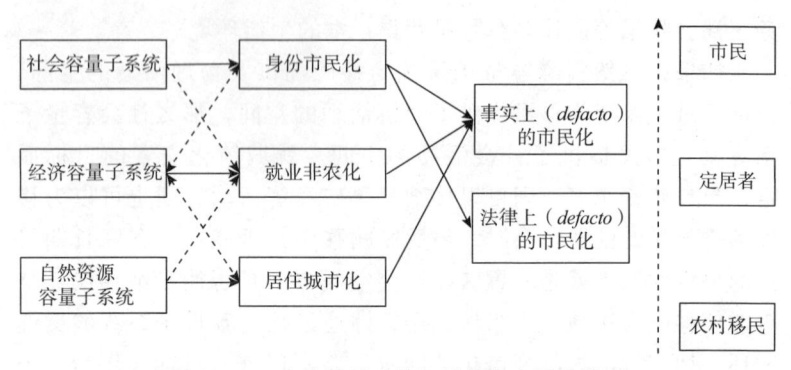

图 3.2 三个容量子系统与城镇化安置的关系

在三个子系统中,自然资源容量子系统永远是第一性的,是容纳移民的控制性系统,也是经济容量和社会容量得以扩张的基础。它主要揭示了人口与城市的土地资源、水资源、能源等之间的相互联系,城市的自然资源容量对城市区域内的人口数量、结构及质量等都有强制性影响。尽管就城镇化安置的环境容量而言,经济容量与社会容量永远排在自然资源容量之后,但是它们的地位和作用依然不可忽视。如 Polanyi (1957: 271 - 306) 所指出的,在城市发展进程中,"不是经济关系嵌入(Embedding)在社会关系之中,就是社会关系嵌入在经济系统之中"。城镇化安置的经济容量揭示了人口与城市的经济规模、产业结构、劳动生产率水平、企业的集聚程度等之间的关系，它对城镇人口从数量、质量到结构与分布的影响是内生性的。城镇化安置的社会容量涵盖的是人口与社会政策、福利制度、城镇文化与风俗等之间的匹配关系，在正常情况下，一个城市社会容量的扩张或者说社会吸纳能力的提高是影响外来移民由"定居者"向"市民"转变的关键。在经济容量子系统中，人口与各经济要素之间的复杂关系，最终又通过城镇可提供的第二、第三产业就业岗位或可吸纳的第二、第三产业工人数量来反映。

一般而言，城镇经济容量的扩大也会促进社会容量吸纳能力的提高。因为，随着越来越多的第二、第三产业工人涌入城镇，特别是作为农村地区第一产业剩余劳动力转入城镇区域的第二、第三产业就业，现有的社会政策、公共服务体系为了适应这种变化就必须做出相应调整。此外，经济容量的扩大也意味着城镇经济实力的增强，这使政府有更强的经济能力支撑制度改革与政策调整。就这个角度而言，是经济容量的扩张倒逼社会容量的扩大。这也与我国目前城镇化进程中，城镇整体容量的变化趋势相吻合。在以城市自然资源容量承载力为基础上，城市的经济容量迅速扩张，为农村剩余劳动力不断地涌入城市寻找就业机会提供了可能，他们的居住空间在城乡之间迁移，职业组成由农业向非农业转换，在身份上则只能在农民工与市民之间徘徊。城乡二元制度的阻隔以及政府向城市倾斜的公共政策与社会制度，使城市的社会容量扩大的速度滞后于经济容量扩张的速度。

但是在水库工程农村移民城镇化安置的环境容量系统下，这种由经济容量系统的扩张倒逼社会容量系统扩大的情形会有所不同，二者的关系在某种程度上发生了颠倒，因为与一般城镇化农村移民逐渐进入城镇不同，城镇化安置下，移民与其他物化资源作为一种异质性资源在短时间内大量涌入城镇。在经济容量上，他们会挤占剩余容量，移民之所以会搬迁至这个城镇，正是因为其在经济容量方面尚有空间，一般体现在第二、第三产业劳动力需求上；在社会容量上，他们对剩余容量的占有趋势会比挤占经济容量剩余空间的表现更明显，因为城镇化安置后移民的土地被全部征收，宅基地也不再分配，他们住进公寓。在户籍与福利制度挂钩的当下，户口性质的转变即意味着移民可享有城市居民的社会福利。社会容量剩余空间被迅速挤占，为了维持社会容量子系统的均衡发展，政府要有充足的公共财政资金支撑急速增长的公共服务需求，此时就必须扩大经济规模，改善产业结构，提高区域的经济实力，因此，在城镇化安置下，社会容量剩余空间的迅速减少刺激了经济容量的扩张。

3.4 城镇化安置环境容量系统动力学分析方法

从以上分析可以看出，水库工程农村移民城镇化安置环境容量的研究对象是由"自然资源-经济-社会"三个子系统组成的复合巨系统，其内部各元素的关系错综复杂，结构多样。对环境容量的准确评价建立在对复杂巨系统机理深刻理解的基础上，以定性分析为依托，量化研究的重点是厘清系统内部各主要指标间的反馈机制与相互作用。目前，常用的计算环境容量的定量方法包括系统动力学、生态足迹法、灰色系统法等。考虑到城镇化安置环境容量系统受到多种因素影响，其中既涉及土地资源、水资源等硬性约束，也与经济结构变动、劳动力供求、公共政策调整等软性约束相关。这些因素相互作用、相互影响，构成了一个复杂的巨系统，而系统动力学模型可以通过计算机仿真模拟，把这些因素放置在同一个系统中进行分析，分析过程中可较好地处理时滞性与非线性问题，对数据质量要求不太高，并且能将公共政策调整的影响纳入模拟过程。基于以上考虑，本书选用系统动力学模型对水库工程农村移民城镇化安置环境容量进行定量分析。

3.4.1 系统动力学的概述

系统动力学（System Dynamics）是一门以系统论、信息反馈控制理论为基础，利用计算机仿真技术，研究复杂社会经济系统的学科。

系统动力学最早由美国麻省理工学院的 Forrester 教授在 1956 年提出，最初应用于工业企业管理领域，因此在当时也被称为"工业动力学"，之后应用范围逐渐扩大，特别是 1972 年《增长的极限》的发表，对全世界的可持续发展进行了预测分析，使该方法在环境容量、资源承载力领域的应用受到广泛重视。

系统动力学将所有的自然、经济、社会等系统都视为反馈系统，系统的动态性是由系统的固有的规则以及可识别的结构决定的，即系统内在的反馈结构才是导致事物随时间变化的根源，而非系统之外的作用力，因此，系统动力学特别适于研究复杂动态的反馈性系统，它可以较好地处理非线性、高阶次、多重反馈复杂时变系统的问题。在系统动力学之中，组成系统的各元素之间的关系可被视为因果关系，通过元素间的相互作用，形成系统的功能和行为，从而表现出系统的作用机制，获得比较精确的仿真效果。

3.4.2 系统动力学的方程

系统动力学的预测通过各种变量来完成，在模型界限内对系统行为有重要影响的变量都应被包括在模型中。但正如前面所提及的，系统动力学模型的特点之一就是对数据的质量要求比较宽松，当部分变量缺少可靠数据时，可依据实际情况做出合理的估计。在系统动力学模型中，存在不同类型的变量，它们有不同的性质与作用，主要包括水平变量、速率变量和其他变量，在各类变量基础上，构建系统动力学的方程。系统动力学将各种变量组成系统行为关系图，即流图，进而更清晰地、全面地描述系统的构成与行为。而系统动力学方程正是在流图的基础上以数学关系式定量描述系统各因素之间的关系。系统动力学模型主要包含以下方程。

（1）水平方程。它是系统动力学的基本方程，是基于水平变量构建的。系统的水平变量主要起积累的作用，其改变依赖于系统的输入与输出，输入引起存量的增加，输出导致存量的减少。当输入或输出停滞时，水平变量即停留在前一时刻的值。水平方程的基本形式为：

$$L_{(t)} = L_0 + \int_0^t \left(\sum R_{in}(t) - \sum R_{out}(t) \right) dt \qquad (3-5)$$

式（3-5）中，$L_{(t)}$ 表示水平变量 L 在时刻 t 的值，L_0 为 L 的

初始值，R_{in}表示水平变量的输入，R_{out}表示水平变量的输出，$(\sum R_{in}(t) - \sum R_{out}(t))$表示输入与输出之间的差额。由式（3-5）可以看出，水平变量的初始值加上在$[0,t]$时间内输入与输出的差额即为水平变量在t时刻的值。在系统动力学中，对于这种变化一般用差分方程来表述：

$$L.K = L.J + (\sum R.JK_{in} - \sum R.JK_{out}) \times DT \quad (3-6)$$

式（3-6）中，$L.K$表示水平变量L在时刻K的取值；$L.J$指水平变量L在时刻J的取值；$R.JK_{in}$指输入量R_{in}在$[J,K]$时间内的取值；$R.JK_{out}$指输出量R_{out}在$[J,K]$时间内的取值；DT表示差分步长，只会在水平方程中出现。

（2）速率方程。该方程用来描述速率变量，速率变量是改变或影响水平变量的动力。它表示水平变量变化的速度。水平变量是积累变量，而速率变量是行动变量。前者是后者行动结果的积累，因此当行动停止时，速率变量也就不再存在，而水平变量则仍然存在。在速率方程中，为更清晰地反映系统变化，会借助辅助变量。速率方程的基本形式为一个包含水平变量和常量的函数：

$$R = f(L, Constant) \quad (3-7)$$

（3）辅助方程。该方程主要用于计算不随时间变化的其他变量，其作用在于对系统进行优化。当系统模拟演变的过程比较复杂时，可将辅助变量引入系统。通过将速率方程转换为几个辅助方程来使方程简化，变量间的运算规则根据实际情况确定。

3.4.3 系统动力学的函数

除了方程外，系统动力学还利用函数关系来处理复杂的系统问题，主要函数关系如下。

（1）数学函数。系统动力学中常用的数学函数包括了对数函数$\ln X$、指数函数$EXP(X)$、开方函数$SQRT(X) = \sqrt{X}$、绝对值函数$ABS(X) = |X|$与三角正弦函数$\sin(X)$。

（2）逻辑函数。在系统动力学模型中常用的逻辑函数有三种。选择函数 IFTHENELSE (C,T,F)、最大函数 MAX (P,Q)、最小函数 MIN (P,Q)。

(3) 延迟函数。在社会现象中，会存在一种延迟的情况，也就是在给了刺激之后，反应会在之后某个时间出现，比较常见的有政策的滞后性，此时，可使用延迟函数对这种现象进行描述。

(4) 测试函数。该函数用于测试模型的性能。在系统动力学模型中，各类变量都可视为时间 $TIME$ 的函数，各变量的值随仿真时间 $TIME$ 的变化而变化。但是各变量与时间 $TIME$ 的关系不同，有的以时间 $TIME$ 为直接自变量，有的则以其为间接变量，测试函数属于前者。常用的测试函数有以下几种：斜坡函数 RAMP (P,Q,R)、阶跃函数 STEP (P,Q)、脉冲函数 PULSE (Q,R)、均匀分布随机函数 RANDOMUNIFORM (A,B,S)。

(5) 表函数。对于两个变量之间的非线性关系，特别是软变量之间的关系可以通过该函数来描述。一般先对两个变量归一化，再描绘出大致的关系图，此时设计的变量为无量纲量。

3.4.4 系统动力学解决问题的主要步骤

系统动力学解决问题的步骤基本可分为五步（王灏晨、夏国平，2008：66~71）。

(1) 系统分析。这一阶段主要是明确系统应解决的问题，界定系统边界，并厘清影响系统的主要变量。

(2) 结构分析。系统结构分析的目的是对系统的层次和子块进行划分，分析系统各变量之间的关系。

(3) 建立数学模型。基于对系统的结构分析，构建系统动力学方程，确定参数，赋值于表函数。

(4) 模拟与政策分析。将数据代入构建的规范模型中，取得模拟结果，并可根据研究目的对模型进行调整，获取不同情境下的时间结果。

(5) 检验与评估。这一步骤的目的是检验模型是否可反映系统实际的运行规律，但并不都在最后完成，也会在其余步骤中分散进行。这样在没有通过检验时还可及时对系统进行调整。常用的检验方法包括运行检验、直观检验、灵敏度分析和历史检验。

通过以上五个步骤，基本可以实现对系统的仿真与模拟分析。但系统动力学的规范模型很难做到对现实系统的百分之百复制，它是基于研究选取的主要变量对现实系统的简化。从这个意义上来看，如果从不同的角度，选取不同的变量对现实系统进行模拟，就会得到对现实系统仿真的不同结果。总体来看，基于系统动力学理论建立的任何模型都只是在满足预定条件下的相对结果。模拟系统与现实系统的关系可用图3.3描绘。

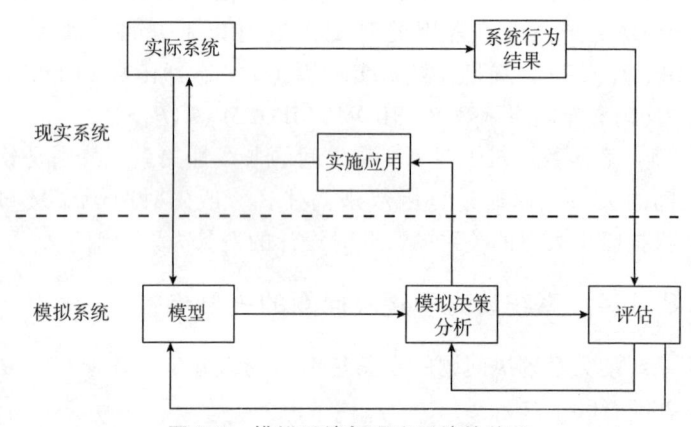

图 3.3　模拟系统与现实系统的关系

3.5　城镇化安置环境容量系统动力学模型的构建

3.5.1　城镇化安置环境容量系统分析

基于前文的分析，可以认为城镇化安置的环境容量系统是由"自然-经济-社会"子系统组成的复合系统，是涉及土地资源、水资源、产业结构、就业供求、区域总人口等影响因素的复杂巨系统，测算城镇化安置的环境容量，需要对这个复杂系统进行分析。

根据城镇化安置环境容量系统的内涵与特征，充分考虑自然、经济与社会间的关系,以及各要素之间的互动情况,并考虑地方的社会发展规划目标,构建整个系统模型,它可以分为以下几部分。城镇化安置环境容量系统分解如图3.4所示。

```
                           ┌─── 土地资源人口承载力
              ┌─ 自然环境容量 ┤
              │            └─── 水资源人口承载力
城镇化安置环 ─┼─ 经济环境容量
境容量        │
              └─ 社会环境容量
```

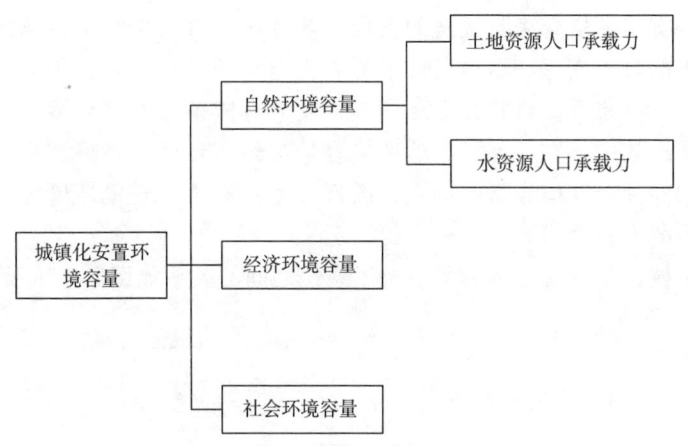

图 3.4 城镇化安置环境容量系统分解

土地资源人口承载力与水资源人口承载力是自然环境容量子系统的重要组成部分,自然环境容量对城镇化安置容量而言是第一位的,没有了自然环境容量,其余子系统的容量就无从谈起,因此它在模型中的意义重大。对土地资源人口承载力而言,土地资源生产了粮食,用以支撑区域的人口发展,同时它还受到人均粮食消费标准的影响。而对于水资源人口承载力来说,水资源的紧张程度即水资源的供需比从根本上决定了一个地区水资源可承载的人口。

经济是一个地区人口增加的动力,较好的经济形势与快速的经济发展带来了人口集聚,也从侧面说明了该地区可提供充足的就业机会。对水库移民的城镇化安置而言,有没有足够的经济容量吸纳移民,实质上就是对劳动力供求关系的分析。而劳动力供求归根结底受到产业发展与人口年龄结构的影响,因此在分析经济环境容量时又必然与社会环境容量中的人口因素相关联。

社会环境容量系统中,人口子块是重要的组成部分,其他子系统通过人口子块与社会环境容量系统相联系。区域的总人口决定了劳动力供给，也影响了居民的生活用水量。相比自然环境与经济环境，社会环境显得更为抽象。在某种程度上，社会环境容量实际上是在消耗另两个环境容量的资源，例如，支持基本公共服务支出的资金来自经济的发展，区域内人口的生活由就业机会带来的收入支撑，城镇居民消耗着土地资源与水资源，因此，从这个角度来看，可将社会环境容量视为对城镇化安置环境容量拥有挤出效应。在计算了自然环境容量与经济环境容量后，需要从中扣除社会环境容量中的人口因素，才是城镇化安置环境容量可吸纳的人口规模。

城镇化安置环境容量三个子系统之间的关系如图 3.5 所示。

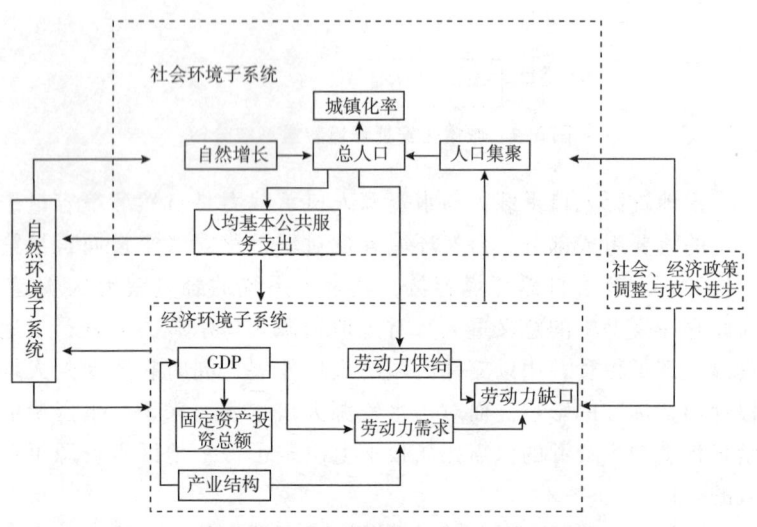

图 3.5 城镇化安置环境容量三个子系统之间的关系

3.5.2 城镇化安置环境容量系统模型构建

基于对前文的分析，本书利用 Vensim PLE 软件对系统进行建模。对于变量的选择，一方面借鉴现有的有关研究；另一方面也考虑城镇化安置系统的特点与结构。

3.5.2.1 模型的构成

城镇化安置环境容量的系统动力学模型主要包括三个子系统。

(1) 自然环境容量子系统

自然环境容量由土地资源与水资源决定。土地资源人口承载力主要受到粮食产出的影响，根据农业生产的规律，一般不同的季节播种不同的主要粮食作物，例如，在西北地区夏收粮食以小麦为主，秋收粮食则是稻谷、玉米等，因此，在计算粮食产量时要考虑不同季节的播种面积与单产水平。但如果仅仅将粮食作物等同于粮食产量还不能完全反映真实的情况，因为在农业生产中还有畜牧业带来的肉类产量与水产养殖带来的渔业产量，这些产量也同样可以作为粮食产量，但当把它们换算为粮食产量时需要考虑各自的折粮系数。这些产量共同构成了区域的粮食潜在生产能力。此外，土地资源人口承载力还受到人均粮食消费标准的影响。基于此，在土地资源人口承载力方面，选取的指标包括夏粮播种面积、秋粮播种面积、夏粮单产、秋粮单产、水产品产量、肉类产量、水产品折粮系数、肉类产品折粮系数、粮食潜在生产能力、人均粮食消费标准等，详细的指标见附录。土地资源人口承载力可表示为：潜在粮食生产能力/人均粮食消费标准。

水资源是支持正常生活、生产的重要资源，在分析自然环境容量时，必须考虑水资源的供给与需求。水资源的供给受到地表水、地下水等因素的影响，同时还要根据测算地区的实际情况考虑其他因素，例如，南水北调工程对地方供水的影响等。而水资源的需求主要涉及居民生活用水、工业生产用水、生态用水、农业生产用水。在明确了水资源供需情况后，基于城乡居民生活用水定额，可得到水资源人口承载力，因此，在水资源人口承载力中，模型选取的指标包括地表水、地下水、地表水和地下水重复计算量、农业用水量、工业用水量、生态用水量、居民生活用水量等。水资源人口承载力可表示为：（水资源供给量－水资源需求量）×（1－水资源紧张程度）/〔（城镇居民人均综合用水量×城镇化率）＋农村居民人均综合用水量×（1－城镇化率）×

365］。

（2）经济环境容量子系统

经济的快速发展是提高环境容量的重要推动力，特别是对水库工程农村移民的城镇化安置而言，良好的经济形势意味着市场可提供更多的就业机会。在本书中，经济环境容量以劳动力供需差为表征，这也符合水库移民城镇化安置的特点。毕竟，某地区是否适合城镇化安置的一个重要影响因素就是看该地区是否有多余的就业岗位，即劳动力就业市场呈现供不应求的局面。劳动力供需差受到劳动力供给与需求的影响。劳动力供给更多地由劳动年龄人口决定，虽然也会受到劳动力参与率的影响，但劳动年龄人口是根本。劳动力需求则与产业发展密切相关。经济环境容量可表示为：劳动力需求－劳动力供给。

在这种设定下，城镇化安置的经济环境容量是可能出现负数的。当劳动力需求大于劳动力供给即供不应求时，此时经济环境容量为正数；当劳动力需求小于劳动力供给即供过于求时，此时经济环境容量为负数，相应地，这会对城镇化安置的环境容量产生影响，也就是说，劳动力市场供过于求时，实际压缩了城镇化安置的环境容量。

（3）社会环境容量子系统

社会环境容量中最基本的就是人口因素，此外地区的基本公共服务支出也可以反映该地区居民的基本生存受保障情况。人口因素受到人口的出生率、死亡率、自然增长率的影响，并且还要考虑到迁移人口对区域总人口的影响。在基本公共服务支出方面，可通过人均基本公共服务支出反映个人享受基本公共服务的情况。

3.5.2.2 模型的运行

（1）主要参数设定

参数的设定要考虑到系统的稳定性，根据统计资料，相关规划和国家有关标准设定。各变量的方程设定主要可分为三类：第一类是采用曲线拟合，选择拟合度最高的方程；第二类是采用Vensim 提供的函数，包括 INTEG 形成的存量函数、With Look Up 形成的表函数等；第三类是根据变量间自身存在的关系确定函数关系，例如，人均 GDP = 地区生产总值/总人口。各主要变量方程详见附录。

（2）情景模拟

对水库工程农村移民的城镇化安置设定两类情景，情景Ⅰ为基本情景。基本情景下，拟安置区按照现有模式发展。情景Ⅱ为城镇化安置情景，这一情景特别适用于符合以下两个条件的安置区。首先，该水库投资规模较大。短时间内有大量的资金、人力、物力的投入，因此可能会对邻近地区造成影响。其次，拟安置区与水库建设区地理位置较近。因此，水库建设对该区域的影响会相对明显与突出。具体的影响设定在以下三方面：第一，水库工程的建设会带动周边地区第二产业的发展，间接提高了地方的工业增加值增长速度；第二，可能会加快外部人口向拟安置区的自愿迁移，人口净迁移率上升，带来更多的集聚人口；第三，水库工程的建设对提高水资源利用率有明显作用，因此，安置区的平均灌溉水利用系数会得到一定程度的提高（如表 3.2 所示）。

表 3.2 水库工程农村移民城镇化安置环境容量情景设置

情景	情景描述
Ⅰ	基本情景：按照拟安置区现有发展模式
Ⅱ	城镇化安置情景：工业增加值年增长率提高、净迁移率提高、平均灌溉水利用系数提高

（3）城镇化安置环境容量的评价

根据前文对城镇化安置环境容量的定义，以及本系统各参数的设定情况，当自然环境容量 + 经济环境容量 − 总人口（人口因素为社会环境容量主要组成部分）> 0 时，说明该地区尚有吸纳移民的空间；当自然环境容量 + 经济环境容量 − 总人口 ≤ 0 时，说明该地区没有空间吸纳移民。水库工程农村移民城镇化安置环境容量系统如图 3.6 所示。

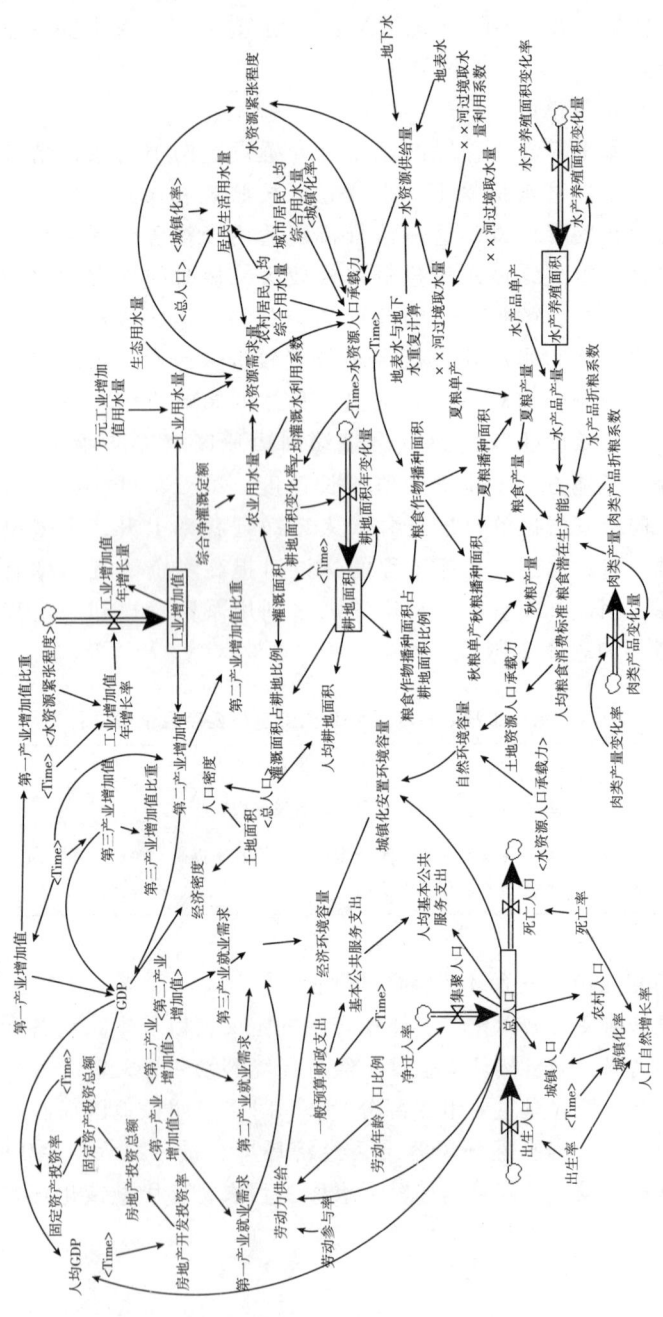

图 3.6 水库工程农村移民城镇化安置环境容量系统

3.6 小结

本章分析了水库工程农村移民的城镇化安置环境容量系统。以复杂系统理论为基础，阐述了该系统的概念、内涵、特征与结构。在概念上，它以人口承载能力和适度人口概念为基础，同时结合了水库工程农村移民城镇化安置的特点和要求；在内涵上，它包含了城镇化安置自然资源环境容量、经济环境容量与社会环境容量；在特征上，它具备了复杂系统的相应特征；在结构上，三个子系统通过不同的作用轨迹影响着"农村移民—定居者—市民"的城镇化安置进程。之后，基于系统动力学分析方法，构建了城镇化安置环境容量的系统动力学模型，对主要参数进行了设定，提出了基本情景与城镇化安置情景两个模拟情景，并确定环境容量的评价方法。

第4章
水库工程农村移民城镇化安置的就业分析

一个有足够城镇化安置环境容量接纳移民的地区是水库工程农村移民城镇化安置的前提条件。在进入城镇区域后，保障移民主要生计来源的应该是稳定的就业而不是政府的补偿资金，因此就业成为城镇化安置的核心问题。从现状来看，移民城镇化安置的就业情况并不乐观。移民的就业受到多种因素影响，宏观上有区域的经济发展情况、对农业人口的就业政策等，微观上有移民自身的受教育程度、非农劳动技能等。尽管影响的因素有很多，但决定移民非农就业的有两个前提性条件，即城市规模和移民自身劳动力质量。在城市规模方面，城市规模决定了就业的吸纳能力，一般而言，自然是城市规模越大对就业的需求水平也越高，从而对移民就业有更强的吸纳能力，但对于解决移民城镇化安置的就业问题，是不是城市规模越大越好？如果不考虑移民融入城市生活的成本，答案是肯定的。但是现实告诉我们，城市融入成本是影响移民在城市稳定生活的重要因素。从最大化水库移民消费者效用的角度考虑，理论上会存在一个适当的城市规模和合适的城市内部区位，满足水库移民对城市就业的期望，从而实现移民的就业效用最大化。在移民自身劳动力质量方面，较低的受教育程度和非农技能水平实际上限制了移民在大城市寻找与其就业技能水平相匹配的岗位。本章旨在通过构建一个考虑了移民融入城市的理论模型，阐述在城市规模、城市内部区位与部门技术密集度的共同影响下，水库工程农村移民消费者效用的变化，从而找到一个可以最大化其消费者效用的城市规模与内部区位，以为城镇化安置的方向提供参考。

4.1 水库移民城镇化安置就业现状及存在的问题

4.1.1 水库移民城镇化安置就业现状

就促进移民融入城镇生活的角度而言，就业是核心问题。国际劳工组织（ILO）2003年在《全球就业议程》中就指出："工作是人类生活的核心。这不仅是因为人们依靠工作而生存，它还是人们融入社会，实现自我以及为后代带来希望的手段。这使得工作成为社会和政治稳定的一个关键因素。"自20世纪80年代中后期起，我国的水库移民安置方针逐渐由补偿性移民政策转向开发性移民政策，例如1985年对丹江口水库移民遗留问题的处理就是开发性移民政策第一次在国内水库项目正式实施。到1991年，国务院颁布《大中型水利水电工程征地补偿和移民安置条例》，提出国家提倡并支持开发性移民政策，这是我国首次以法规的形式明确了开发性移民政策在移民安置中的重要性。伴随着移民安置政策的转变，特别是我国城镇化的迅速发展，移民的非农就业逐步受到人们的重视。

目前，对于水库工程农村移民的非农就业情况尚缺少全国范围内的官方统计数据。但是，通过对几个有代表性的水库工程移民的非农就业分析，也可从侧面勾勒出我国水库移民城镇化安置就业的现状。

（1）三峡工程

自三峡工程正式提出起，移民问题就一直是各界关注的焦点。如国际大坝委员会前主席 J. Veltrop 所说的，"三峡工程的建设和120多万名移民是一项非常复杂的工作，这一环境和社会实践的结果将指导世界各地其他大坝的建设，全世界正在密切关注这一历史性中国经验的结果并向其学习"。在三峡移民安置中，除了居住问题外，在开发性移民方针下，就业问题是另一个核心问题，它与整个三峡库区的自然生态与社会经济的可持续发展密切相关。

三峡工程巨大的投资促进了项目建设,也带动了地方产业结构调整,创造了更多的就业机会。与此同时,安置区经济的快速发展、就业环境的迅速变化以及产业结构的战略调整,也对移民就业的稳定性提出了新的挑战。

从近年的调查数据来看,安置区的劳动力就业并不充分,整个安置区的第二、第三产业对劳动力的吸纳能力也并不强。水利部长江水利委员会 2011 年的监测数据显示:在抽样调查中,有 63.11% 的移民劳动力在第二、第三产业就职,还有 20.31% 属于失业人口①。外出异地打工的比例高达 62%,以中青年劳动力为主,主要从事劳动密集型工作。总体来看,安置区劳动力市场供过于求,具体表现为以下三点。

①第一产业隐性失业严重,迫切需要向第二、第三产业转移。库区人地矛盾突出,后靠安置的农村移民,其人均耕地只有 0.7 亩,低于人均耕地 0.9 亩的水平,单纯依靠分配的耕地,很难保证生活水平与搬迁前持平,因此,这部分农村剩余劳动力需要向第二、第三产业转移。此外,还有约 12 万名农村移民进城安置,这又对第二、第三产业的岗位供给提出了新的要求。并且,他们在搬迁前大多依靠体力劳动生存,导致在第二、第三产业中可选择的工作岗位更少,就业局限性大。

②第二、第三产业发展不平衡,第二产业劳动力吸纳率不高。三峡工程的投资在相对较短时间内大量涌入库区,虽带来了第二产业的快速增长,但也导致第二、第三产业比例的失衡。以占三峡库区总面积 85.6% 的重庆库区为例,2007 年到 2012 年,其三产比例从 15.9∶47.8∶36.3 调整为 10.1∶56.1∶33.8;而同一时期,重庆市整体的三产比例则由 10.3∶50.7∶39.0 优化为 8.2∶52.4∶39.4。可见,重庆库区不仅第二产业占比明显高于第三产业,其产业结构优化速度也明显低于重庆市整体速度。所带来的后果就是第二产业劳动力吸纳能力趋于饱和,剩余的劳动

---

① 抽样调查中还有 16.57% 的劳动力从事第一产业,这部分人群不属于本书讨论的范围。

力吸纳空间迅速减少。同时,产业内部结构以重工业为主,轻重工业产值之比为28.6∶71.4,工业结构不合理,也影响了移民的就业。

③第三产业发展缓慢,对移民就业的贡献还有待提高。重庆库区第三产业发展的水平相比重庆整体水平还比较低。2007年到2012年,库区三产产值增长速度尽管达到了184.75%,但仍然仅占重庆同期产值的34%,并且其增长速度也低于同期地区生产总值的增长速度。移民在第三产业的就业主要集中在餐饮、商贸、旅游、交通等行业,具有明显的同质化、低质化特征,并且流动性大,就业稳定性较差。

(2) 向家坝水电站

向家坝水电站是金沙江梯级水电站的最后一级,位于金沙江下游川滇两省河段交界处,是国家"西电东输"的骨干项目,涉及云南、四川两省3个州市、12个县区,它是云南省乃至全国第一个大规模以城镇化安置作为主要安置方式的大型水电项目。移民安置工作于2007年开始,到2013年已经基本完成,在云南库区的33927名农村移民中有大约67%的移民选择了城镇化安置。通过城镇化,有效缓解了人地矛盾,极大地改善了移民的住房条件,并使其享受了更好的基础设施。但是在就业方面,移民依然面临很大的困难,推动移民再就业任务艰巨。

华东勘测设计研究院《向家坝水电站云南库区移民安置2013年独立评估报告》显示,从2012年底城镇化安置后到2013年底,在一年的过渡期后,在城镇实现稳定就业的移民也只有城镇化安置移民总数的约15%,很大一部分移民没有稳定的收入来源,只能通过打短工或是临时工的方式获得收入,移民对于就业的满意度明显较低,这与他们在住房、用水、用电等方面的高满意度形成了鲜明的对比。移民城镇化安置再就业的受阻,导致了大量闲置劳动力的存在,这不仅严重影响了移民的经济来源,也给整个城镇的社会稳定带来隐患,移民对就业问题的诉求已经成为影响安置区发展的重要因素。根据华东勘测设计研究院的调查,在城镇的住房问题得到有效解决后,家庭经济状况已成为他们最为担心的议题,对当前经济状况不满意的移民达到了将近 80%。

移民就业难的问题，一方面当然与移民自身文化素质不高、非农就业技能欠缺有关系；另一方面受到安置区的产业发展水平不高以及相关规划不够详尽的影响。以绥江县为例，该县是当时移民城镇化安置人数比较多的一个县，但是它实际上是一个典型的农业县，第二、第三产业的基础是非常薄弱的，这决定了移民在第二、第三产业的就业机会比较少。同时，在移民安置时依照的相关规划主要体现在硬件方面，包括基础设施建设、住房等，但是产业扶持规划、就业规划等则比较简单，而后者恰恰是移民城镇化安置中比较重要的内容。在工程中，详细的产业扶持规划是在移民搬迁完成后才开始制定的，从规划完成审批，到产业建设开始，再到相关产业可以为移民提供就业岗位，整个周期大致需要 3~5 年，这完全不能满足移民搬迁后在短时期内找到就业机会的需求，也与他们想尽快在城镇稳定下来的期望明显脱节。由于寻找稳定的工作比较困难，有超过一半的移民选择了自主创业，创业的内容包括了小餐馆、小卖部或者小地摊，但是缺少特色化经营，还是出现了"家家小卖部，店店酸菜鱼，万户农家乐"的重复经营问题，导致一部分自主创业移民的收入情况也并不理想。

向家坝水电站云南库区的城镇化安置复杂的就业形势与移民对城镇新生活的期望形成了明显的落差，由于难以适应城镇相比农村快节奏、规律化的生产生活方式，再加上在搬迁前有些移民就基本没有外出务工经验的影响，他们的收入水平不仅低于城镇常住居民，即使是与一般农业转移人口相比，其收入水平也处于较低水平，这使移民的边缘化状态越发明显，难以融入城镇正常的经济生活。

(3) 云南青山嘴水库

青山嘴水库位于云南省楚雄彝族自治州境内，是国家发展和改革委员会批准的 2006 年西部地区 12 项重点工程之一，工程以解决城市防洪、农业灌溉和工业供水为建设目标。工程概算总投资为 7.26 亿元，其中水库淹没和移民补偿投资为 4.3 亿元。工程规划水平年安置人口 6818 人，其中农业人口有 5578 人。最终需安置移民7214人，其中城镇化安置的有6679人，占到移民安置总人数将近93%。

相比三峡工程与向家坝水电站，青山嘴水库的移民人数并不多，但其特点在于几乎所有的移民都采用了城镇化安置模式，这在我国的水库项目移民安置中还是比较少见的。在居住方面，他们的住房由政府统一建设，移民再以成本价购买，移民被统一安置在新建的栗子园小区，按照城市小区的方式进行管理。这一安排得到了移民的支持与接受，城镇居住问题得到了妥善解决，因此，对青山嘴水库的城镇化安置而言，移民的城镇的就业问题再次成为城镇安置成败的重要影响因素。目前，青山嘴水库的移民的就业类型主要是打工与自主创业，还有一部分移民将政府提供的生活补贴作为主要生活来源。

对以打工作为收入来源的移民而言，就业形势并不乐观，多数移民还处于失业或半失业的状态，即使已经找到工作的移民也有一部分处于"非正规就业"状态。所谓的"非正规就业"状态是指没有依法建立劳动关系，也没有正式就业身份，所从事工作流动性大、工作时间与报酬给付灵活。在某种程度上，在移民群体中非正规就业才是一种常态。目前，移民打工主要分布在三个方向。一是在小区内，这部分移民人数很少，所从事的主要是小区内的绿化、保洁、保安等工作，这类工作岗位是因移民安置小区栗子园的建成而出现的，可认为是专门为移民设立的岗位，但从岗位的数量来看，其对解决移民在城镇的就业问题不会产生决定性影响。二是大部分移民还在楚雄城区内打工，既有职业比较稳定的工厂工人、公司职员，比如楚雄卷烟厂安排了100多位移民就业，楚雄保安公司也提供了100多个就业岗位给移民；也有不太稳定的工作，例如建筑工人、餐馆服务员等。三是还有很少一部分移民是到楚雄外或者省外打工。总体来看，在青山嘴水库城镇化安置的移民中，年轻、有一定文化程度（初中或以上）的移民要比年纪大、文化程度低的移民的工作稳定；男性移民相对比女性移民的工作要稳定一些。将打工收入作为家庭收入来源虽然造成经济来源单一，但并不是移民收入水平不高的主要原因，关键还在于其自身的劳动素质限制了他们在就业市场上的竞争力。

除了打工外，还有一部分移民将自主经营作为家庭重要收入来源。对移民而言，在城镇自主经营的要求某种程度上比打工更高，它不仅要求投入一定的财力，还对移民自身的经济技巧、文化素质有要求，此外，还需要政策上有扶持，因此，移民创业实际上有很大的难度。移民创业的行业大多集中在小卖铺、餐饮摊或是黑车司机。也就是说，大部分属于"非正式经济"，其特点就是对资金、技术、人力资本等方面的准入门槛比较低，规模也较小。对移民而言，自主经营所面临的市场风险与挑战使他们一般不会将其作为收入来源的首选。

在栗子园小区还有一类移民，他们既不打工也没有自主创业，而是以政府提供的生活补贴作为重要的收入来源。这类移民中有一部分是由于年龄、身体状况等因素在就业市场上没有竞争力，比如60岁以上老人或是残疾人，前者在小区里有700名左右，后者也有数十名；但也有极少数移民在年龄上具有优势，身体也没有重大疾病，只是因为嫌弃打工工资低、工作累就不愿意找工作，并且对政府依赖心理严重，而只依靠政府提供的生活补贴生存。这类移民占小区居民的比例在3%左右。

4.1.2　水库移民城镇化安置就业存在的问题

（1）缺少相关政策支持移民非农就业

①国家层面上缺少对水库工程农村移民城镇化安置进行指导的纲领性文件。目前在国家层面对水库工程农村移民安置工作进行指导的是国务院于2006年颁布的《大中型水利水电工程建设征地补偿和移民安置条例》（第471号令）①，该条例明确指出水库工程农村移民的安置规划要以农业安置为主，对于"有条件的地方，可以结合小城镇建设进行"。其实质依然是在计划经济体制下，完全由政府主导的移民安置活动，缺少市场的介入。对于城镇化安置的政策要求不明确，什么样的地区才符合"有条件的

---

① 国务院第471号令于2006年7月7日公布，目前共经历了三次修订，最近的一次修订在2017年4月14日。

地方"？城镇化安置在产业发展扶持、城乡户籍转换等方面在国家层面上始终没有明晰的规定。

②后扶政策缺少对城镇化安置移民就业扶持的关注。在《国务院关于完善大中型水库移民后期扶持政策的意见》（国发〔2006〕17号）中，所有的相关要求基本都围绕农业安置展开，例如，后扶的项目规划是"以水库移民村为基本单元"，但是城镇化安置后，移民的居住模式已经发生了变化，很多移民已经不再以"村落"的形式居住在一起，项目规划的内容也应该发生变化，而这在后扶政策里是没有考虑到的。之所以会出现这种情况，一方面是因为农业安置模式在之前的移民安置中所占的主导地位决定了后扶政策很难从城镇化安置的视角展开；另一方面是因为现行的后扶政策明确要求只要农村移民转为非农户口，就不再享受后期扶持政策。对于选择城镇化安置、搬进楼房、不再被分配土地与宅基地的农村移民来说，他们的户口根据不同地方的安置政策，可能有的已经转为了非农户口，因此他们就不能再享受后扶政策。但问题在于即使他们已经转为城镇户口是否就意味着他们不再需要后扶政策的支持了呢？从目前移民的收入情况、就业情况等方面来看，答案显然是否定的。

③针对一般农业转移人口的就业优惠政策并不惠及已转为非农户口的城镇化安置移民。如上文所指出的，城镇化安置后由于不再被分配土地与宅基地，并且搬进了公寓，继续按照农业户口对他们进行管理已经不合时宜，因此，部分地区将这部分人口的户口由农业转为非农。在户口转换后，尽管他们在享受公共服务、社会政策等方面已经向城镇居民靠拢，但从其生计模式（工作的流动性与非正式性）、收入情况（收入水平的低标准与来源的非持续性）等方面来看，这部分移民并没有因为转为了非农户口而达到城镇生活应有的水平。一方面，在就业的内容方面，其本质上依然属于农民工群体，但在完成了户籍转换后，移民不再具有资格享受一系列针对农民工群体的就业方面的优惠政策；另一方面，后扶政策也不再考虑这部分人群，这导致了移民处于一个尴尬的境地。其中暗含了一个逻辑：对于具有农业户口的水库移民而言，当其户口由农业转为非农后，也就意味着其

"移民"身份结束。但这种转换有两种类型,一种是移民满足了现有的政策要求,可以完成户籍转变;还有一种是移民实际不具备转换户籍的要求,但从便于管理角度出发(因为已经不再向他们分配土地与宅基地),对他们进行了户口转换。对于后一种情况,无论是针对移民的后扶政策,还是针对一般农业转移人口的就业优惠政策都应该考虑到这类移民,而不是将其屏蔽在政策大门之外。

④现行的移民安置政策严重滞后,已不能适应城镇化安置的需要。现行的水库移民安置政策颁布至今已有12年的时间,在这段时间里,我国的社会经济迅速发展,法律制度也在不断地完善,包括《物权法》的制定、重新修订《劳动法》、农村集体土地确权登记的展开等,群众的法律意识和维权意识均日益提高。虽然《大中型水利水电工程建设征地补偿和移民安置条例》历经三次修订,但总体来看,它与社会经济发展的现实是明显脱节的,并且与其他相关法律也缺少有效的衔接。在城镇化已成为中国社会经济发展的关键主题的当下,水库移民安置政策却似乎对其"视而不见"。事实上,从公共政策过程理论的角度来看,现行的移民安置政策需要正视其自身的"政策终结"问题,或至少如 Deleon(1983:631-647)所形容的进入政策的"部分终结",即政府应审慎地终止无效与过时的公共政策,对这些公共政策中"部分的"内容,政府应重新定位。对现有的移民安置政策而言,并不是要完全地否定农业安置,而是根据社会经济发展的需要,对旧政策进行补充与修正,将其囊括进城镇化安置的内容,特别是进入城镇后与就业相关的扶持政策,从而实现政策目标。

(2) 水库工程农村移民自身条件不利于寻找非农就业岗位

①中老年移民在就业市场上不具有竞争力。按照联合国和世界卫生组织的标准,一般当65岁及以上人口占总人口比重为7%以上时,该社会被认为进入了老年型社会。到2015年,我国65岁及以上人口已到达14385万人,占总人口的10.5%,参照这一标准我国已经进入了老龄社会,这是全国人口年龄结构发展的总趋势。在这一大背景下,水库工程移民的老龄化程度也愈发明

显。据测算,到 2023 年,现有的水库移民人口结构将属于老年型人口结构,而此后,其将逐渐进入超老龄社会(Hyper-aged Society),即世界卫生组织认为 65 岁及以上人口超过总人口比例 20% 的年龄结构状态(廖蔚,2005)。对于移民群体中的中老年人口而言,在搬迁到城镇后,寻找一份工作是一件比较困难的事情。这一方面当然与他们自身的劳动技能、文化素质有关;但另一方面也应注意到,就业市场还存在一些对教育背景、劳动技能要求不太高的岗位,但是这些岗位反而对年龄设置了门槛。以楚雄青山嘴水库城镇化安置的小区——栗子园小区就业工作站提供的部分用工信息为例,它们对学历和技能虽有要求,但并不高,不过年龄门槛反而将很多移民卡在了就业岗位之外(王必良,2012)。栗子园小区就业工作站招聘信息如表 4.1 所示。

表 4.1 栗子园小区就业工作站招聘信息

单位性质	岗位	人数	性别	年龄	要求
私营	一般工人	3 名	男	18~40 岁	初中毕业
私营	桑拿服务员	12 名	男	不限	初中毕业,两年以上工作经验
私营	收银员	数名	不限	18~40 岁	有责任心,吃苦耐劳
私营	一般工人	数名	不限	18~40 岁	有责任心,吃苦耐劳
事业单位	阅览室收银员	2 名	女	40 岁以下	有电脑基础,家住附近
事业单位	食堂工人	1 名	女	40 岁以下	无

资料来源:王必良《迁移·植根:楚雄青山嘴水库"城市楼房安置"移民群体的生计转型与城市适应》,中央民族大学硕士学位论文,2012。

事实上,与其说是雇主在招工时对年龄设置了限制,不如说是雇主对移民的身体素质提出了要求,特别是在移民就业仍以体力劳动为主的当下。

②移民缺少收集与分析就业信息的能力,盲目倾向在大城市寻找就业机会。在不完全的市场环境下,信息扮演了重要的角色,它是决策的基础和前提。移民能否找到期望的工作,很大程度上取决于他们对相关信息的获取与分析情况。在移民搬到城镇

后，虽然政府、社区也会提供就业的信息，但这不能完全替代移民对信息的收集。从目前的情况来看，在寻找非农就业机会时，移民还是更倾向于从已有外出务工经验的亲戚朋友处获得就业信息。而这些亲朋好友大部分都是主动外出的务工人员，对城市高收入的预期是促成他们外出务工的主要原因之一，因此他们大多选择在区域内的中心城市打工，比如省会城市。在移民的知识体系中，他们缺少对各方面就业信息进行分析的能力，再加上就业信息来源渠道的单一，这造成一旦他们计划外出务工，这类城市一般就成为他们的首选，除非特殊原因，他们很少考虑二、三线城市。但是大城市对移民而言，是否就是理想的就业场所？或者用经济学的术语来说，在大城市打工是否可以带给他们最高的效用？对很多没有或是非农就业经验很少的移民来说，大城市激烈的就业环境、高昂的生活成本等并不适合他们。尽管如此，他们却还是选择去大城市寻找工作，导致这一局面的原因是移民接受就业信息的渠道比较单一，特别是缺少对就业信息分析的能力。由于缺少收集与分析信息的能力，大城市虽然可能有更多的就业需求，但移民的能力并不能与这些需求匹配。而移民收集和分析就业信息的能力又与其文化水平、受教育程度密切相关，这恰恰是很多移民在人力资本禀赋上比较明显的劣势所在。

③移民劳动力素质普遍较低，在就业市场上不具有竞争力。在搬迁到城镇后，他们会发现原本作为农村居民所拥有的乡土生活的社会常识和劳动技能已不再适应城镇生活。并且，他们在受教育程度上的劣势也不利于在就业市场上的竞争。一般农业转移人口相比城镇居民，平均受教育年限相对较短已是普遍现象，这导致他们在城市的就业市场上很难竞争过城镇居民。但是很少有人认识到，水库工程农村移民相比一般农业转移人口，在寻找非农就业机会时实质上处于更为不利的地位。造成这一局面的主要原因是水库工程农村移民在平均受教育年限上比一般农业转移人口要更少。虽然目前没有全国范围内对水库工程农村移民的调查，但通过将一些不同时期内的微观数据与宏观数据相比较，也可以一窥二者的差别。

20世纪90年代初，小浪底水库二、三期移民需生产安置人口为 56815 人，当时调查显示，如图 4.1 所示，1990 年，小学以下文化程度占到了 33.61%，小学文化程度为 31.31%，初中文化程度为 35.06%，高中（中专）及以上为 0.02%（王志凯，2008）。而在同一时期，河南省农村人口中，小学以下文化程度人口占农村总人口的比重为 15.67%，受过小学教育的占农村总人口的比重为 36.81%，初中文化程度的人口比例为 40.59%，高中（中专）及以上文化程度的人口比例为 6.93%。通过与全省数据相比较可以发现，小浪底水库的农村移民在文化程度上显著低于全省水平，特别是小学以下及小学文化程度的人口占到了移民人数的将近 65%，而这一数字在全省范围内只有 52.48%。

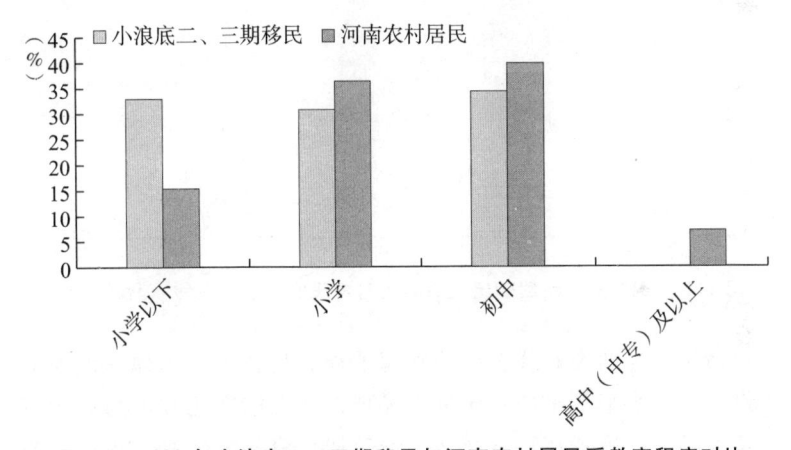

图 4.1 1990 年小浪底二、三期移民与河南农村居民受教育程度对比

注：小浪底二、三期移民高中（中专）及以上占比为 0.02%，图中因比例问题无法显示。

2010 年，程燕与王顺克（2011：84~87）在重庆市万州区武陵镇对 243 户三峡移民进行了调查。在文化程度方面，他们发现这些移民尽管已搬迁多年，但是受教育程度依然处于较低水平。在受调查的移民中，小学以下的占到了 21.52%，小学为 42.27%，初中为 22.53%，高中（中专）为 10.94%，大专及以上文化程度的有 2.75%。而在 2010 年，《中国人口与就业统计年鉴》（2010 年）显示，在重庆市农村居民中，小学以下的人口占被调查农村人口的 8.32%，上过小学的人口比例为

46.97%，上过初中的人口比例为 35.6%，上过高中（中专）的人口比例为 7.89%，大专及以上文化程度的人口比例为 1.22%。通过与重庆市农村居民的文化水平对比可以发现，万川武陵镇三峡移民的受教育水平主要集中在小学及小学以下，特别是小学以下的受访移民达到了调查总人数的 21.52%（如图 4.2 所示）。

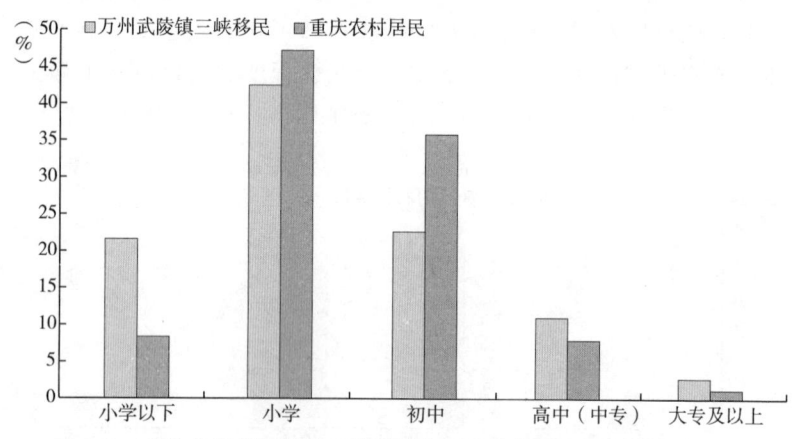

图 4.2　2010 年万州武陵镇三峡移民与重庆农村居民受教育程度对比

通过上述两个有代表性的水库工程农村移民与当地一般农业人口受教育水平例子的对比可以发现，前者的文化程度与后者有一定差距，而后者在这方面又与城镇居民有显著差别，因此，当水库移民在城镇中寻找非农就业机会时，他们不仅面临来自"市民"的竞争，还有来自"一般农业转移人口"的竞争，这种双重竞争增加了他们的就业难度。

（3）缺少有效的就业扶持规划限制了移民在城镇的再就业

移民愿意选择城镇化安置的主要原因在于他们对城市收入水平有较高的期望，这种收入的差别诱使移民进入城镇安置。诚然城镇有着比农村更高的收入水平，但是即使搬入城镇生活，对移民而言，收入水平的提高并不是一个无须外界干预就会自然增长的过程。如德国社会学家齐美尔所言："城市始终是金钱经济的地盘，而金钱要靠知识和社会资源获取。"而移民缺乏的正是这两类资源，再加上他们的搬迁具有一定的非自愿性，属于某种程度上的被迫城镇化，因而会缺少主观能动性。虽然政府不应一味通过提高补偿标准来满足由非自愿迁移导致的移民对政策的过高依赖性需求，但可以通过制定具有可操作性的就业扶持规划来帮助移民尽快适应城镇生活，实现收入的可持续目标。目前，这一方面规划是移民安置活动中所缺少的。

对于目前的水库工程移民安置规划，设计单位的重点是对移民的搬迁及安置进行规划，内容报告了人口界定、实物指标调查、补偿方案、相关设施的建设等，这方面的内容在规划设计时是比较详尽的。但是在产业、就业方面则是泛泛而谈，特别是在城镇化安置中，在涉及这部分内容时则更显得模糊与空洞，中央和地方也缺少相关的政策要求与设计规范。详细的产业与就业规划一般在搬迁后才会实施，但问题在于移民在进入城镇后对就业的需求是即时的，而不是滞后的，一旦完成安置，他们需要立即实现再就业以保证生计的可持续性，而现行的产业与就业规划显然是滞后的。之所以会产生这种现象，是因为水库工程的投资方希望以最小的成本完成搬迁，从而使工程尽快投入运营，因此对与移民搬迁相关的规划和建设，比如基础设施、资金补偿等方面，其是积极主动的，其目的就是让移民以最快的速度完成搬迁。制度经济学将其解释为"在社会运行过程中，由于资源的稀缺，人们总是倾向于用最小的成本获取设定目标的收益"。但是投资方对移民搬迁后怎么解决生计问题往往不够重视。如果说在以农业安置为主的时期，只要分配给移民足够的生产资料，包括耕地、林地等，就可以较好解决其生计的可持续性问题，因此对就业的忽视并不会引起大的问题。在城镇化安置时，移民不再被分配从事农业活动的生产资料，迫使其生计模式转型，此时就业问题必须被作为移民安置的核心问题考虑。

图 4.3 总结了水库工程移民安置规划的基本流程，从中可以看出，对水库移民详细的扶持规划在项目建议书、可研等阶段并没有被提出，而是一直要等到搬迁完成后才被纳入议程。

98 ◆ 水库工程农村移民城镇化安置研究

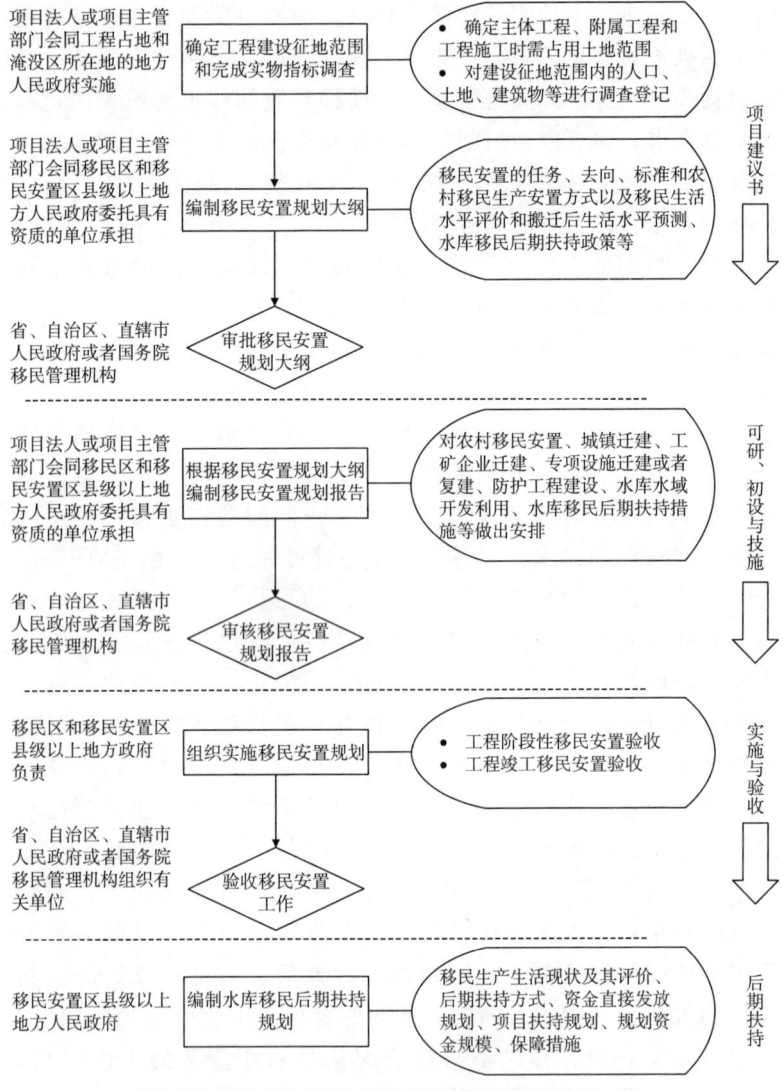

```
项目法人或项目主管                                   ● 确定主体工程、附属工程和
部门会同工程占地和      确定工程建设征地范围             工程施工时需占用土地范围         ┐
淹没区所在地的地方      和完成实物指标调查     ——————  ● 对建设征地范围内的人口、        │
人民政府实施                                           土地、建筑物等进行调查登记      │ 项
                                                                                    │ 目
                                                                                    │ 建
项目法人或项目主管                                                                   │ 议
部门会同移民区和移                               移民安置的任务、去向、标准和农       │ 书
民安置区县级以上地     编制移民安置规划大纲  —— 村移民生产安置方式以及移民生活       │
方人民政府委托具有                               水平评价和搬迁后生活水平预测、       │
资质的单位承担                                   水库移民后期扶持政策等               │
                                                                                    ↓

省、自治区、直辖市
人民政府或者国务院      审批移民安置
移民管理机构            规划大纲
— — — — — — — — — — — — — — — — — — — — — — — — — — — — — — — — —
项目法人或项目主管                                                                   ┐
部门会同移民区和移                               对农村移民安置、城镇迁建、工         │ 可
民安置区县级以上地     根据移民安置规划大纲   ——  矿企业迁建、专项设施迁建或         │ 研、
方人民政府委托具有     编制移民安置规划报告        复建、防护工程建设、水库水域       │ 初
资质的单位承担                                   开发利用、水库移民后期扶持措         │ 设
                                                 施等做出安排                        │ 与
                                                                                    │ 技
省、自治区、直辖市                                                                   │ 施
人民政府或者国务院      审核移民安置                                                 │
移民管理机构            规划报告                                                     ↓

— — — — — — — — — — — — — — — — — — — — — — — — — — — — — — — — —
移民区和移民安置区                              ● 工程阶段性移民安置验收            ┐
县级以上地方政府       组织实施移民安置规划  —— ● 工程竣工移民安置验收              │ 实
负责                                                                                │ 施
                                                                                    │ 与
省、自治区、直辖市                                                                   │ 验
人民政府或者国务院                                                                   │ 收
移民管理机构组织有      验收移民安置                                                 │
关单位                  工作                                                         ↓
— — — — — — — — — — — — — — — — — — — — — — — — — — — — — — — — —
                                                 移民生产生活现状及其评价、         ┐
移民安置区县级以上                                后期扶持方式、资金直接发放         │ 后
地方人民政府           编制水库移民后期扶持  —— 规划、项目扶持规划、规划资         │ 期
                       规划                      金规模、保障措施                    │ 扶
                                                                                    │ 持
```

图 4.3 水库工程移民安置规划流程

4.2 城市规模、劳动异质性与移民的就业

基于上述分析，可以发现水库工程农村移民就业难主要由三

个方面造成,首先是缺少政策上的支持,就宏观方面而言,即制度建设有待完善;其次是移民自身条件限制了他们获得非农就业机会,特别是受教育程度方面,使他们与一般农业转移人口和城镇居民相比体现出明显的异质性;最后是相关规划的制定滞后于移民安置,特别是缺少对城镇化的关注。关于制度方面,将在第五章予以分析,下文将主要讨论城镇规模与劳动异质性对移民就业的影响。

上述二者与移民就业的关系不是孤立的,而是相互联系的。现实情况是无论移民的文化程度怎样,劳动技能水平如何,他们都倾向于到规模更大的城市寻找非农就业机会,特别是在年轻移民身上,这一点表现得尤其突出。但是他们自身在教育和技能上的弱势又导致在大城市就业并不是一件容易的事情。对于在劳动力素质方面"异质性"明显的水库工程农村移民而言,是否城市规模越大,越有利于其城镇化安置,也更方便其寻找就业机会?实际上,对处于不同文化与技能水平的就业者而言,城市规模的不同会对其就业产生不同的影响。对它们之间关系的分析,对水库工程农村移民的就业有重要意义。结合移民的劳动力特性,可理解何种城市规模能为移民就业带来最大效用,进而厘清移民的城镇化安置方向,即到底是应该让移民向规模更大的城市迁移,还是让其居住在规模更小的城市。

4.2.1 城市规模与移民就业

如果不了解城市,就不会了解其中的经济活动(Risenthal,Strange,2008:373-389)。Marshall(1890)最早指出城市集聚的三个要素是劳动力市场群聚(Labor Market Polling)、知识溢出(Knowledge Spillover)和投入品共享(Investment Sharing)。通过要素的集聚,城市的发展规模也在不断扩大,为第二、第三产业就业创造了源泉。特别是第一个要素,也被称为劳动力池效应,Marshall认为它同时有利于企业和工人,劳动力市场群聚为当地第二、第三产业提供了稳定的技术市场,企业也就更方便寻找技术工人;而对寻找工作机会的人而言,有大量企业的城市意味着有更多的潜在雇主,也就有更高的概率找到工作。城市部门丰富的就业机会是农业转移人口向城市集聚的原因之一，另一个重要的原因如经典的迁移理论所指出的是个人或家庭出于效用最大化的理性选择而来到城市获得更高的工资（Lewis，1954：139－191；Tordaro，1969；138－148）。

理论上，更大的城市更符合农业人口对就业的期望，即有更多的就业机会与更高的工资水平。在城市规模与就业机会方面，劳动力的供给与需求状况决定了就业与失业情况。随着城市规模的扩大，受到劳动力池的影响，劳动力供给会出现增加，与此同时，也会因集聚效应而对劳动力有更多的需求。通过均衡分析可以发现，只要劳动力供给曲线向上倾斜，给定供给曲线不变，通过集聚三要素所带来的影响就会表现为劳动力供给曲线向外移动，进而提高均衡状态下的工资水平和增加就业数量，因此，当其余因素不变时，只要城市规模扩张的速度慢于就业机会的增加速度，即劳动力供给增长的速度慢于需求增加的速度，劳动者就会获得更高的就业概率（陆铭、高虹、佐藤宏，2012：47~66）。

对于城市规模与工资水平的关系，一种明显的现象是"工资溢价"（Wage Premium）。这是由于经济活动在空间上并不呈现均匀分布的态势，而大城市的工人比中小城市有更高的生产率，因此他们会获得更高的薪酬水平。在19世纪末，Weber最早发现在19世纪的德国，城市地区的工资溢价可达到50%。除了经济集聚带来的工资溢价外，生活成本差异和能力群分差异也是造成工资溢价的潜在原因。前者认为因为大城市有更高的生活成本，高工资水平是对高生活成本的补偿（Combes，Duranton，Gobillon，2010：723－742）；后者则认为因为大城市对高技能劳动者有更大吸引力，城市规模不同，不同技能水平的劳动者获得的工资水平也有差异，而规模更大的城市给予高技能劳动者的回报也更高（Baum－snow，Paven，2012：88－127）。

从上面的理论分析来看，规模越大的城市越有利于移民就业。大城市对移民是一个理想的就业场所，充足的就业机会和高水平的薪酬都是移民所需要的。但是现实中，大城市是否真的适合移民就业呢？或者说移民的城镇化安置是否要围绕大城市展开呢？实际上，对于大城市的移民就业而言，有两个因素需要考虑。

第一，移民的受教育程度与技能水平。由于个人资源禀赋的差异，并不是所有人都可以直接从城市集聚带来的城市扩张中受益。虽然有实证研究指出，城市规模的扩大对异质性劳动力的影响是不同的，但是无论劳动力本身的素质如何，城市扩张都有助于他们就业，并且即使是低技能劳动者也可以从中获得更多的就业机会（陆铭、高虹、佐藤宏，2012：47~66）。但是就业机会的增加并不意味移民从其中获得的效用就是最大。作为低技能水平的劳动者，其就业不应仅考虑获得就业机会，还要考虑城市规模的扩大是否能够提高移民的综合素质，获得更高的收入，进而有助于其融入大城市生活。

第二，大城市的融入成本。对城镇化安置的水库工程农村移民而言，他们的城镇化安置目标并不仅仅是在城市找到一份稳定的工作，更重要的还是以工作为支撑，最终实现在城市的定居，融入城市生活。毫无疑问的是，随着城市规模的扩大，融入城市生活的成本也在上升。这一点在当下我国大城市对人口的限制政策，特别是对低技能、低文化程度人口方面体现得特别明显。"十二五"规划中提出，"特大城市要合理控制人口规模，大中城市要加强和改进人口管理，继续发挥吸纳人口的重要作用，中小城市和小城镇要根据实际放宽落户条件"。在"十三五"规划中，虽然大城市的落户政策有所放宽，但针对的主要是有能力在城镇稳定就业和生活的农业转移人口、农村学生和参军进入城镇的人口以及新生代农民工。即使是省会及以下城市，落户政策也只是面向高校毕业生、职业院校毕业生和留学归国人员等。而低技能人口则基本上被屏蔽在户籍开放政策之外[1]。

---

[1] 在北京，将户籍的分配与劳动者工作单位挂钩，即所谓的"留京指标"，该指标主要分配给大型国企、外资企业与事业单位，在数量有限的情况下，指标分配会向高技能劳动力倾斜，并且实际上对于低技能劳动者而言，进入这类单位的概率也很低。在上海，只有本科学历以及以上劳动者方有资格享受落户积分政策，并且在政策内，具备重点高校（211、985高校）、高学历（硕士及以上）和高技能水平（掌握外语、计算机技能等）的劳动者更占优势。在深圳，落户积分政策同样向高技能水平劳动者倾斜，并且应届毕业生要想申请落户积分必须具有本科以上学历。

4.2.2　劳动异质性与移民就业

劳动异质性是相对劳动同质性而言的。在新古典经济学分析框架下，假设劳动力是同质的，也就是说，分工与专业化是外生给定的并独立于经济主体，劳动者在选择分工方向或是某部门就业时是没有阻碍的，劳动力市场的均衡通过价格机制实现。在这一分析框架下，由于劳动力是同质的，因而劳动力作为一个整体成为研究对象，在此基础上实现了市场出清。尽管新古典经济学选择忽视劳动力自身的复杂性是为了简化边际分析与均衡分析，但是现实告诉我们，这种假设与劳动力市场的实际情况差异较大。如果劳动者的同质性允许他们自由选择职业，那么摩擦性失业（Frictional Unemployment）的问题也就不会产生。

在讨论水库工程农村移民城镇化安置的就业问题时，不可避免地要考虑到劳动异质性问题。如果将城镇范围内的劳动力假设为具有同质性，就等同于默认城镇居民、一般农业转移人口和水库工程农村移民在寻找工作时不会因人力资本禀赋上的差异而影响就业。倘若如此，移民的就业也就不存在问题了，进入城镇后，他们可以自动与空缺的就业岗位相匹配。实际上，劳动异质性作为一种客观属性自人类诞生就一直存在，它是一个普遍存在的事实。即使在生理和智力方面天生处于同一水平的劳动者，在从事某一生产活动时也会产生差异性，造成差异的原因既有先天的也有后天的。但是亚当·斯密，作为古典经济学派最早对劳动异质性进行系统分析的学者，指出劳动者在天生的才能上当然也存在异质性，但是其差异可能远比人类想象的要小，更明显的异质性则体现在技能的差异上。到 20 世纪，Pigou 在《财富与福利》中更详细地阐述了劳动力后天的差异，特别是受教育水平和技能培训对就业的影响。诚然，劳动异质性并不仅仅体现在教育和技能的不同上，还包括了体力、信息收集、社会资源等方面的差异，但要描述这些差异对经济系统的全部影响并不是一件容易的事情。从方便数理建模的角度考虑，本书将劳动力质量作为劳动异质性的表征。一般国内外相关文献对劳动力质量的划分有两种方式：一是从技能水平上划分；二是由受教育程度即学历层次区分。从可测量和数据易得性的角度考虑，本书采用受教育程度作为劳动力质量的衡量标准。

若劳动异质性由受教育水平衡量，则通过接受教育可以改变劳动力"先天"的质量，在大数定理下，人口的智力水平呈正态分布。而在接受教育后，劳动力质量与劳动力需求则呈现偏态的特征。若将行业的异质性也纳入分析的范畴，则可以发现技术密集型、资本密集型和劳动密集型三类产业对劳动力的需求有明显的异质性。在城镇地区，大部分工作对劳动力质量的要求多集中在中等学历或以上；对完全无教育背景要求和较高教育程度要求的工作则较少，因此位于两端的低、高质量的劳动力就较少。当一个城市的社会生产水平较高时，劳动力需求曲线分布会向高学历劳动者倾斜，反之则向低学历劳动者倾斜。一般而言，规模越大的城市其社会生产水平也越高，这是由资本、技术、人力的投入决定的。由于移民中低质量劳动力较多，当他们进入社会生产水平较高的大城市寻找工作时，企业对这类劳动力的需求可能会处于有限水平。

4.3 基于新经济地理学的移民城镇就业模型分析

4.3.1 城市化与劳动力技能分布

城市规模、劳动生产率、异质性劳动力在城市中的分布等之间的关系，是新经济地理学（New Economic Geography）关注的一个核心问题。传统的经济地理学想要解释的是人口与经济活动的集中现象，包括城市的产生和产业集聚的现象，而新经济地理学的核心是要进入城市内部来考虑空间集中自我强化的特征，用Krugman和Fujita的话来形容，就是要"进入那个特定的黑箱"。新经济地理学将空间经济思想引入经济分析模型，特别是通过Dixit - Stiglitz的垄断竞争模型，使技术上的分析成为一种可能。在新经济地理学的分析框架下，当给定地区时，经济活动越密集的地区，具有高生产率的企业也就越集中，为了保持全要素生产率的稳定增长，企业就会雇用更多的高技能劳动力，高技能劳动力也就会向给定地区集聚,这又促进了高生产率企业向给定地区的集中,也就意味着高技能劳动力更倾向于在规模较大的城市工作与居住(Glaeser,Resseger,2010:221-244)。这就是Krugman所描述的"关联与因果循环"。有很多研究都解释了高技能劳动力更愿意向大城市集中的原因,包括更好的知识溢出效应、更高的劳动力匹配效率、更快的收入增长速度等(Glaeser,1999:254-277;Freedman,2008:590-600)。规模越大的城市在吸引技术密集型和资本密集型行业时越具有优势,相对地,规模较小的城市在吸引劳动密集型行业时也就具有比较优势。虽然在小城市也会有技术密集型和资本密集型企业,大城市当然也会存在劳动密集型企业,也就是说,在城市范围内,无论城市规模大小,高技能劳动力与低技能劳动力的分布在时间和空间上是有重合的,但是大城市比小城市聚集了更多的高技能劳动力是一个不争的事实(Venables,2011:241-251)。

水库工程农村移民,作为低技能劳动力的代表,到底是在大城市还是在中小城市才可以更好地完成技能与职业的匹配,或者说在何种规模的城市下就业才可以带给他们最大的效用?本书将基于建立的数理模型,通过数值模拟对这一问题进行分析,从而更好地为水库工程农村移民的城镇化安置方向提供参考。

4.3.2 模型构建

本模型的构建以Davis与Dingel(2014)的模型为基础,在其中加入了移民融入城市的成本,并且假设这种融入成本与移民自身的受教育程度有关,即移民的受教育程度越高越有利于他们尽快融入城市,也就有助于提高其就业效用。一个具有一定受教育程度的移民之所以会更快地融入城市生活,首先是因为移民具有的更高的受教育程度可为其带来更高的工资收入,从而降低了融入城市的经济成本;其次是因为更高的受教育水平也意味着移民对城市的生活习惯、文化氛围有更高的适应程度,因而降低了融入城市的社会成本。这种假设与现实也是相契合的,对于一个受过本科及以上教育的水库工程农村移民而言,他会比只受过初中教育的农村移民更快地适应城市生活,同时也更迎合城市对

"高技能劳动力"的需求。

(1) 基本假设

在一个一般均衡模型中，L 表示在城市中的某一区位的某一部门从事生产活动的异质性劳动者数量；C 表示离散的城市，它具有连续统技术和连续统部门，c 则可以表示城市规模指数。在这里"连续统"（Continuum）的假设忽略了单个代理人的行为，简化了模型对企业行为的分析，其实质在于假定企业间的策略性互动对总供给不会产生影响，其定价行为仅依据竞争者的总体行为，因此，避免了由一般均衡模型中的策略性行为给市场均衡分析带来的复杂性，进而可兼顾不完全竞争与规模报酬递增。

劳动者可以消费自由贸易的最终产品。这些最终产品由连续统的、可自由交易的中间品构成，$\varepsilon \in \sum$ 表示中间品，也是部门技术密集指数。一般经济学在讨论中间品时认为，其是一个复杂的问题，因为一部分部门位于产业上游，另一部分则位于产业下游，前者生产的是中间品，后者则产出最终消费品。而在新经济地理学的分析框架中，基于 Dixit – Stiglitz 模型，假设制造业本身就是一种投入，此时消费者所需的最终产品同时也是生产所需的投入品。

$p(\varepsilon)$ 表示产品价格，在 Davis 与 Dingel 的模型中，他们假定不存在贸易成本，所以 $p(\varepsilon)$ 与区位无关。理论上，一个制造业产品在 A 城市生产又在 A 城市销售，忽略其运输成本是一个可以接受的假设。但问题在于随着城市规模的扩大，运输成本一定不存在吗？在现实中，例如北京、上海这类城市，又或是规模比较大的省会城市，比如武汉等，由于规模较大，完全假设运输成本为 0 与现实不符，因此采用新经济地理学中常用的冰山运输技术方法，处理运输成本，它较好避免了由一个运输业单独建模导致的复杂化问题。冰山运输技术最早由 Samuelson 提出，其源于德国经济学家 von Thünen 对谷物运输成本的描述。具体来说，当 1 单位的制造业产品从 A 地运往 B 地时，只有其中的一部分（$\tau \in [0,1]$）产品能够到达目的地，在运输过程中耗损的部分就是运输成本，因此就可以表示运输成本，如果某制成品在 A 地的价格是 $p(\varepsilon)$，则在 B 地的价格是 $p(\varepsilon)/\tau$，如果 $\tau = 1$，则表示运输成本为0。假设城市规模越大,运输成本也越高,在运输途中的耗损也越大,因此,制成品价格 $p(\varepsilon)/\tau$ 又可表示为 $p(\varepsilon)/(1-c)$。同时假设部门技术密集指数 ε 的值越大,制成品价格 $p(\varepsilon)$ 也越高,即一个产品的技术含量越高,相应的价格也越高,因此 $\partial p(\varepsilon)/\partial \varepsilon > 0$。

区位的特性由城市规模指数 c 与区位满意度 $\delta \in \Delta$ 决定,并且满意度与 δ 的值反向变化。最终品生产者的不变替代性(CES)生产函数为:

$$Q = \left\{ \int_{\varepsilon \in \Sigma} B(\varepsilon) [Q(\varepsilon)]^{(\sigma-1)/\sigma} d\sigma \right\}^{\sigma/(\sigma-1)} \qquad (4-1)$$

式(4-1)中, $B(\varepsilon)$ 为外生技术参数, $Q(\varepsilon)$ 为中间品数量, $\sigma > 0$ 表示中间品替代弹性。最终产品的利润为:

$$\Pi = Q - \left\{ \int_{\varepsilon \in \Sigma} [p(\varepsilon)/\tau] Q(\varepsilon) d\sigma \right\} \qquad (4-2)$$

异质性劳动力以劳动作为投入生产中间品。大量的异质性劳动力 L 拥有劳动技能 ω,其累积分布函数为 $F(\omega)$,密度函数为 $f(\omega)$。在城市 c 区位 δ 部门 ε,具有技能 ω 的劳动力的生产率为:

$$q(c, \delta, \varepsilon; \omega) = A(c) D(\delta) H(\omega, \varepsilon) \qquad (4-3)$$

式(4-3)中, $A(c)$ 是城市的全要素生产率(TFP), $D(\delta)$ 是城市内区位的生产率效应,在特殊情况下也可表示到中心商务区(CBD)的通勤成本。它是严格递减的,所以当 $D'(\delta) < 0$ 时,就表明 δ 的值越小的地区,区位满意度越高。 $H(\omega, \varepsilon)$ 为严格递增的对数超模函数(Log - supermodular Function)。假定具有高技能的劳动力无论在任何部门都比低技能劳动力有更高的生产率,并且在高技能劳动力越密集的地区,高技能劳动力的生产率也越高。每一个劳动力提供的1单位劳动都是无弹性的,因此其收入等于生产率乘以产出品的价格,即 $q(c, \delta, \varepsilon; \omega)[p(\varepsilon)/\tau]$。

城市内的区位都具有异质性, $\delta \geq 0$ 且与满意度反向变化,因

此 $\delta = 0$ 时区位满意度最大，δ 的值越大意味着距离理想的区位越远。城市有足够的土地供应给每个人居住，在最不理想的区位没有人占用。假设未被占用区位的土地收益为 0，那么区位的租金价格为 $r(c,\delta) \geq 0$。距离理想区位越远，租金价格也就越低，因此 $\partial r(c,\delta)/\partial \delta < 0$。

劳动者可以选择城市 c、区位 δ 和部门 ε 来最大化效用。劳动者的效用依赖于他们对最终品的消费，其效用即为扣除了区位租金后的收入：

$$\begin{aligned} U(c,\delta,\varepsilon;\omega) &= q(c,\delta,\varepsilon;\omega)[p(\varepsilon)/\tau] - r(c,\delta) \\ &= A(c)D(\delta)H(\omega,\varepsilon)[p(\varepsilon)/\tau] - r(c,\delta) \end{aligned} \quad (4-4)$$

假设移民融入城市的成本与其技能呈反向变化，根据本书对异质性劳动力的定义，也就是说，一个移民文化程度越高，融入城市的成本对其而言就越低。同时，这一成本与 $A(c)$ 是同向变化的，即城市全要素生产率越高，城市的规模也就越大，因而移民融入该城市的成本也就越高。在现实中，这一点可在国内一些大城市对低技能劳动力人口进入城市的限制政策上得到体现。令 $\mu = A(C)$，设移民融入城市的成本为 $I(\mu,\omega)$，且 $\partial I(\mu,\omega)/\partial \mu > 0$，$\partial I(\mu,\omega)/\partial \omega < 0$。在将城市融入成本纳入考虑后，劳动者的效用函数为：

$$U(c,\delta,\varepsilon;\omega) = A(c)D(\delta)H(\omega,\varepsilon)[p(\varepsilon)/\tau] - r(c,\delta) - I(\mu,\omega) \quad (4-5)$$

在城市 c，拥有技能 ω 的劳动力数量为 $f(\omega,c)$，它同时也是劳动力概率函数。在引入城市融入成本后，该函数为 $f(\omega,\mu,c)$，假设 $\partial f(\omega,\mu,c)/\partial \omega > 0$，$f(\omega,\mu,c)/\partial \mu > 0$。在城市 c 区位 δ 部门 ε，拥有技能 ω 的内生劳动力数量为 $L \cdot f(\omega,c,\delta,\varepsilon)$，当存在城市融入成本时，该函数变为 $L \cdot f(\omega,\mu,c,\delta,\varepsilon)$。$A(c)$ 越高意味着城市内的高技能劳动力也越多，因此，城市 c 中拥有技能 ω 的内生劳动力数量为：

$$L \cdot f(\omega,\mu,c) = \int_{\sigma \in \Sigma} \int_{\varepsilon \in \Sigma} f(\omega,\mu,c,\delta,\varepsilon) \mathrm{d}\delta \mathrm{d}\varepsilon \quad (4-6)$$

城市的全要素生产率为：

$$A(c) = J(L\int_{\omega \in \Omega} j(\omega)f(\omega,\mu,c)\mathrm{d}\omega \qquad (4-7)$$

式（4-7）中，$J(\cdot)$ 是正的严格递增函数，$j(\omega)$ 是正的非递减函数。

（2）均衡分析

在竞争均衡下，劳动者实现效用最大化，最终品生产者实现利润最大化，市场出清。在引入城市融入成本后，劳动者通过选择城市、区位和部门实现效用最大化。此时，消费者均衡为：

$$f(\omega,\mu,c,\delta,\varepsilon) > 0 \Leftrightarrow \{c,\delta,\varepsilon\} \in \mathrm{argmax} \cup (c,\delta,\varepsilon;\omega,\mu) \qquad (4-8)$$

①城市规模与劳动者效用

基于劳动者效用函数，即式（4-5），对 c 求导：

$$\partial \cup (c,\delta,\varepsilon;\omega,\mu)/\partial c = A'(c)D(\delta)H(\omega,\varepsilon)[p(\varepsilon)/(1-c)^2] - \\ \partial r(c,\delta)/\partial c - \partial I(A(c),\omega)/\partial c \qquad (4-9)$$

因为 $A(c)$ 为严格递增函数，所以 $A'(c) > 0$，同时根据前文的假设可知 $\partial I(A(c),\omega)/\partial c > 0$。

在 Davis 与 Dingel（2014）研究中，他们已经证明：

$$r(c,\delta) = -A(c)\int_{\delta}^{\delta max}(c)D'(t)G(N(t))\mathrm{d}t \qquad (4-10)$$

式（4-10）中，$\delta_{max}(c)$ 为城市的边界，由人口规模决定。$N(\delta) = \omega$，并且 $N(\delta)$ 是连续、严格递减的，这在 Costinot 和 Vogel（2010：747-786）的研究中已得到证明。因此：

$$\partial \cup (c,\delta,\varepsilon;\omega,\mu)/\partial c = A'(c)\begin{bmatrix} D(\delta)H(\omega,\varepsilon)[p(\varepsilon)/(1-c)^2] \\ -\int_{\delta max}^{\delta}(c)D'(t)G(N(t))\mathrm{d}t \end{bmatrix} - \\ \partial I(A(c),\omega)/\partial c \qquad (4-11)$$

由前文假设与分析可知，$D(\delta)H(\omega,\varepsilon)[p(\varepsilon)/(1-c)^2] > 0$，$\int_{\delta max}^{\delta}(c)D'(t)G(N(t))\mathrm{d}t < 0$，$\partial I(A(c),\omega)/\partial c > 0$，因此式

(4-11) 中，第一项大于 0，第二项大于 0。

第一种情况：不存在城市融入成本，因此式 (4-11) 大于 0，这说明随着城市规模扩大，劳动者效用也在扩大，这也是劳动力偏向大城市的一个原因。

第二种情况：存在城市融入成本，若式 (4-11) 中第一项大于第二项，则说明城市融入成本虽会影响劳动者效用，但随着城市规模扩大，劳动者效用依然增加，尽管增加的幅度在减小。若式 (4-11) 中第一项小于第二项，此时城市融入成本对劳动者效用的影响为负，也就是说，随着城市规模扩大，城市融入成本也在上升，劳动者效用会出现下降。

基于此，可得到如下结论。

命题 1：当城市融入成本存在时，城市规模与劳动者效用之间为倒 U 形关系。

二者之间的倒 U 形关系已得到现有文献的证实（王小鲁，2010：20~32），在城市内既存在规模经济效应也存在拥挤效应，在城市发展到一定阶段时，规模效应会提高消费者效用，而当城市规模过大时，拥挤效应会更明显地给消费者效用带来负向影响。通过式 (4-11) 可以发现，在引入城市融入成本后，当城市融入成本带来的负效应超过城市规模正效应时，劳动者的效用就会下降。

②部门技术密集度与劳动者效用

根据劳动者效用函数，即式 (4-5)，对 ε 求导：

$$\partial U(c,\delta,\varepsilon;\omega,\mu)/\partial \varepsilon = A(c)D(\delta)[[p(\varepsilon)]\partial H(\omega,\varepsilon)/\partial \varepsilon + H(\omega,\varepsilon)p'(\varepsilon)] \quad (4-12)$$

前文已指出 $H(\omega,\varepsilon)$ 是严格递增的对数超模函数，ε 是部门技术密集度指数，其值越大，部门技术密集指数就越高，即 $\partial H(\omega,\varepsilon)/\partial \varepsilon > 0$；同时，$\varepsilon$ 的值越高的部门，生产效率也越高，所以 ε 和 $H(\omega,\varepsilon)$ 是同向变化的。由前文假设可知，$p'(\varepsilon) > 0$。

因此，$\partial U(c,\delta,\varepsilon;\omega,\mu)/\partial \varepsilon > 0$ 说明，部门技术密集度越高，劳动者的效用也就越大。

接着基于式 (4-5) 同时对城市规模 c 与技术密集度 ε 求导：

$$\partial^2 \cup (c,\delta,\varepsilon;\omega,\mu)/\partial\varepsilon\partial c = A'(c)D(\delta)[p'(\varepsilon)/(1-c)^2]$$
$$[\partial H(\omega,\varepsilon)/\partial\varepsilon] \quad (4-13)$$

基于前文分析,可知 $\partial^2 \cup (c,\delta,\varepsilon;\omega,\mu)/\partial\varepsilon\partial c > 0$,因此,可得出以下命题。

命题2:当城市融入成本存在时,如果劳动力技能水平给定,则城市规模越大,技术密集度越高的部门,劳动者在其中就业获得的效用也就越大。

集聚效用不仅扩大了城市规模,也提高了技术密集度,为劳动者带来了更高的收入,这是大城市能够吸引更多劳动者的原因之一。

③区位与劳动者效用

根据劳动者效用函数,即式(4-5),对 δ 求导:

$$\partial \cup (c,\delta,\varepsilon;\omega,\mu)/\partial\delta = A(c)D'(\delta)H(\omega,\varepsilon)[p(\varepsilon)/\tau] - \partial r(c,\delta)/\partial\delta \quad (4-14)$$

其中:

$$\partial r(c,\delta)/\partial\delta = A(C)D'(\delta)H(\omega,\varepsilon)[p(\varepsilon)/\tau] + A(c)\partial\int_{\delta max}^{\delta}(c)D'(t)G'(N(t))N'(t)\mathrm{d}t/\partial\delta \quad (4-15)$$

将式(4-15)代入式(4-14),可得:

$$\partial \cup (c,\delta,\varepsilon;\omega,\mu)/\partial\delta = -A(c)\partial\int_{\delta max}^{\delta}(c)D'(t)G'(N(t))N'(t)\mathrm{d}t/\partial\delta$$
$$(4-16)$$

基于前文假设,可知 $\cup (c,\delta,\varepsilon;\omega,\mu)/\partial\delta < 0$,这说明,距离城市内的理想区位越远,劳动者效用就越小。

接着基于式(4-5)同时对城市规模 c 与技术密集度 ε 求导:

$$\partial^2 \cup (c,\delta,\varepsilon;\omega,\mu)/\partial\delta\partial c = -A'(c)\partial\int_{\delta max}^{\delta}(c)D'(t)G'(N(t))N'(t)\mathrm{d}t/\partial\delta$$
$$(4-17)$$

由于 $-A'(c) < 0$,可知 $\partial^2 \cup (c,\delta,\varepsilon;\omega,\mu)/\partial\delta\partial c < 0$,因此,可得出以下命题。

命题3:当城市融入成本存在时,如果劳动力技能水平给定,则城市规模越大，距离理想区位越远，劳动者在其中就业获得的效用就越小。

地租与城市规模呈现反向变化，企业为了降低地租，会根据企业性质选择城市内的不同区位设厂以实现利润最大化，因此，一个企业技术密集度越高，就越倾向选择接近大城市中心地区；而一个劳动密集型企业则会选择大城市的边缘地区或中小城市接近城市中心的地区。在新经济地理学的分析框架中，考虑到通勤成本对劳动者效用的影响，对劳动者而言，距离城市的中心地区越远，通勤成本也就越高，这会导致劳动者就业效用降低。

④城市规模、部门技术密集度、城市区位与劳动者效用

基于式（4-5）同时对城市规模 c、部门技术密集度 ε 以及城市区位 δ 求导：

$$\partial^3 \cup (c,\delta,\varepsilon;\omega,\mu)/\partial c \partial \varepsilon \partial \delta = A'(c) D'(\delta) [p'(\varepsilon)/(1-c)^2] \\ [\partial H(\omega,\varepsilon)/\partial \varepsilon] + \\ A'(c) D'(\delta) H(\omega,\varepsilon) p'(\sigma) \quad (4-18)$$

基于前文基本假设与分析，可知 $A'(c) > 0$，$D'(\delta) < 0$，$p(\varepsilon) > 0$，$\partial H(\omega,\varepsilon)/\partial \varepsilon > 0$，$p'(\sigma) = 0$，所以，$\partial^3 \cup (c,\delta,\varepsilon;\omega,\mu)/\partial c \partial \varepsilon \partial \delta < 0$，因此，可得以下命题。

命题4：当城市融入成本存在时，如果劳动力技能水平给定，则城市规模越大，部门技术密集度越高，距离理想区位越远，劳动者在其中就业获得的效用就越小。

劳动力的异质性是客观存在的现象，尽管城市的集聚效应，特别是大城市的集聚效应吸引了不同技能水平的劳动力向其聚集，但就消费者效用角度而言，技能水平存在差异的劳动力，在不同城市规模、不同城市内部区位以及不同技术密集度的部门就业，其效用是有区别的，因此，对异质性劳动力来说，存在一个理想的选择使其效用最大化。当劳动力具有高技能水平时，想在大城市的中心区位并具有高技术密集度的部门找到工作并非难事，但是当劳动力的技能水平降低时，其就业的区位会越来越边缘化，因此，对于拥有低技能水平的劳动力而言，理想的就业区

位是在靠近小城市的中心地区,或是距离大中城市中心地区有一定距离的区域。在现实经济生活中,可以发现一个高中毕业生在大城市的中心地区或者是技术密集型行业就业是一件比较困难的事情,但是在中小城市,相比在大城市,他们在靠近这类城市的中心地区会更容易找到工作,从而会有更好的机会解决就业问题,实现效用最大化。

基于上述分析,从劳动力匹配和实现劳动者效用最大化的角度来看,本书认为对于低技能劳动力水平占多数的水库工程农村移民而言,迁移至规模更小的城市是应该重点考虑的城镇化安置方向。

4.3.3 数值模拟

(1) 函数形式设定

在实证研究时,如前文所述,通常以受教育水平来衡量劳动力的异质性。结合已有文献以及研究需要,基于式(4-5)对各函数进行如下设定。

①全要素生产率 $A(c)$。根据 Henderson(1986:47-70)的研究,假设 $A(c) = e^{lg_c}$。

②城市内区位生产效应 $D(\delta)$。由基本假设可知,$D(\delta)$ 为严格递减函数,δ 值越大说明距离城市中心地区越远,因此假设 $D(\delta) = \delta^{-1}$。

③名义工资 $G(\omega)$。Davis 与 Dingel(2014)指出,在一个自给自足的城市内部(Autarkic City),劳动者效用最大化可表示为 $\max_{\delta} A(c)D(\delta)G(\omega) - r(c,\delta)$。$G(\omega)$ 为名义工资,是严格递增函数,并且技能水平越高,劳动者就愿意为理想的区位支付越高的地租,即它与技能水平同向变化,因为劳动技能水平越高,收入也越高。本书将劳动力受教育水平分为四个档次,分别为初中及以下、高中、大专、本科。在赋值方面,参考丁小浩、于红霞和余秋梅(2012:73~84)对我国城镇居民各级教育收益率的研究,分别将四个档次的名义工资赋值为 0.193、0.317、0.609、0.821。本书不考虑研究生及以上学历劳动力的效用情况,首先,因为这部分劳动力占第二、第三产业从业人员比例依然较低,第

二次全国经济普查的数据显示,研究生及以上学历仅占1.3%;其次,由于本书主要研究水库工程农村移民,在这部分人群中拥有研究生及以上学历的人口非常稀少,忽略这部分人口并不影响结论。

④超模函数$H(\omega,\varepsilon)$。参考Davis与Dingel(2014)的设定,假设$H(\omega,\varepsilon) = \alpha^{-1}e^{\varepsilon}$。其中$\alpha$表示各级学历人数占劳动力人数的比重,$\alpha \in (0,1)$,$\alpha$的值越小,劳动力技能水平越高,因而收入也越高。

⑤制成品价格$p(\varepsilon)$。根据前文假设,考虑到运输成本,制成品价格可表示为$p(\varepsilon)/(1-c)$。为方便分析,假设$p(\varepsilon)$为1。

⑥城市地租$r(c,\delta)$。根据Henderson(1986:47-70)的研究,假设$r(c,\delta) = \frac{1}{3} \times \pi^{-\frac{1}{3}} c^{\frac{3}{2}} \delta^{-1}$。

⑦城市融入成本$I(\mu,\omega)$。根据基本假设可知,城市融入成本与受教育水平和城市规模相关,且受教育水平越高,城市融入成本越低;城市规模越大,城市融入成本越高,因此,假设$I(\mu,\omega) = \alpha c^2$。如上所述,$\alpha$表示各级学历人数占劳动力人数的比重,目前在企业层面的这方面数据中,国内学者较常用的是中国工业企业数据库。该数据库是国家统计局对全国国有与规模以上非国有企业相关数据的整理。但是在从业人员学历方面,该数据库有缺失,仅在2004年的统计中有较详细的记录,很多研究在讨论职工学历时也通常以这一年的数据为准。但是2004年毕竟年代较久,因此本书以2008年第二次全国经济普查的数据为准。没有使用2013年第三次全国经济普查的数据是因为此次调查没有对企业从业人员的学历进行统计。在第二次全国经济普查中,初中及以下、高中、大专和本科学历劳动力占比分别为38.2%、31.5%、17.6%和11.4%。因此,将α依次赋值为0.382、0.315、0.176和0.114。

(2)不同情景分析

根据对各函数形式的设定,对不同情景进行数值模拟。

①城市规模与劳动者效用

基于前文的分析与设定,式(4-5)可表示为:

$$U(c,\delta,\varepsilon;\omega,\mu) = e^{lgc}\delta^{-1}G(\omega)[1/(1-c)] - \frac{1}{3}\times\pi^{-\frac{1}{3}}c^{\frac{3}{2}}\delta^{-1} - \alpha c^2$$

(4-19)

式（4-19）中，$G(\omega)$ 分别为 0.193、0.317、0.609、0.821，δ 分别为 1/4、1/3 和 1/2，α 分别为 0.382、0.315、0.176 和 0.114，得到图 4.4。

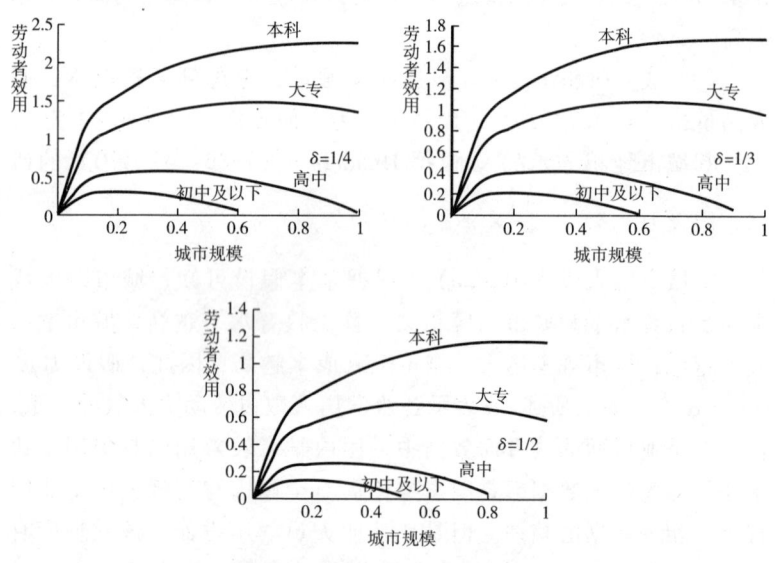

图 4.4 城市规模与劳动者效用

由图 4.4 可以发现，随着城市规模的扩大，劳动者效用会逐渐扩大，当城市规模达到一定程度时，城市拥挤效应逐渐明显，城市地租也不断上升，劳动者效用又会开始下降，即城市规模与劳动者效用显现出明显的倒 U 形关系。同时，劳动者技能水平越低，其劳动者效用下降的点也出现得越早。在高技能水平劳动者效用还处于上升期时，低技能劳动者的效用已经早早开始降低，因此，从实现劳动者效用最大化的角度出发，具有高技能水平的劳动者在大城市更容易实现其效用的最大化，而劳动技能处于低水平的劳动者在中、小城市更容易找到与其技能相匹配的工作。此外，随着 δ 的值增大，即距离城市中心区位较远，劳动者效用也会下降。上述结论与理论模型的分析是吻合的。

②城市规模、内部区位与劳动者效用

a）情景Ⅰ：城市规模不同与同质性劳动力。此情景考察给定劳动力技能水平，当城市规模不同时，城市内部区位对劳动者效用的影响。基于前文对各函数形式的设定，将 c 分别赋值 0.9、0.6、0.3，$G(\omega)$ 为 0.609，α 为 0.176，得到图 4.5。

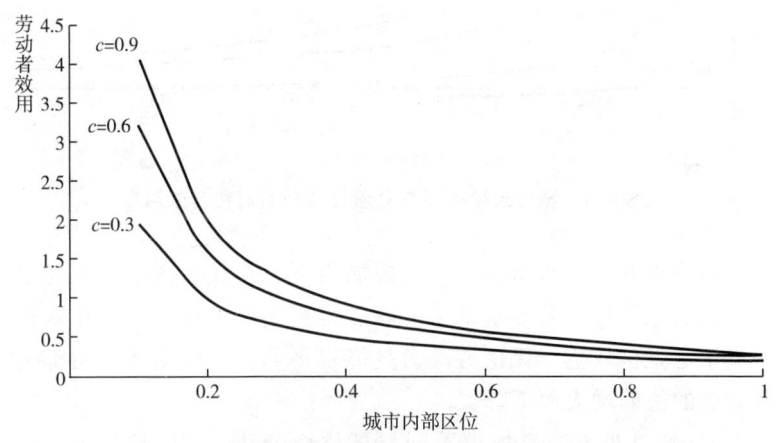

图 4.5 城市规模不同与同质性劳动力消费者效用

由图 4.5 可以看出，给定劳动力技能水平，在相同区位下，城市规模越大，该区位的劳动者效用也越大。同时，还可以发现在劳动者效用相同时，规模越小的城市，该区位距离城市中心区位更近；规模越大的城市，该区位距离城市中心区位更远，因此，要想实现劳动者效用最大化，拥有高技能水平的劳动力应该进入大城市的中心地区或是距离中心地区较近的区位，而低技能劳动力则应选择在小城市靠近中心地区的部门就业或是在大城市但距离中心地区有一定距离的部门就业。

b）情景Ⅱ：城市规模相同与异质性劳动力。此情景考察给定城市规模、区位变化对不同技能水平的劳动力消费者效用的影响。基于前文对各函数形式的设定，将 c 赋值 0.7，$G(\omega)$ 分别赋值 0.193、0.317、0.609、0.821，α 分别赋值 0.382、0.315、0.176 和 0.114，得到图 4.6。

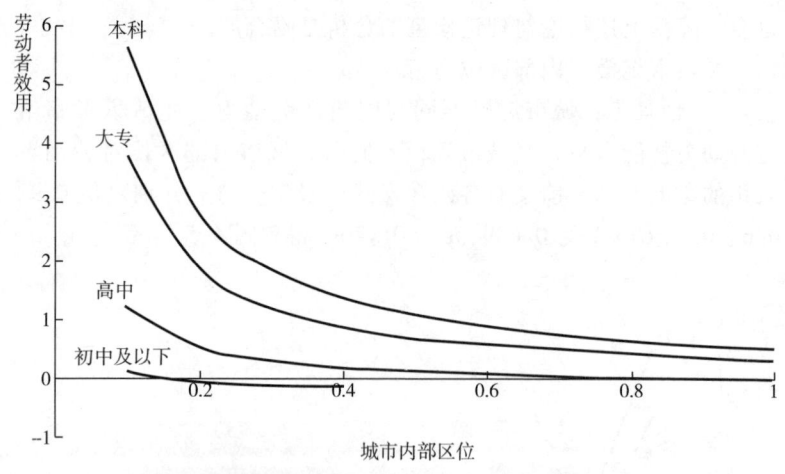

图 4.6 城市规模相同与异质性劳动力消费者效用

由图 4.6 可以看出,同一规模城市下,在任一区位高技能水平劳动者总是比低技能水平劳动者获得更高的效用。当所在区位距离中心地区较远,无论劳动力技能水平如何,劳动者效用都会随着 δ 的值的增大而下降。

c) 情景Ⅲ:城市规模不同与异质性劳动力。此情景下,分两种情况进行分析。第一种情况,将劳动力技能水平与城市规模反向配置,即城市规模越大,其中的劳动者拥有的技能水平越低,如图 4.7 左侧图所示;第二种情况将劳动力技能水平与城市规模同向配置,即城市规模越大,其中的劳动者拥有的技能水平也越高,如图 4.7 右侧图所示。

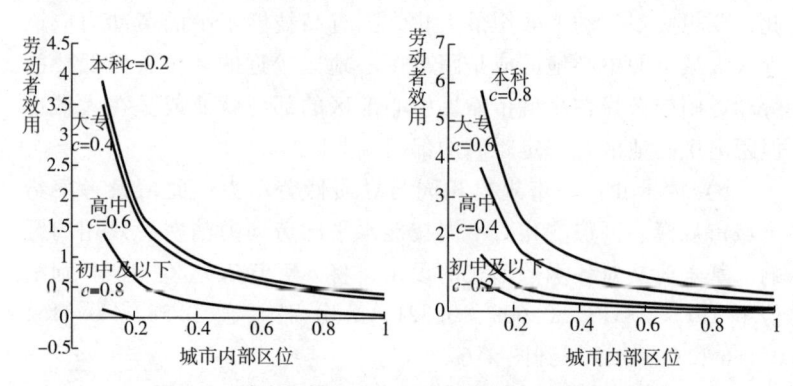

图 4.7 城市规模不同与异质性劳动力消费者效用

在第一种情况下,由图4.7左侧图可以发现,城市规模越大,随着劳动者所在区位与城市中心地区距离逐渐增加,劳动者技能水平越低,其消费者效用下降的速度也越快,甚至出现负效用。在第二种情况下,由图4.7右侧图可以发现,尽管城市规模不同,但当异质性劳动者处于同一区位时,技能水平高的劳动者比技能水平低的劳动者拥有更高的消费者效用,即区位相同时,城市规模越大,劳动技能水平越高,身处其中的劳动者所拥有的消费者效用也越大,这与情景Ⅱ的结果一致。对比两种情况可以发现,对异质性劳动力而言,无论城市规模如何,随着所在区位与中心城区距离的加大,消费者效用必然会随之减少。但是对于低技能水平劳动力来说,他们在规模较小的城市所获得的消费者效用要明显高于在大城市相同区位获得的效用,并且不会出现负效用。这说明大城市高昂的融入成本影响了低技能水平劳动力消费者效用的提高。对水库工程农村移民而言,其所具有的低技能劳动水平限制了他们在大城市就业、生活,因此从最大化消费者效用角度考虑,其向中小城市靠拢是一个理想的选择。

③城市规模、内部区位、部门技术密集度与劳动者效用

在考虑部门技术密集度后,式(4-5)可表示为:

$$\cup(c,\delta,\varepsilon;\omega,\mu) = e^{lgc}\delta^{-1}\alpha^{-1}e^{\varepsilon}[1/(1-c)] - \frac{1}{3}\times\pi^{-\frac{1}{3}}c^{\frac{3}{2}}\delta^{-1} - \alpha c^2 \tag{4-20}$$

a)情景Ⅰ:城市规模相同、区位不同与同质性劳动力。此情景下考察给定劳动力技能水平与城市规模,不同区位下,部门技术密集度的变化对劳动者效用的影响。将 c 赋值为 0.7,δ 赋值为 $1/4$、$1/3$ 和 $1/2$,α 赋值为 0.114,可得图4.8。

由图4.8可以看出,技能水平相同的劳动者,在同一规模城市内,选择的区位距离中心城区越近,同时就业的部门技术密集度越高,其消费者效用也越大。

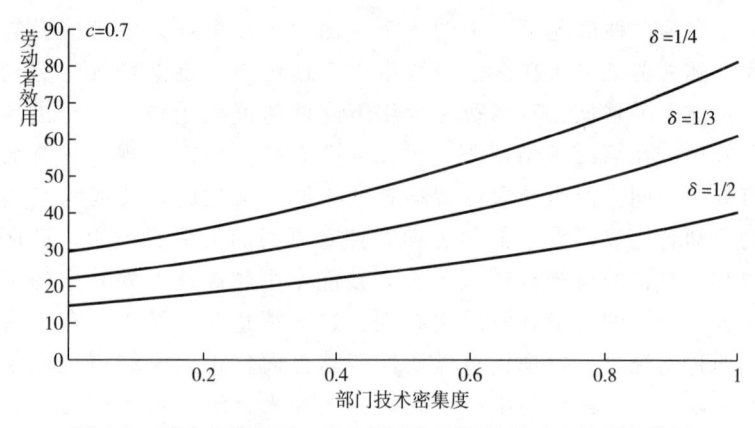

图 4.8　城市规模相同、区位不同与同质性劳动力消费者效用

b）情景Ⅱ：城市规模相同、区位相同与异质性劳动力。此情景下考察当异质性劳动力身处相同的城市和区位时，部门技术密集度变化对其效用的影响。将 c 赋值为 0.7 与 0.2，δ 赋值为 1/3，α 赋值为 0.382、0.315、0.176 和 0.114，可得图 4.9。

由图 4.9 可以看出，无论在何种部门技术密集度下，异质性劳动力消费者效用在大城市总是高于小城市。同时，随着部门技术密集度的增加，异质性劳动力消费者效用也在增加，当部门技术密集度相同时，技能水平高的劳动力获得的消费者效用也越高，因此，高技能水平劳动力会倾向于进入大城市的高技术密集度部门就业。

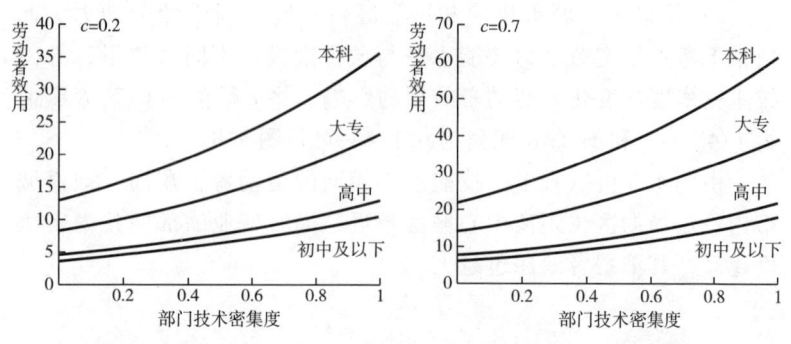

图 4.9　城市规模相同、区位相同与异质性劳动力消费者效用

c) 情景Ⅲ：城市规模相同、区位不同与异质性劳动力。此情景考察当城市规模给定、区位不同时，随着部门技术密集度的变化，对异质性劳动力消费者效用的影响。将 c 赋值为 0.7，δ 赋值为 1/3、1/2 和 2/3，α 赋值为 0.382、0.315、0.176 和 0.114，可得图 4.10。

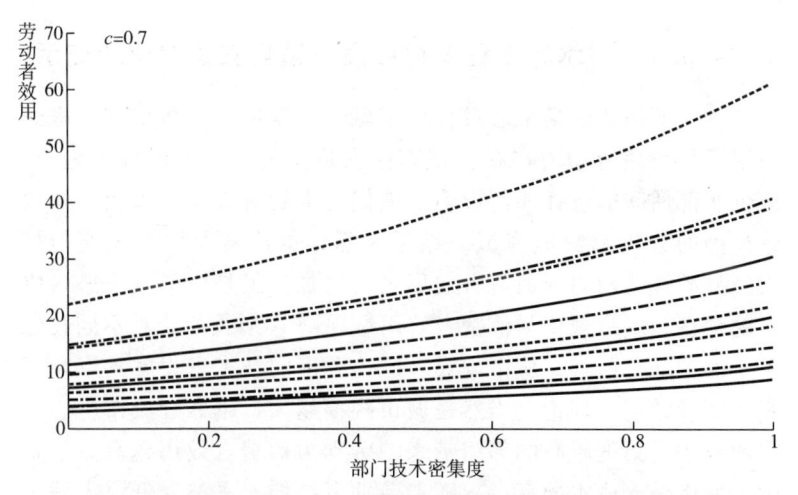

图 4.10　城市规模相同、区位不同与异质性劳动力消费者效用

图 4.10 中，由点组成的曲线从上到下，分别表示当 $\delta = 1/3$ 时，本科学历劳动力、大专学历劳动力、高中学历劳动力与初中及以下学历劳动力的消费者效用；由不连续的横线组成的曲线由上到下，分别表示 $\delta = 1/2$ 时，本科学历劳动力、大专学历劳动力、高中学历劳动力与初中及以下学历劳动力的消费者效用；由实线组成的曲线由上到下，分别表示 $\delta = 2/3$ 时本科学历劳动力、大专学历劳动力、高中学历劳动力与初中及以下学历劳动力的消费者效用。从中可以发现，当城市规模给定时，如果劳动力所在部门的技术密集度相同，那么劳动力拥有的技能水平越高，进入的区位距离中心城区越近，其所获得的效用也越高。并且，低技能水平的劳动力即使进入同样的区位，其效用也要低于高技能劳动者。与此结果类似，在同一规模城市，当区位相同时，随着部门技术密集度的提高，异质性劳动者的效用也在增加，但是高技

能劳动者获得的效用在此情况下，始终高于低技能劳动者，因此，在大城市，区位满意度更高的中心城区或者技术密集度更高的部门，高技能水平劳动者更容易最大化自己的消费者效用。而在大城市距离中心城区较远的区位、技术密集度较低的部门，或者接近中心城区的部门，低技能劳动者更容易使自己的消费者效用最大化。

4.3.4 对水库工程农村移民城镇化安置就业的启示

前文所构建的模型通过将城市融入成本纳入分析框架，进而考察了异质性劳动力在存在城市融入成本时，在不同城市规模、区位和部门间的选择如何影响了他们的消费者效用最大化。从理论模型的分析和数值模拟的结果来看，虽然随着城市规模的扩大，异质性劳动力的消费者效用也会增加，但是由于城市融入成本的存在，城市规模与消费者效用呈现倒 U 形关系。对不同技能水平的劳动力而言，城市规模、区位和部门技术密集度均影响了其消费者效用，理论上当然是城市规模越大、越靠近城市中心区位和技术密集度越高的部门带来的劳动力消费者效用越高。但是由于城市融入成本的存在，随着劳动者技能水平的降低，大城市及其靠近中心城区的区位所负担的城市融入成本已不是他们所能承受的，并且身处这类城市或区位的技术密集型企业、资本密集型企业也不是其劳动技能水平所能匹配的，因此，对中、低技能水平的劳动力而言，在中小城市较靠近中心城区的区位、技术密集度相对较低的部门就业可以更好地最大化其消费者效用。

就业是水库工程农村移民城镇化安置的核心问题，其难点就在于移民的主体是大量的低学历、低非农劳动技能水平的人群，其劳动力质量往往与城市的企业性质不相匹配。但这种不相匹配并不是绝对的，城市也并不全是高技术密集型企业与高资本密集型企业。通过前文对异质性劳动者在城市内的就业模型构建，可以发现，对于以低技能劳动力为主要组成部分的水库工程农村移民而言，如果城镇化安置的方向围绕规模较大的城市展开，从就业角度来看就存在两个问题：首先，移民的技能水平很难与大城市企业的就业需求相匹配，大城市里固然也有低技术密集度部门，但是大部分这类企业所在区位都在大城市的边缘地区，严重影响了劳动力消费者效用；其次，大城市高昂的城市融入成本抵消了因规模经济带来的消费者效用，对低技能劳动力带来的影响导致他们的消费者效用早早地就开始下降。同时，正是由于城市融入成本的存在，低技能水平的移民在规模较小的城市所获得的消费者效用要明显高于其在大城市相同区位获得的效用。

基于上述分析，本书认为从最大化移民消费者效用的角度考虑，其城镇化安置的方向应该围绕规模更小的城市展开，特别是小城市的中心地区和中等规模城市较靠近中心城区的区域。一方面是因为中小城市的企业技术密集度相对大城市要低，只具有低技能劳动水平的移民可以更容易地找到工作；另一方面是因为中小城市的融入成本与大城市相比还不算太高，处于移民可承担的范围内。近些年也有一些水库工程农村移民的城镇化安置以小城镇为主，但这种安置方式可能仅适合人数不太多的移民群体，因为小城镇虽然生活成本较低，也几乎不存在"城市融入成本"，但是它并不具备足够的非农就业吸纳能力。从水库工程农村移民城镇化安置与我国新型城镇化发展相结合的角度考虑，围绕中小城市展开的城镇化安置才更符合国情，相关的就业规划才可以更有针对性地编制，也更有利于提高移民安置的效果，以满足移民对城镇化安置的需求与期望。

4.4 小结

本章分析水库工程农村移民城镇化安置的核心问题：就业。总体而言，农村移民城镇化安置后就业形势依然严峻，主要的问题在于制度建设的缺乏与滞后、移民自身文化素质与劳动技能水平的限制以及移民扶持规划对城镇化安置的缺失。移民的城镇化安置在考虑移民自身条件的基础上，应与城市的发展相结合而不应单独展开，这样就失去了城镇化安置的意义。基于此，本章从最大化移民消费者效用的角度出发，以新经济地理学的分析框架为基础，构建了包含异质性劳动成本与城市融入成本的理论模型。考察了随着城市规模、城市内部区位以及部门技术密集度的变化，带给劳动力消费者效用的影响。之后通过数值模拟对理论模型的分析结果进行了验证。根据模型分析与数值模拟的结果，本书认为对于以低技能劳动力为主体的水库工程农村移民而言，城镇化安置的方向应该围绕中小城市展开，这类城市较低的融入成本减轻了移民城镇化安置后的负担，同时对非农劳动技能不高的要求也可以更好地与移民的劳动力质量相匹配，在两者的共同作用下，移民的消费者效用可以实现最大化。并且，这种安置方式也可以较好地与城镇化发展方向相结合，进一步促进中小规模城市的发展。

第5章
水库工程农村移民城镇化安置的制度安排分析

5.1 制度安排分析的理论基础

5.1.1 制度安排：正式与非正式

对"制度"这一概念给出一个精准的定义并不是一件容易的事。Commons 提出集体行动控制个体行动。Schultz 指出制度作为一种行为规则，涉及社会、经济和政治行为（舒尔茨，1987：30~55）。这些行为涉及降低交易费用的制度、配置风险的制度（契约、保险等）。无论从何种角度对其进行解释，当人们在谈论"制度"时，"制度安排"可能是最接近"制度"一词的常用含义了（North，1990）。特别是对于经济学，如 Lin（1989：1-33）所说，当经济学家使用"制度"这个术语时，一般情况下指的是制度安排。制度安排支配了经济单位之间存在的竞争或合作。在诸多定义中，引入 North 对制度的阐释，对制度安排的讨论是有益的："制度是一系列被制定出来的规则、守法诚信和行为的道德伦理规范，它旨在约束追求主体福利或效用最大化的个人的行为。"这一定义较早地、清楚地指出了制度安排有正式的，也有非正式的。而同一时期或稍早的其他定义要么对这一现象语焉不详，要么对其视而不见。更有如 Schultz，把制度安排仅限于正式的制度安排。North 将正式的制度安排视为一种正规约束，例如法制、法规，而非正式的制度安排则是一种非正规约束，例如伦理道德、习惯习俗、意识形态等。通过制度安排，降低交易中机会主义发生的概率，减少交易费用，提高制度的稳定性。这些制度安排可能是暂时的，也可能是长期的。若从时间维度来看，本书认为所有的制度安排都是暂时的，因为制度变迁是一直存在的。无论是何种制度安排，正式或非正式的，暂时或长期的，制度安排都是一种为了获取集体收益的手段。它提供了一种结构，使其成员的合作获得一些在结构外不可能获得的追加收入，或提供一种能影响法律或产权变迁的机制，以改变个人（或团体）可以合法竞争的方式（North，1975）。

本书并不尝试给予正式与非正式的制度安排下一个精确的定义，而是希望通过一种描述性陈述以阐述二者的特点。对于正式的制度安排，可以这样理解：它与国家权力或是组织紧密联系，并通过一种清楚明晰的方式被确定下来，在实施过程中由国家或者组织进行监督，而且这种实施是强制性的。正式的制度安排包括国家的法律、政府的政策、机构的规章制度、经济活动的合同等。在这里要强调的是，法律也好，合同也好，它们只是正式的制度安排的表现形式，并不是说法律就是一种正式的制度安排，只有当这种表现形式被所有参与人信任和接受时，它才能成为正式的制度安排。但是对于任一法律或是政策而言，显然出现所有参与人都信任并接受的情况是一件困难的事情，因此也就需要由"强制性"来保证实施。而具备强制性能力的集体在现实生活中只有国家或部分组织。就这个角度而言，讨论正式的制度安排离不开国家或组织。

对于非正式的制度安排，可以这样理解：它不牵涉具体的法律、法规、政策，也就是说，它没有某种明确的、条文化的符号形式，但是它依然对人的行为有约束性，依靠自发性实施。非正式的制度安排包括伦理道德、意识形态和风俗习惯等。非正式的制度安排没有以正式的制度安排的形式予以表现，有两个原因：第一，对具有正面意义的非正式制度安排而言，将它们以条文化的形式呈现成本太高，例如，日常生活中的道德规范，即使是在高度集权的国家，政府对民众生活的掌控也不可能深入细化至个人生活所有的微观层面，其付出的成本太高；第二，对包含负面意义的非正式制度安排而言，它们不可能得到正式制度安排的承认，例如，在非洲、南亚部分国家，政府官员的索贿已成为一种普遍现象，并且民众也认可如果需要政府处理某事，那么对相关官员的行贿是必须的。显然这也是一种非正式制度安排，但是负面意义的，正式制度安排的诸多表现形式不可能予以反映。

正式制度安排与非正式制度安排不是孤立的，而是相互关联的，这一点在后文对水库移民安置制度变迁的分析中将有所体现。

5.1.2 交易费用

在新古典经济学的分析框架中，制度是一种理所当然的存在。被明确界定的产权、零交易费用以及完备的信息是分析经济问题的前提。在这一假设下，基于自由市场的建立以及适当的所有制，如果存在完全竞争，资源配置的帕累托最优就会实现。在一个无摩擦交易的世界，决策的制定者大多数时候是政府，只要他们需要就可以获得和掌握任何信息，他们具有完美的预见力，用数学语言来描述就是他们有能力知道所有或然事件的概率分布，因此，他们可以签订完全的合约。这份合约是在政策制定者拥有完全信息的基础上签订的，它可以在没有差错的情况下被监督与执行。无论权利的形式如何，都由政府完全垄断拥有。要对制度展开分析，其前提就是突破新古典经济学理论的框架，正视交易费用的存在，如 Stigler（1972：1-2）所指出的，"与没有摩擦的物理世界一样，一个零交易费用的世界是奇怪的"。只要放弃了对"无摩擦"经济体制的假设并承认制度不是一成不变的，就必须考虑到交易费用的存在，因为它是制度的运行费用（Arrow，1974）。

交易费用为什么会产生呢？在新古典经济学视角下，个人是理性的。但是在新制度经济学视角下，取而代之的是有限理性（Bounded Rationality）。在现实中，可以说有限理性是一个更为合理的假设，在经济体制中，个人在获取信息的过程中，需要耗费时间和资源，并且在获得信息后，在处理信息与制订计划方面的能力是有限的（Simon，1957）。只要将人们看作有限理性的，个人的局限性及其有限的知识，就会使其在决策过程中犯错误，就会使这个过程出现无效率的情况,因此,由无效率而导致的交易费用就会产生,它是无处不在的。

交易费用,字面上的意思可以理解为在"交易"过程中发生的费用。在这里,本书引述两类对"交易"这一术语的描述。一类来自 Williamson (1985),他指出,交易的发生,来自某种物品或服务从一种技术边界向另一种技术边界转移,也就是说,在有形意义上,资源的"转移"发生了。它可能是内部交易(Internal Transactions),也可能是外部交易(External Transactions)。另一类来自 Commons (1934),他认为交易是个人之间分割和获取对有形物品未来的所有权。这实际上就是指法律意义上的有关财产权与合约权的转移。在现实中,可以发现,这两种交易,即转移意义上的交易与法律意义上的交易是交织在一起的。尽管理解"交易"并不困难,但若是给交易费用下一个精准的定义并不是一件容易的事情。基于不同角度对交易费用的理解并不相同,当 Coase (1937: 386-405) 最早提出这一概念时,他是从企业性质的角度,基于价格机制来讨论的,认为它是"使用价格机制的费用"。Arrow (1974),如前文所述,把交易费用视为经济运行的费用。Williamson (1975) 则将其视为"物理学中的摩擦力在经济学中的等价物",将其用于经济制度分析以比较制度的优劣。North (1990) 提出交易费用可看作执行交易功能的费用,并将其拓展到对人类制度的分析。在这里,本书从 Arrow (1974) 的分析视角展开,认为制度的运行依靠交易费用,对于正式制度而言,它包括了建立、使用、维持以及改变法律意义上与权利意义上的制度所牵涉的费用。前者指一般所说的法律法规,后者则包括了契约规则。交易费用产生的背景不同,内容也会不同。

5.1.3 制度变迁:三种观点

制度变迁反映了由某种现行的制度安排转变到另一种不同的制度安排的过程,那么制度为什么会发生这种转变呢?常见的观点有三种,来自 Demsetz (1967: 347-359) 的产权理论、以 Ruttan 与 Hayyami (1984: 203-223) 为代表的诱致性制度变迁与 North（1990）在国家理论框架内对制度变迁的分析[①]。制度变迁的模型当然不止这三种，但是它们反映了三种主要的观点。例如在马克思的制度变迁模型中，阶级斗争是动因，这点也可在 North 的理论中找到对应之处。

在产权理论下，Demsetz 指出产权结构中制度性的调整不是一种偶然，是私有产权推动了制度的变迁以及经济效率的提高。在由公有产权向私有产权转变的过程中，它关注的是共有财产所形成的交易费用的大小。当土地为私人所有时，个人作为一个代理人在行动，其会根据未来的收益与成本流，最大化土地现值。而在公有产权下，代理人不再存在，土地的使用强度由一股巨大的非经济力量决定。在私人产权下，一个有效率的制度安排在产权方面应符合三个标准：广泛性，从理论上肯定了所有的资源都可以被个人拥有；排他性，激励了产权所有者为获得高水平的技术与知识而去提高效率，而在公有产权下，由于没有排他性，也就不存在激励效应；可转让性，通过产权的转让，可使资源从低效率的使用转到高效率的使用。在产权得到清晰界定并且市场发挥决定性作用的前提下，制度就会向着完全的私有产权演进。

Ruttan 与 Hayyami 将制度变迁描述成一种诱致性制度创新（Induced Institutional Innovation），判断制度变迁发生的标准就在于某一新结构的收益超过制度变迁的成本，此时新的制度安排就会产生；制度没有发生变迁的原因只可能是变迁的成本大于收益。他们视制度为社会或组织的规则，提供了对于他人行动的保证，并假定了一个包含"制度创新的需求"与"制度创新的供给"的均衡分析模型。在诱致性制度变迁下，制度的不均衡由四点原因导致。第一，技术的变化。社会制度结构基本以技术为条件，因此它对制度结构产生决定性影响，此外，它还会影响交易费用，也就是改变特定制度安排的相对效率并使之前不起作用的制度安排发挥作用。第二，集体行动所导致的不同利益集团间的

[①] Lin（1989：1-33）将制度变迁分为诱致性制度变迁与强制性制度变迁，后者实质仍是在 North（1990）国家理论框架内的分析，即国家利用自身所处的垄断地位主导制度变迁。

争斗。制度变迁带来社会一致的成本的影响，成本的大小取决于既得利益集团的权力结构，特别是受到文化传统与意识形态的影响。第三，要素与产品相对价格的长期波动。一种要素相对价格的增加，会使该要素所有者获得更多的利益，并使这种要素的独占性有更高的吸引力进而引起产权制度安排的变迁。第四，其他制度安排的变迁。制度安排嵌在制度结构之中，制度结构不止包含一种制度安排，因此，对其他制度安排的新的需求，可能会由某一特定制度安排的变迁引起，例如，我国家庭联产承包责任制出现后，水库移民安置制度安排也发生了变化，因为土地产权已由完全的集体所有转为某种程度上的混合产权。

North 的国家理论中，国家处于利用"规定和强制实施所有权的地位"，因此，它可据此创造任何形式的制度安排，其目的在于实现统治者效用最大化。在实现效用最大化的过程中又依赖统治者与选民、代理人（官僚）、替代者和其他国家的关系。他认为制度变迁的积极变动就是制度创新，在这个过程中预期的净收益会大于预期的成本。制度创新可带来两种结果，一种是收入的再分配，另一种是净社会所得增加。制度创新完成后，制度的均衡状态就会实现。但是均衡状态不是不变的，随着收益与成本的变化，新一轮制度创新又会出现，因此制度创新本身是一个连续不断的过程。国家理论与制度创新有两个重要的关系。第一，国家提供了外在的制度环境的支持或约束。国家可以利用法律等手段为制度创新创造必要的环境，也可以利用政治或法律上的变化使收入再分配和增加社会净收益成为可能。同时，国家作为具有暴力潜能的垄断组织，也可能阻止个人或团体的创新。第二，制度创新的核心由国家推动。经济增长的基本动力就是由国家推动的制度创新，相比个人与团体的创新，它具有两个优势，一是可减少"搭便车"现象的发生，这来自国家所处的垄断地位；二是由国家推动的制度创新可降低创新成本。

在现实中，很多时候制度变迁并不能被上述一个观点完全概括，而是呈现一种混合的状态。实际上，上述三种观点都有其局限性，Demsetz 对私有产权的推崇走得太远，将一种特定的制度结构（产权完全私有化）等同于制度变迁的唯一有效率的形式。

Ruttan 与 Hayyami 没有对作为准则与规则的 institutions 与作为机构和组织的 institutions 进行区分，给制度变迁的分析带来了混乱。North 过于强调了制度变迁的利益驱动，但又没有详细说明制度为什么会变迁以及怎样变迁。

对水库移民安置制度变迁而言，上述三种制度变迁模型实际上都在其中有所对应，例如，家庭联产承包责任制带来了土地产权结构的变动，造成土地征收制度的调整，这也就对水库移民安置制度产生了影响，这反映了产权变化对制度变迁的影响；改革开放后，"左"倾思潮退去，市场意识兴起，对个人权利的保护得到重视，移民对相关法律法规的公平性、透明性与补偿标准的制定又有了新的需求，这又与意识形态在诱致性制度变迁中的作用相对应；作为政策决定者，国家的意志又必然体现在水库移民安置制度中，这是国家理论下的制度变迁。

5.2 水库移民安置制度的变迁、路径依赖与城镇化安置障碍

1949 年，新中国成立，而我国把水库工程移民安置纳入法制轨道的法规《大中型水利水电工程建设征地补偿和移民安置条例》（国务院第 74 号令）直到 1991 年才颁布，它是第一部针对水库移民的专用性法规。出现这种现象是因为在此之前水库移民较少发生吗？实际情况恰恰相反，在改革开放以前，大量的征地主要发生在水利水电行业中，例如新中国成立初期展开的大规模治理淮河的各类工程，20 世纪 50 年代中期兴建三门峡、刘家峡等大型水利水电工程都涉及大量的移民安置工作。在那一时期，指导水库移民安置工作的是土地方面的法律法规，即使国务院第 74 号令也是在当时土地管理制度的基础上制定的，因此讨论我国水库移民安置的制度变迁就不能忽视我国土地管理制度的演变，这是本书阐述水库移民安置制度变迁的第一条线索[①]。此外，还有两条线索，一个是交易

---

① 水库工程的征地基本上发生在农村地区，因此，此处的土地管理制度，主要是指我国农村土地管理制度。

费用，另一个是土地产权。

交易费用，如 Arrow（1974）所说是制度运行的费用，Coase 也指出它是利用价格机制的费用。一项交易活动的发生必然会伴随着明确产权、谈判、履行、监督等方面的费用。移民安置也是一项"交易"，在这项交易活动中，政府提供补偿换取移民的土地使用权、宅基地等。在征地活动中，政府承担的交易费用包括移民身份的确认、相关产权的明晰、对补偿费用的协商、对安置方式意见的征集、对安置协议的执行等，因此，一个理性的政府对水库移民安置制度的每一次调整，其中一个主要的目的就是希望降低交易费用进而获取最大收益，这可以被视为强制交易即公益性征收存在的法理基础。对任何一种移民安置制度安排的选择都是在一定约束条件下，对成本收益衡量的结果，当约束条件变化时，交易费用也会改变，制度变迁也会发生。在中国，政府主导了水库移民安置法律法规的制定与执行，理解水库移民制度变迁的核心就在于厘清政府在一定交易费用的约束下对制度创新收益的衡量。

土地征收是水库移民安置的重要组成部分，在这个过程中产权的过渡扮演了重要的角色。在有些国家，"土地征收"也被称为"国家征用"（Eminent Domain）或"强制购买与征收"（Compulsory Purchase and Acquisition），有时这几个词也会交替使用（Sumrada, Ferlan, Lisec, 2013: 14 - 22）。无论怎样描述，土地征收执行的主体都是政府，征收后政府所获得的实质是依附在土地上的权利。联合国粮食及农业组织就指出，土地征收是政府因公共目的获得的私有权利。基于大陆民法（Continental Civil Law）对产权给出的狭义解释，土地产权属于对有形物品的产权，它等同于完全的所有权，包括使用权（*ius utendi*），指在不破坏土地质量与面积的情况下，使用土地的权利；收益权（*ius fruendi*），指获得收益的权利，例如收获庄稼或是收取租金；管理权（*ius adutendi*），可进一步拓展为转让权。在阐述水库移民安置制度变迁的过程中，土地产权之所以如此重要，是因为在新中国成立后，我国的土地产权在不同阶段发生了变化，这些变化对土地征收制度也产生了影响。征收制度的有些部分契合了产权变化的影响，而有些部分则没有。这些没有契合的部分产生了新的交易费用，也预示了下一次制度变迁的方向。

本节以土地管理制度、交易费用与土地产权结构的变化为线索，厘清水库移民安置制度变迁，并对其路径依赖进行分析，阐述当前路径依赖对水库工程农村移民城镇化安置造成的影响，为下一步制度安排调整提供建议。

5.2.1　水库移民安置制度变迁

新中国成立以来，兴建了大量的水利水电工程，整个移民安置工作与政策演变大致可分为四个阶段。

（1）第一阶段：1949 年到 1957 年

从水库移民安置的角度出发，1949 年到 1957 年是一个完整的阶段，在此之后政策发生转变。而对土地制度变迁而言，这一时期实际上又分为两个阶段，即 1949 年到 1956 年是一个阶段，1956 年即完成土地改革后可看作另一个阶段，这一阶段一直持续到 1978 年。

1949 年到 1956 年，在这一时期，根据《土地改革法》的要求，"实行农民的土地所有制"（第 2 条），农民可获得土地所有权证，并且对土地拥有经营、买卖等权利（第 30 条），这实质上是通过土地所有证的形式明确了农民个人拥有土地的所有权、使用权、转让权等权利。自 1953 年起，农民被鼓励加入农村生产合作社，即将农民的部分土地收归合作社，农民可保留小块土地。尽管如此，直到 1956 年以前，农民个人对农村土地的所有权一直是被国家所承认的，1955 年《农业生产合作社示范章程》颁布，以法律的形式再一次确认了无论在农业生产合作社的初级还是高级阶段，农民自留土地的非公有化都受到国家承认（第 3 条）。但是到 20 世纪 50 年代末，有 99% 的农户被编入 2.6 万个合作社，土地的所有权、经营权等也全部归集体所有，1956 年颁布的《高级农业生产合作社示范章程》则完全废除了农民个人对土地的私有权（第 13 条）。

在这一时期，我国修建了梅山、佛子岭等 20 多座大中型水库，涉及移民 30 多万人。这一阶段的水库移民安置实际经历了两种土地产权状态——从农民拥有完全的土地所有权到集体拥有完全的所有权，但是从水库移民安置的政策方面来看，这一变化暂时还没有体现。在此阶段，指导水库移民安置工作的主要有1950年颁布的《城市郊区土地改革条例》与1953年颁布的《国家建设征用土地补偿办法》。前者明确了"国家为市政建设及其他需要收回由农民耕种的国有土地时，应给耕种该项土地的农民以适当的安置"（第13条）。后者对土地补偿的标准进行了明确，这一标准实际上一直延续至今，即以土地年产值的倍数为标准。此外，1953年水利部还针对水库移民安置颁布了一个政策，申明："兴修水库或开辟蓄洪区应尽可能在少迁移人口的原则下进行，必须保证被迁移人口的生活水平不低于迁移前的水平，在迁移时尽可能由政府发给足够的迁移补偿费，尽可能地做到不损害接受移民地区的群众利益，同时还要进行艰苦的思想政治工作，做到对新来户不排挤、不欺生。"（朱东恺，2005）

这一时期的水库移民安置工作开展顺利，也基本没有产生历史遗留问题，从一个方面说明了当时制度的交易费用比较低，原因如下。第一，补偿标准较低，降低了征地的费用。《国家建设征用土地办法》规定，补偿一般以土地最近三年至五年的产量的总值为标准，实际补偿时大多以年亩产值的三倍为标准。有关数据显示，当时移民安置费用占工程总投资的比例只有5%左右。而2013年中国电监会的报告则显示，移民安置费用占水电工程总投资比例为5.17%～54.51%，与新中国成立初期相比有天壤之别。第二，新中国成立初期，人地矛盾尚不突出，有充足耕地、荒地等可供划拨或调剂。补偿标准低仅能说明减少了征地费用，但当时的移民对这一补偿标准没有异议，最重要的原因在于他们被征地后被调剂了土地。事实上，当时的移民安置政策以给移民调剂土地为第一选项，在征收土地时，首先考虑土地调剂，确实无法调剂或虽然调剂了土地，但是对征地者生产生活仍有较大影响，才会发放补偿费或者补助费（《国家建设征用土地办法》，第7条）。当时各集体公有耕地资源充足，减轻了土地调剂的压力，移民也不会因为补偿标准较低而产生意见。第三，贫富差距较小，减少了移民的不适应与攀比心理。这一点可视为当时的非正式制度对水库移民安置的影响，新中国成立初期贫富差距尚不明显，百废待兴，因征地和搬迁给移民带来的心理冲击也并不明显。第四，意识形态教育作为一种降低交易费用的手段被有效运用。彼时新中国刚刚成立，正在进行土地改革，将土地分配给农民，使农民对新政权的认同度很高，并且政府在法律中已经承诺只要征收土地，就会对被征用者进行妥善安置。如果暂时无法安置，则必须等安置妥善后才能进行征地（《国家建设征用土地办法》，第3条），因此移民也就不太关注相关的补偿事宜。再加上政府利用革命时期延续下来的意识形态教育，宣传国家建设和集体主义的重要性，某种程度上也淡化了移民对自身利益的考虑。

总体来看，在正式制度和非正式制度的共同影响下，这一时期的水库移民安置制度的交易费用保持在一个较低的水平。尽管补偿标准不高，但是充足的耕地资源保证了调剂土地的可能性，移民大多得到了妥善安置，历史遗留问题较少。

（2）第二阶段：1958～1977年

这一时期是我国水利水电工程建设迅速发展的时期，全国以"兴建大型骨干控制性工程"为标志，建设了三门峡、新安江、丹江口、刘家峡等280多座大型水利水电工程，涉及移民253万人（中央所属移民），是新中国成立后我国水库移民数量最多的时期，但是同一时期也是我国社会经济发展最曲折的时期，经历了"人民公社""大跃进""文化大革命""农业学大寨"等特殊历史事件，"左"倾思想影响严重。在这一时期，水库工程建设反复曲折，移民遗留问题较多。

此时社会主义改造已经全部完成，高级合作社也已在农村基本建立，土地管理制度方面为了应对这种生产资料由私有向公有的转变，也发生了变化。首先是1953年颁布的《国家建设征用土地办法》于1958年进行了修订，其中第9条规定，在征用合作社土地时，只要"社员或者社员代表大会"认为对日常生活没有影响，在当地县级人民委员会批准后，政府就可以不支付补偿费。该条文实际上是对之前国务院调查组调研结论的回应，调研发现"群众政治觉悟提高，有的被征用了少量土地的农业生产合作社认为不影响它们的生产和社员的生活，表示热情支援国家建设,不要补偿费。对于群众的这种精神,国家应予鼓励"。除此之外,在补偿标准上,调研组指出:"鉴于农业合作化以后农民的生产、生活都有所提高,原来的标准,就显得有些过高……将补偿标准改为二年至四年的定产量总值。"①

除了1958年的《国家建设征用土地办法》修正草案外,另一项指导土地管理工作的是《农村人民公社工作条例》(也被称为《农业六十条》)。在其1961年3月的草案中,它规定实行"以生产大队所有制为基础的三级所有制,是现阶段人民公社的根本制度"(第2条)。但是在1962年9月的修正草案中,尽管根据各地方情况不同,生产大队依然可以存在,但其角色已被生产队替代。修正草案规定"人民公社的基本核算单位是生产队"(第2条),"生产队范围内的土地,都归生产队所有。生产队所有的土地,包括社员的自留地、自留山、宅基地等等,一律不准出租和买卖"(第21条)。由生产大队到生产队,一方面表明土地征收对象发生了变化,生产队是征地时与政府的协商者;另一方面也表明农民个人完全退出了征地协商,因为土地都归生产队所有。

这一时期的交易成本相比上一阶段进一步下降,但是这种下降是"非常态的"。理论上,补偿标准较低甚至不支付补偿资金会导致移民激烈的反抗,进而影响工程建设,但这一时期恰恰又是新中国成立后兴建水利水电工程最多与搬迁安置移民最多的时期。应该如何理解这种状态?首先,土地产权发生了变化,政府不再与农民个人就征地事宜进行协商,而是与生产队协商,这极大程度地降低了谈判协商的成本。此时,"生产队范围内的劳动力,都由生产队支配"(《农村人民公社工作条例》,第21条),土地对农民而言只是一个劳动场所,因此,法律上对土地产权结构的调整为这一阶段水库移民安置低价补偿甚至不补偿提供了法理支撑。其次,在"左"倾思潮的影响下,"重工程、轻移民""重搬迁、轻安置"的工作思路主导了这一时期的水库移民安置工作。最后,1949~1955

---

① 国务院副秘书长陶希晋:《关于国家建设征用土地办法修正草案的说明》(1958年1月7日)。

年，农民的土地权利通过阶级斗争，以政治运动的方式进行分配所得。这种方式弱化了农民对土地权利的保护意识，也让他们对政府同样通过政治运动获得个人土地权利有了更高的接受程度。

这一阶段，随着补偿标准的降低与谈判协商成本的下降，交易费用进一步减少，形成了以"低价补偿、强制搬迁"为特征的低交易费用运行的水库移民安置制度。这种低交易费用是以牺牲移民利益为代价的，有很多沉没成本虽在当时没有体现，但随着时间的积累，成为历史遗留问题，并在20世纪80年代中期逐渐凸显。

综合水库移民安置制度变迁的第一阶段与第二阶段来看，它们制度运行的交易费用都处于较低的水平，一方面有正式制度的影响，比如土地产权结构简单、补偿标准较低；另一方面也有非正式制度的影响，例如贫富差距较小、"左"倾意识形态影响等。这一时期水库移民安置政策具有典型的计划经济体制特征，通过行政命令的方式完成了移民搬迁，但是搬迁后的安置问题没有得到足够重视。此外，在前期，由于当时耕地资源还比较充足、人地矛盾也未十分突出，因此当移民安置以土地调剂为基础，简单地采用异地安置与后靠安置时，很多问题没有显现。随着人地矛盾的日益突出，移民人口的逐渐增加等因素的影响，移民的贫困状态开始加深，由征地搬迁导致的遗留问题逐渐凸显。

（3）第三阶段：1978～2003年

1978年，我国进入了改革开放时期，改革的浪潮席卷了各个领域。受到社会经济整体环境的影响，以及土地管理制度的变化，在吸取和总结过去约30年经验与教训的基础上，水库移民安置制度也在不断调整，一些专门针对水库移民的政策、法规相继出台。

在土地管理制度方面，随着家庭联产承包责任制的实行、《土地管理法》的颁布[①]以及《农村土地承包法》的实施，一个

---

① 《土地管理法》首次颁布是在1986年，此后历经1988年、1998年和2004年三次修订。1988年的修订删除了"禁止出租土地"的内容，并规定"国有土地和集体所有的土地的使用权可以依法转让。……国家依法实行国有土地有偿使用制度"（第2条）；1998年的修订建立了土地用途管制制度和耕地占补平衡制度，并提高了征地补偿标准；2004年的修订主要区分了土地征收与土地征用，前者涉及所有权的改变，后者不涉及。

更为复杂的土地产权结构逐渐形成。土地的社会主义性质得以保留，农业用地也继续由农村集体所有①。最明显的改变是农民个人获得了土地的使用权，在操作层面，则通过家庭联产承包责任制来实现。尽管在1982年末，全国80%的农村地区已经开始实行了家庭联产承包责任制，并在1986年的《土地管理法》第9条中对这一制度以法律形式予以确认②，但专门以法律的形式对家庭联产承包责任制予以详细阐述，则是2003年开始施行的《中华人民共和国农村土地承包法》。它对农村土地产权提出了正式的法律表述，土地分配后土地的所有权依然属于村集体，但农民拥有了土地的使用权、收益权与有限的转让权③。尽管根据土地类型不同，对承包的期限有规定，但某种程度上这也可以被看作一种永久的承包权，虽然具体期限的表述依然处于模糊的状态④，因此，对于农用地，农民拥有事实上（de facto）的权利，集体则拥有法律上（de jure）的权利。中国农村土地产权变迁如表5.1所示。

表 5.1　中国农村土地产权变迁

产权状态	时期	所有权	使用权	转让权
私人产权	1949~1953年	个人	个人	个人
集体产权	1954~1978年	集体	集体	集体
混合产权	1979年至今	集体	个人	集体/个人

---

① 1982年宪法第10条。
② 国家层面最早对这一制度的确认是在1983年中央出台的《当前农村经济政策的若干问题》中，正式确立了以"包产到户"为主要形式，以土地承包经营为核心的家庭联产承包责任制。
③ 《物权法》第128条："土地承包经营权人依照农村土地承包法的规定，有权将土地承包经营权采取转包、互换、转让等方式流转。流转的期限不得超过承包期的剩余期限。未经依法批准，不得将承包地用于非农建设。"从此规定可以看出，虽然土地可以流转，但流转后土地的利用方式受到限制，因此本书认为其只是一种被限制的转让权。
④ 《物权法》第126条："耕地的承包期为三十年。草地的承包期为三十年至五十年。林地的承包期为三十年至七十年；特殊林木的林地承包期，经国务院林业行政主管部门批准可以延长。前款规定的承包期届满，由土地承包经营权人按照国家有关规定继续承包。"

在这种产权制度下，土地产权被分配给不同的群体，土地的征收已变得比前两个阶段更为复杂。由于对土地用途的严格管制，农用地在被征收前需要先完成土地利用类型转变的审批，在从集体手中获得土地所有权后，国家才可以将使用权让渡给开发机构或者政府部门。土地征收流程如图 5.1 所示。

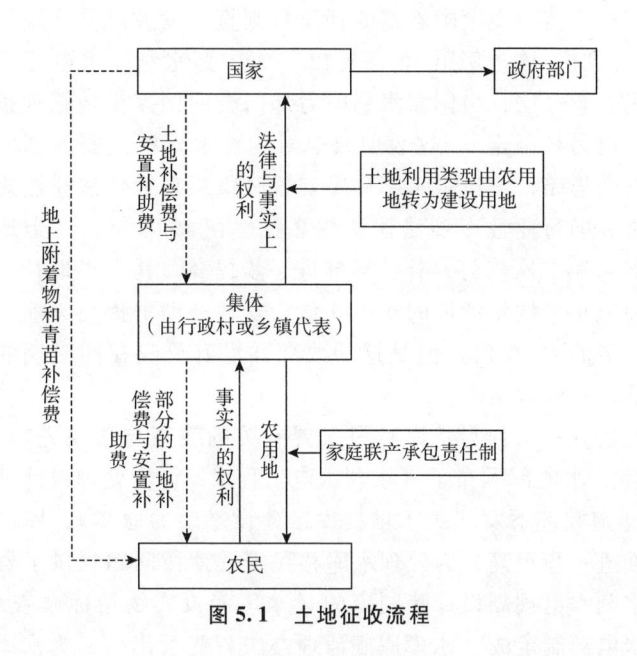

图 5.1　土地征收流程

这一阶段，随着土地产权制度的复杂化、水库移民历史遗留问题不断凸显以及新的大型水利水电工程（包括三峡、小浪底等）的陆续上马，党和国家认识到现有的水库移民安置制度急需改革。

在 1981 年，电力工业部联合财政部下发了《关于从水电站发电成本中提取库区维护基金的通知》（81 电财字第 56 号），要求按照从发电成本中以每千瓦时 1 厘钱的标准计提库区维护基金，主要用于对移民生产、生活的困难补助，及库区部分基础设施的维护。这是我国政府首次正视水库移民安置的历史遗留问题。1982 年，《国家建设征用土地条例》进行了修订，为了适应家庭联产承包责任制实行后土地产权的分割状态，特别是增加对农民拥有的土地使用权和收益权的补偿，国家对征地的补偿内容进行了拓展，补偿标准也有了提高。征地补偿由土地补偿费、安置补助费以及地上附着物和青苗补偿费构成。其中土地补偿费与安置补助费支付给村集体，一部分留作集体未来发展之用，另一部分根据省（自治区）的规定和村民会议的决定分配给农民，前者的补偿标准提高为年产值的 3~6 倍，后者则为耕地年产值的 2~3 倍。青苗和地上附着物的补偿费则直接发放给受征地影响的农民。同时，该条例第 16 条提出"大中型水利、水电工程建设的移民安置办法，由国家水利电力部门会同国家土地管理机关参照本条例另行制定"。这表明政府对构建水库移民安置制度框架有了新的思路，尝试将水库移民安置政策从普适性法律法规中抽离出来，向行业性专项法律法规靠拢。在 1998 年，《土地管理法》经过第二次修订，补偿标准进一步提高，其中土地补偿费提高为前三年平均年产值的 6~10 倍，安置补助费提高为前三年平均年产值的 4~6 倍，但是这一改变并没有反映在同时期的水库移民征地补偿政策上。

此后，一系列与水库移民安置有关的政策与法规先后出台。1984 年，水电部颁布了《水利水电工程水库淹没处理设计规范》；1986 年财政部下发《关于增提库区建设基金的通知》，库区基金的标准进一步提高，为处理水库移民安置遗留问题提供了资金支撑；水利水电规划设计院制定的《水库淹没实物指标调查细则》与原水电部制定的《水库库底清理办法》先后出台，为水库移民安置的前期工作奠定了法律基础；同年 6 月，《土地管理法》颁布，再一次提出大中型水利水电工程等特殊项目征地与移民安置办法，需由国务院另行规定；同年 7 月，国务院转发了水电部《关于抓紧处理水库移民问题的报告》，报告指出过去对水库移民的安置偏重于生活安置，忽视生产安置，并且补偿标准偏低，也没有优惠政策的支持，进而遗留了许多问题，需要切实抓紧解决。报告还确立了"谁主管谁负责，谁受益谁承担"的水库移民安置遗留问题处理原则。同时，首次提出了"开发性移民"的方针。1987 年，水电部下达《关于加强水库移民工作的通知》，水库移民安置开始走上规范化道路。

特别是 1991 年，《大中型水利水电工程建设征地补偿和移民安置条例》（国务院第 74 号令）颁布，这是我国第一个水库移民安置的专用型法规，从 1982 年首次提出需单独制定大中型水利、水电工程建设的移民安置办法，历经 9 年，终于出台，改变了水库移民安置长期以来无法可依的局面，是水库移民安置法制化建设的重要一步。它也标志着我国水库移民安置制度框架构建初步完成。在此之后，1993 年 8 月，国务院颁布了《长江三峡工程建设移民条例》，这是我国首次针对专门的水利水电工程出台条例，表明水库移民安置工作正在向细节化转变。1996 年，为加大对已搬迁水库移民的扶持力度，国家颁布了《关于设立水电站和水库库区后期扶持基金的通知》，设立了后期扶持基金，为国务院第 74 号令中提出的"前期补偿补助与后期扶持相结合"的开发性移民方针提供了财政保障。2001 年，《长江三峡工程建设移民条例》进行了修订，进一步详细阐述了"开发性移民"的内涵，提出了要实施可持续发展战略、重视库区经济发展等内容。2003 年水利部制定了《SL290-2003 水利水电工程建设征地移民设计规范》。至此，一个涵盖从水库移民安置前期调查设计到搬迁实施，最后再到后期扶持的制度框架已经基本建立。

这一阶段是水库移民历史遗留问题得到重视的时期，也是我国水库移民安置制度建设迅速发展的时期，形成了"前期补偿补助，后期扶持"的开发性移民工作思路。为什么不是进一步提高征地拆迁的补偿标准，而是采取后期扶持的方式？从交易费用的角度来分析，这是由水库移民历史遗留问题形成的制约机制造成的。政府选择以后期扶持来弥补移民损失也是衡量了成本收益后的结果。如果直接提高补偿标准，而不考虑后期扶持，则似乎会降低交易费用。问题在于如果提高了补偿标准，"老移民"按照新要求对其过往损失进行补偿应该怎么处理？如果为维持"老移民"群体的稳定也采用新标准，则反而交易费用会激增，也不符合现代法治"不溯及既往"的原则。

这一阶段水库移民安置的两个中心主题是解决历史遗留问题以及适应新形势下的土地管理制度，解决"有土安置"的困境，水库移民安置制度再次变迁，主要的内容包括移民安置专业性法规的出台、确立"前期补偿、后期扶持"的移民方针等。制度变迁的方向旨在最小化因遗留问题和有土安置困境造成的高交易费用。此外，这一时期需要关注的一点是城镇化安置开始逐渐出现，但是水库移民安置制度框架是围绕农业安置建立的，因此这时的城镇化安置并不是移民安置的主流，规模也比较小。

（4）第四阶段：2004年至今

在土地管理制度方面，"最严格"的耕地保护政策开始执行，征地补偿标准进一步提高，土地"三权分置"的产权框架基本形成，这实质上增加了水库移民农业安置土地置换的难度与复杂性。同时，我国城镇化也在此时进入迅速发展的时期。这一时期，是法制不断完善的阶段，也是水库移民安置制度面临转型的阶段。

对于"最严格"的耕地保护政策，除了2004年经过第三次修订的《土地管理法》有涉及外，其主要内容集中体现在2004年10月国务院颁发的《国务院关于深化改革严格土地管理的决定》（国发〔2004〕28号）中。该文件强调了在国家征用土地和农地转移过程中，农民利益始终应被放置在首位。严格执行占用耕地补偿制度，非农建设单位经批准占用的耕地必须由建设单位补充数量、质量相当的耕地。对于基本农田，必须保证现有基本农田总量不减少，质量不降低，基本农田一经划定，任何单位和个人不得擅自占用，或者擅自改变用途。此外，该文件还强调需要进一步完善征地补偿办法、妥善安置被征地农民以及健全征地程序的重要性。"最严格"的耕地保护政策的出台对水库移民农业安置最大的影响在于"农业安置环境容量"的进一步缩减，是促使现行水库移民安置制度转型的动力之一。

在土地产权方面，2016年10月，中共中央办公厅、国务院办公厅印发了《关于完善农村土地所有权承包权经营权分置办法的意见》，这是继家庭联产承包责任制后，我国对土地产权结构又一次重大的制度创新。"三权分置"就是将农村土地集体所有权、农户承包权和土地经营权"三权"分置并行，这样土地经营权可以得到更大限度的灵活使用。"三权分置"的提出，促进了我国的土地确权，通过确权，稳定了承包农户和流入土地经营主体对土地生产的长远规划与预期。承包权与经营权的分离实质上丰富了征地补偿的内涵，对土地的补偿实际是对农民土地权利丧失的补偿，但现行的补偿制度尚没有涉及。就这个角度而言，"三权分置"的出台对我国征地补偿制度提出了新的要求。

在1998年《土地管理法》提高征地补偿标准后，水库工程征地依然参照《大中型水利水电工程建设征地补偿和移民安置条例》（以下简称《条例》）执行，而后者与前者在补偿标准上有明显差距，这个差距造成维持《条例》的交易费用不断增加。但在相当长的一段时间内，《条例》并没有调整补偿标准。其原因可能在于"后期扶持"的存在让人产生补偿总额其实并不低的预期。2006年7月，新《条例》经过修订后颁布，征地补偿标准得到提高并统一。这主要出于两个原因：一是，《土地管理法》经过修订后，征地补偿标准提高，此外其他项目，特别是高速公路建设、商品房开发等项目的征地补偿标准都比较高，与之相比，现行条例的标准确实偏低；二是，现行条例缺少统一的补偿补助标准，往往是工程不同，补偿标准也不同，这容易引发移民攀比心理，影响社会稳定。同时，中央政府考虑到新《条例》对补偿标准的修订可能会导致"老移民"的连锁反应，因此，2006年5月，国务院下发了《国务院关于完善大中型水库移民后期扶持政策的意见》（以下简称《意见》）与《大中型水库移民后期扶持基金征收使用管理暂行办法》，进一步加大后期扶持的力度，以稳定"老移民"。《意见》指出，现阶段解决移民的温饱问题和提高库区与安置区的基础设施建设水平是首要目标，长期的目标是要使移民的生活水平逐步达到当地农村平均水平，并且不断提高。同时，《意见》对扶持的标准、范围、时间进行了统一。更重要的是采取现金直补的方式，以每人每年600元的标准发放。

到2017年4月14日，国务院对《条例》再次进行修订，修订体现在三个方面：首先，不再区分耕地与其他土地，统一规定了征地补偿费与安置补助费；其次，大中型水利水电工程征地补偿和安置补助与铁路等其他基础设施项目实行同等补偿标准，实现了"同地同价"；最后，对于具体补偿标准不再采用耕地被征收前三年平均年产值一定倍数的方式来表述，而是授权被征收土地所在省、自治区、直辖市做出规定。

在第三、第四阶段，我国水库移民安置的交易费用不断增加，表现在以下几个方面。第一，补偿标准在提高。最早只针对土地进行补偿，最近三年至五年产量的总值，没有安置补助费，对地上附着物和农作物的补偿只要求"以公平合理的代价"予以补偿。之后，土地补偿费和安置补助费，"实行与铁路等基础设施项目用地同等补偿标准"。地上附着物和青苗的补偿，各省也有了自己的标准。在这一补偿标准下，移民安置费用占工程总投资50%左右的水库项目并不少见。第二，获取信息的费用开始增加。这一阶段处于计划经济向市场经济转型的时代背景下，社会经济环境已经发生了巨大的变化。计划经济体制下，市场活跃程度不高，移民获取信息的费用较低，对收益与成本的衡量也不复杂，当时对人口流动的严格控制和禁止农业人口进城谋生的户籍管理制度也让移民可以对搬迁的生活有一个较清晰的预期，且这一预期并不会很高；市场经济下，交易渠道逐渐多元化，交换价格的变动也越来越难以预期，导致移民依靠补偿的货币资产获得收益的信息费用增加，多变的市场环境和放松的人口流动政策既提高了移民对未来生活的预期，同时也增加了不确定性，这造成移民对补偿内容和标准愈发重视，他们认为足够的货币补偿是对其搬迁后生活的保障。第三，移民产权意识开始觉醒。土地产权制度的每一次改革使产权结构进一步复杂化，同时移民的产权意识也在不断提高，对权力的界定及相关利益分配的法律、法规的透明度和公正性有了越来越高的要求。维护自身权利的意识在不断加强。第四，现代通信工具和网络环境的发展既降低了集体行动的组织成本，也放大了移民抗议事件的负面效应。同时，现代网络的发达，又会加快这类事件的传播速度，特别是一些极端事件，其负面效应被过度夸大，又增加了政府维持社会稳定的交易费用。

5.2.2 水库移民安置制度的路径依赖分析

我国水库移民安置制度变迁的时期，恰好也是我国由计划经济向市场经济转轨，农业经济向现代经济转型以及乡村中国向城市中国转变的"三重"转换时期。在制度变迁的过程中，有的部分回应了社会经济环境变化的需要，有的部分则没有。

从路径依赖的角度分析，之所以有些部分与社会经济环境变化相契合，简而言之，是因为之前的制度对之后的决策产生了影响。

路径依赖最早是一个生物学术语，用来描述生物的演化路径。生物学上认为物种演化受两个因素影响，一个是自身基因的等级控制；另一个是随即突变的外部环境。其演化路径往往并非最优选择，而是源于对原有演化路径的依赖。之后，这一概念被广泛运用于经济学、政治学、历史学等。在新制度经济学框架下，North（1990）又将路径依赖分为两个方向，路径依赖Ⅰ是指高效率的路径依赖：当某种制度沿特定路径变迁时，受外部性、学习效应等多重因素影响，会逐渐形成某种主观模型，该主观模型会进一步强化之前的特定变迁路径。相关制度的变迁会对预期性影响做出积极回应，进而选择利益最大化目标，建立对市场变化的反馈机制，避免制度变迁路径选择的无效化或低效率。路径依赖Ⅱ是指低效率的路径依赖：当市场化不完全时，初始制度安排的低效甚至无效对经济活动产生负面影响，同时特殊利益集团与组织对现有制度安排的维护，造成现行低效的制度安排长期持续，并在变迁的过程中自我强化。这两个方向均是极端的方向，即一个是绝对的高效率，另一个是绝对的低效率。在现实中，制度变迁的路径依赖可能是两者的混合。水库移民安置制度变迁如表 5.2 所示。

新中国成立至今，我国水库移民安置制度经过多年的变迁，已经形成了特定的规律，并决定了现行制度的基本特征。基于路径依赖的视角对我国水库移民制度变迁进行分析，通过总结其变迁规律与特征可为下一阶段水库移民城镇化安置的制度调整提供建设性意见。

表 5.2 总结了我国水库移民安置制度变迁在不同阶段的主要内容。从表 5.2 中可以看出，伴随土地管理制度的完善与土地产权结构的细化，水库移民安置制度在政策框架方面完成了从普适性法律到行业性专门法律的转变，补偿内容与标准方面实现了由单纯只包含土地补偿费和标准且与移民损失不符到补偿内容不断丰富与标准尽可能弥补移民损失的变化，在社会保障方面经历了

表5.2 水库移民安置制度变迁

时期	水库移民安置制度 政策	水库移民安置制度 补偿内容与标准	水库移民安置制度 社会保障	土地管理制度	交易费用	土地产权
1949~1957年	尚无行业性专门法律法规，主要以《国家建设征用土地办法》(1953年版)指导移民安置，水库移民安置以土地置换为主	以土地置换优先，仅有土地补偿费，标准为被征收土地近三年至五年产量的总值	无	尚无全国统一的土地管理与征收法律，主要法律包括：·《土地改革法》·《城市郊区土地改革条例》·《国家建设征用土地办法》(1953年版)	较低	正由私人产权向集体产权过渡
1958~1977年	尚无行业性专门法律法规，虽有《国家建设征用土地办法》(1958年修订版)与《农村人民公社工作条例》指导移民安置，但实践中低价补偿、甚至不补偿现象普遍，强制搬迁成常态	以土地置换优先，并且法律规定一定条件下不可不进行补偿，土地补偿标准下降为被征收土地近两年至四年产量的总值	无	尚无全国统一的土地管理与征收法律，主要法律包括：·《国家建设征用土地办法》(1958年修订版)·《农村人民公社工作条例》	低	完全的集体产权

第5章 水库工程农村移民城镇化安置的制度安排分析

续表

时期	政策	水库移民安置制度 补偿内容与标准	社会保障	土地管理制度	交易费用	土地产权
1978~2003年	确立了"前期补偿补助与后期扶持相结合"的开发性移民方针,出台了全国第一部与水库移民安置有关的行业性专门法律,初步建立了以《大中型水利水电建设征地补偿和移民安置条例》(国务院第471号令)为核心的水库移民安置制度框架	土地置换难度加大,征地补偿费用包括土地补偿费、安置补助费和青苗与地上附着物补偿费,其中土地补偿费为前三年平均年产值3~4倍,安置补助费为前三年平均年产值2~3倍,与《土地管理法》的标准有一定差距	没有专门针对水库移民的社会保障政策,但是库区建设基金等基金扶持后期提出对基金搬迁后正常生活的保障力度得到加大	出台了第一部全国统一的土地管理与征收法律,主要法律包括: ·《土地管理法》(1986年颁布,1988年与1999年修订) ·《农村土地承包法》	较高	混合产权:所有权由集体所有;农民拥有土地的承包经营权,两者为一体

续表

时期	水库移民安置制度			土地管理制度	交易费用	土地产权
	政策	补偿内容与标准	社会保障			
2004年至今	修订了《大中型水利水电工程建设征地补偿和移民安置条例》(国务院471号令),出台了《国务院关于完善大中型水库移民后期扶持政策的意见》《大中型水库移民后期扶持基金征收使用管理暂行办法》,进一步加强了后扶制度,水库移民安置制度得到完善	"最严格"耕地保护政策的实行与有限的空闲耕地资源进一步提高土地置换难度,农业安置环境容量限制问题日益突出,土地补偿标准提高,安置补助费与铁路等其他基础设施项目实行同等补偿标准,后扶资金采取现金直补,每人每年600元,扶持20年	加大了后期扶持力度,对扶持的标准、范围和时间进行了统一,同时也面临城镇化安置下,农村社保与城镇社保的衔接压力	"最严格"耕地保护政策出台,提出农村土地"三权"分置"的产权结构,主要法律法规包括: ·《土地管理法》(2004年第三次修订) ·《国务院关于深化改革严格土地管理的决定》(国发[2004]28号) ·《关于完善农村土地所有权承包权经营权分置办法的意见》	高	混合产权:所有权由集体所有;农民拥有土地的承包经营权,但是三者要逐渐分离,"三权分置"逐渐形成

由基本忽略到逐渐重视的变化。一方面，从这个角度来看，水库移民安置制度变迁与 North 所提出的路径依赖 I 类似，实现了由低效率向高效率的转换；但另一方面，水库移民制度变迁的交易费用在不断提高，这又接近 North 对路径依赖 II 的阐释。这种现象会发生，与水库移民安置制度变迁的路径依赖形成过程密切相关。

路径依赖的运行遵循自身的机理，它一般分为四个过程：条件给定，指路径依赖形成的初始条件给定；机制启动，通过初始成本、学习效应、协调效应与适应性预期引导路径依赖状态出现；状态形成，在前面两个过程的影响下，产生对应的状态（结果），形成路径依赖；退出锁定，简言之就是对原有路径的替换。

（1）条件给定

由图 5.2 可以看出，我国水库移民安置制度形成的初始时期，正是社会主义改造完成的时期，政府在产权分配中起到了决定性作用。同时，在严格的户籍制度下，农村居民没有自由进入城镇的权利，再加上农业人口占到了绝大多数，形成了以农业安置为主的安置路线。上述条件确立了我国水库移民安置制度从最初出现就围绕农业安置构建，并由政府主导的局面。

（2）机制启动

①初始成本。在机制启动阶段，初始成本对路径依赖的形成影响重大，高昂的初始成本会使制度变迁沿着原有路径不断强化，甚至当制度安排是无效或低效时，制度变迁也不会改变原有路径，因为建立这一制度安排的初始成本过于巨大，要远高于改变制度安排的成本。水库移民安置制度最初的形成以数个新制度安排的建立为基础，这些制度安排共同构成了水库移民安置的制度环境，它们包括由私人产权向完全集体所有权的转变、土地征收制度的形成、人民公社制度的建立等，因此其建立耗费了巨大的初始成本，制度安排的路径依赖在巨大的初始成本下开始出现。

②学习效应。在土地公有制的情况下，土地征收以低价补偿的形式出现。同时，受到计划经济体制的影响，以"行军式"搬迁为代表的强制搬迁也成为移民安置的主流。无论是政府还是个

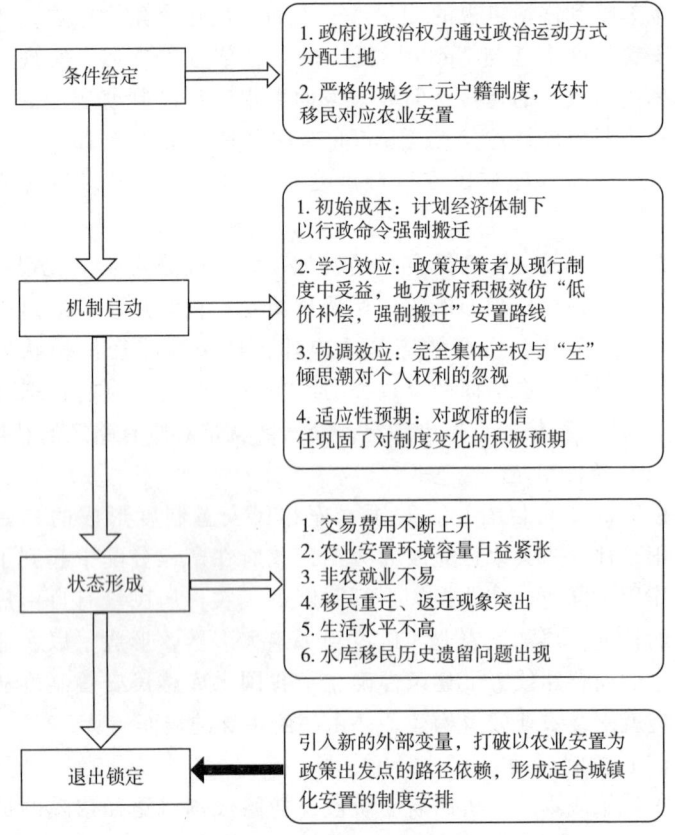

```
条件给定 → 1. 政府以政治权力通过政治运动方式分配土地
         2. 严格的城乡二元户籍制度，农村移民对应农业安置

机制启动 → 1. 初始成本：计划经济体制下以行政命令强制搬迁
         2. 学习效应：政策决策者从现行制度中受益，地方政府积极效仿"低价补偿，强制搬迁"安置路线
         3. 协调效应：完全集体产权与"左"倾思潮对个人权利的忽视
         4. 适应性预期：对政府的信任巩固了对制度变化的积极预期

状态形成 → 1. 交易费用不断上升
         2. 农业安置环境容量日益紧张
         3. 非农就业不易
         4. 移民重迁、返迁现象突出
         5. 生活水平不高
         6. 水库移民历史遗留问题出现

退出锁定 ← 引入新的外部变量，打破以农业安置为政策出发点的路径依赖，形成适合城镇化安置的制度安排
```

图 5.2 水库移民安置制度的路径依赖形成过程

人都相信，在这种安置制度下，通过牺牲移民个人利益，修建水库工程所带来的工业化发展和经济增长的收益要高于"低价补偿，强制搬迁"成本。政府在实际工作中，发现这种安置方针有利于最大化自身利益，因此，各个地方政府之间互相学习、效仿这种安置制度。

③协调效应。该效应可从两方面产生，一是其他正式制度的影响，二是非正式制度的干扰或束缚。在协调效应下，这两个因素共同维护了现行制度，促进了路径依赖现象的产生。农用地完全的集体所有权是影响水库移民安置制度的重要因素，是产生协调效应的来源之一。在集体产权下，国家与集体利益被过分强

调，在制度安排上为个人利益被忽视提供了可能性。同时，在集体产权下，政府在征地搬迁过程中基本无须与个人接洽，极大地降低了协商谈判的交易费用，因此，他们又会继续维护这一制度。协调效应的另一个来源是意识形态教育与弥漫在社会上的"左"倾思潮，让社会与个人都不去谈论或关注个人的权益，进一步维护这一制度安排。

④适应性预期效应。某种制度安排建立耗费的巨大的初始成本决定了它不会轻易改变，随着制度安排实施的时间逐渐增加，尽管它可能处于低效率状态，但出于对政府权威的信任，人们对制度的适应性也会提升。水库移民安置制度在形成初期，实质是在土地管理制度、土地产权制度等制度安排构成制度环境中运行。人们对这些制度安排适应性的增强反过来又提高了对水库移民安置制度的适应性。

(3) 状态形成

在条件给定和机制启动阶段后，随着计划经济向市场经济的转轨，对个人利益的不重视、对社会成本的忽略以及行政命令主导的强制搬迁等问题逐渐凸显，移民权利意识开始抬头，对自身利益的维护诉求日益强烈，导致补偿标准不得不一再提高。市场化的冲击又对其就业产生了影响，继续由政府依靠政治权力安排就业已不合时宜，再加上耕地资源的有限性日益突出。在这些因素的共同作用下，水库移民安置的制度安排形成了一种非效率的状态，在这一状态下农业安置的局限性逐渐显现，交易费用的不断升高又提高了制度安排的实施成本。在应对新问题的同时，"老移民"的重迁、返迁以及其他历史遗留问题仍然在持续困扰政策制定者，导致整个水库移民安置制度被锁定在一种无效率的路径依赖状态中。

(4) 退出锁定

由于水库移民安置制度形成初期的一系列因素影响，该制度被锁定在无效率的状态中。退出这种状态，就需要引入外生变量，从而完成对低效率路径依赖的"退出锁定"。为了改变这种状态，政策决定者对水库移民安置制度进行了数次变革，特别是将位于制度核心地位的政策从普适性法律中抽离出来，提出了行业性的专门法规，无疑是对这一制度的重要完善。除此之外，后扶政策的制定也是为水库移民安置制度的退出锁定所做的重要调整。这些调整在制度变迁的初期，一定程度上缓解了有条件给定和机制启动阶段所造成的低效状态，但随着社会经济发展，特别是对水库移民的城镇化安置而言，城镇化的快速发展使制度的调整并没有及时与这种变化相适应，路径依赖的作用再一次开始显现，被"锁定"的状态没有改变。造成这一局面的原因在于，一个建立之初就在计划经济体制下，以行政命令强制执行的围绕农业安置展开的水库移民安置制度，在路径依赖的影响下，是不会轻易完成向适应城镇化安置方向转变的。现有的针对城镇化安置的相关政策，只是对已有问题的补救，其实质是政策调整滞后性的表现。我国由"乡村中国"向"城市中国"的转变已是一个不争的事实，为了适应这一变化，水库移民城镇化安置的制度安排需要引入新的外生变量，打破以农业安置为政策出发点的路径依赖，形成适合城镇化安置的制度安排。但是现行的制度安排在面对城镇化安置时依然存在一些问题。

5.2.3 现阶段水库移民城镇化安置的制度安排障碍

5.2.3.1 补偿安置：与社会经济发展的脱钩

在整个水库移民安置制度安排内，补偿安置是存在问题最多的部分，它无法适应当下的社会经济发展，更不能适应城镇化安置的需求。其根本原因在于现行的补偿安置制度沿袭了计划经济体制的思路，政府既负责移民搬迁，也要负责移民的生活，失地移民的生活与就业全部由国家行政命令解决，政府对移民承担"无限责任"。但这种制度安排已经与当下的社会经济发展脱钩。

在征地目的方面，不区分公共利益与非公共利益。村集体土地属于非国有土地，各国在征收或征用时都会对公共利益与非公共利益征地予以区分，并且对于公共利益的征地，美、日、法等国均要求给予"充分"或"全面"的补偿。我国香港、澳门地区也要求对征地的补偿应是符合被征收时的实际价值。而目前我国的水库工程征地补偿制度在征收目的上不区分营利性的水电工程和具有公益性或准公益性的水利工程，补偿上也没有采用充分原则。

现有的补偿标准不足以实现城镇化生产安置的目的。现有的补偿标准按年产值倍数测算，没有考虑农地的预期收益，特别是对于营利性的水电工程而言，考虑土地的预期收益并将其纳入补偿内容更加重要。此外，如前文已经论述的，现有水库移民安置制度是以农业安置为中心制定的，所谓的安置补助费是农业安置下的安置补助费。在市场经济影响力越来越大的当下，当安置方式由农业安置转向城镇化安置时，劳动力就业无法再以行政命令强制安置，因此导致生产安置落实的成本提高。

补偿内容方面尚不全面，无法抵御城镇化安置的风险。农业安置长期作为水库工程农村移民安置的主要方式，其中一个原因在于土地的社会保障作用。但是城镇化安置下，移民实际面临重新择业的局面，在这个过程中失业的风险、养老成本上升的风险都没有被纳入补偿内容。此外，如上文已提及的，土地因征收而改变用途后的预期收益也应被纳入补偿范围。

5.2.3.2 户籍管理：农转非的混乱

现阶段的水库移民安置制度安排对城镇化安置下，农村移民的户籍转换没有明确规定，这造成实际工作中农转非的混乱。当地政府认为移民搬进了城镇，不再拥有宅基地，被分配了安置住房，也不再从事农业生产活动，就管理的角度而言，将这类人群户籍性质转为非农更方便管理，也有利于他们更快地融入城镇生活。但这样操作与现行的政策是存在冲突的。

第一，与已有的城市落户政策冲突。目前，一线大城市或者省会城市在落户方面实行的是积分落户制，在非省会城市虽也实行落户积分制，但大部分条件都已经放宽，特别是一些三线及以下城市，基本上只要在城市购置商品房就可以落户。对于一线城市以及部分规模较大的省会城市，如第四章所阐述的，并非城镇化安置的重点方向，而应围绕中小城市展开。从以房落户的角度来看，似乎上述对水库工程农村移民户口转换的方式并没有问题，但问题在于在城市"有"自己的住房与在城市"购置"自己的住房是两个概念。水库移民在城镇的住房并不完全依靠自身的经济实力购买，有政府的政策优惠，也有因征地拆迁补偿而短时间内获得的大量现金等，在多种利好因素的作用下，移民方才拥有了这套住房。而以房落户政策的实质是政府向入城农民提供了一份契约，政府是供给方，向农民供给非农户口，而入城农民则是需求方，他们对非农户口有需求，契约实现的条件则是入城农民有能力在城市购置住房，这实际上是对其经济能力的肯定。通过购买住房，承认了入城农民有能力在城市正常生活。而移民在城市的住房，很大程度上属于政策性住房，与其自身经济实力并不完全挂钩。他们可能具有在城市生活的经济实力，也可能没有。在这种情况下，将以房落户的政策放在进城安置的水库移民身上与现行政策是有冲突的。

第二，与《关于完善农村土地所有权承包权经营权分置办法的意见》（以下简称《意见》）冲突。《意见》的核心内容是以农村土地集体所有权为前提，将原属于农户的土地承包经营权再分为承包权与经营权，形成"三权分置"格局。对于土地承包权，无论经营权怎样流转，农民家庭都是土地承包权的所有者，不可被非法剥夺与限制，"承包土地被征收的，承包农户有权依法获得相应补偿，符合条件的有权获得社会保障费用等。不得违法调整农户承包，不得以退出土地承包权作为农民进城落户的条件"。从《意见》可以看出，退出土地承包权并不能作为农转非的条件，也就是说，无论在何种情况下，不能用土地承包权换取城市户口，至少在现在的政策要求下，这种安排是与政策相悖的。那么，城镇化安置后的农民的户籍性质不能因为没有分配给其土地就转为非农。

5.2.3.3　社区管理：管理机构的缺失

移民搬入城镇，随着居住模式的变化，一个随之而来的问题即怎样将原有的村落管理与现在的社区管理进行衔接？或者说由谁对社区进行管理？现行的水库移民安置制度没有涉及这方面，是因为农业安置下不存在这方面的转变。城镇化安置下，原有的农村变成了社区，原来在农村最基层的管理机构是行政村村委会。那么在进城后，由哪个组织来延续村委会的角色呢？由于政策上尚没有明确的规定，虽然也设立居委会，但管理的效果并不好。从笔者在楚雄青山嘴水库工程栗子园移民安置小区的实地调研来看，效果不好的原因主要有两点，一是原有村委会的成员没有管理城市社区的经验，导致移民遇到一些问题后不愿意寻找居委会的帮助，二是由于搬迁过程中政府主导的特征导致移民遇到问题习惯性地去找楚雄彝族自治州移民开发局解决，从家庭用品零部件的更换到邻里矛盾，他们都习惯找移民局解决。除了管理效果欠佳外，另一个问题是集体利益的分配。栗子园小区除了移民住房外，还建有门面房。在方案规划中要求继续按集体财产的模式进行管理，但没有明确采用哪种模式进行集体财产的管理，并且由集体财产获得的收入应该怎样分配也没有详细的设想，是由社区管理建设资金还是直接向居民进行分配，此外相关的决策机制应该是怎样运行的，这些都没有明确规定。

5.2.3.4 就业扶持：从规划到实施的滞后

由于现行水库移民安置制度建立之初是以农业安置为中心展开的，城镇化安置未被纳入其中，因此与城镇化安置紧密相连的就业问题也未被从制度上予以重视。现行的就业扶持制度如第四章所论述的，最早的与之有关的比较详细的内容在移民安置规划中方有提及，甚至在后期扶持阶段方被纳入议程。现行的就业扶持制度实质上是一种"补救"制度：因为移民在城镇化安置后就业有困难，所以需要通过实施移民安置规划、后期扶持规划等来解决。移民安置规划针对的是搬迁中、搬迁后；后期扶持规划涵盖的范围是搬迁后。无论是哪种，目前的制度安排下，没有政策，也没有规划针对搬迁前。事实上，城镇化安置的就业扶持制度应该围绕"事前"进行，在封库令下达后，移民就业的相关工作就应该展开。既然农村移民城镇化安置后就业困难已形成了一种可预期的状态，就应该在此之前采取措施，例如，现在对移民的非农就业培训往往都在搬迁后才展开，而且往往与安置区的产业规划脱节。在搬迁前，城镇化安置区域的范围确定后，了解安置区企业类型及其就业要求，完全可以立即有针对性地对移民展开就业培训。这样，移民在搬迁后可以尽快地找到工作，减少对过渡期的不适应。而现在的制度安排把这些工作放在搬迁后进行，是一种滞后性的表现。

5.3 水库移民城镇化安置制度创新分析

5.3.1 正式制度安排：不完全合约下的交易费用最小化

5.3.1.1 正式制度安排创新的理论逻辑

无论是水库工程农村移民城镇化安置制度安排的制定者（中央与地方政府），还是参与者（移民、中央与地方政府、项目业主等）都希望有一套"完美"的制度安排可以使城镇化安置顺利实施。但所谓的"完美"的制度安排不过是零交易费用下，理想主义的公共管理者构建的幻想中的社会工程。交易费用以及人们"有限理性"的存在，是"完美"的制度安排的主要障碍。正是因为真实世界存在这种不完美性，正式的制度安排必然是不完全的，在制度安排创新的过程中必须承认并尽量应对这种内在的局限性（Furubton, Pejovich, 1972; 1173 – 1162）。人类的"有限理性"是客观存在并无法改变的事实，且理性的程度也因人而异。交易费用虽然同样不可能完全消失，但是通过制度设计它可以被降低，因此正式制度安排的创新路径应围绕降低交易费用展开。下面的分析将基于何一鸣、罗必良和高少慧（2014：38～48）等对农业转移人口市民化的制度供求的分析框架展开。

水库移民可看作在一定约束条件下，政府与移民进行交换的一种合约现象，移民通过提供土地、房屋、附着在其上的产权等，换取政府对其不低于搬迁前生活水平的保障，而对这种交换进行约束的合约就是水库工程移民的补偿安置制度（沈际勇、强茂山，2009：34～45）。在这样的观察视角下，可将水库工程农村移民城镇化安置看作一份政府与移民之间的合约，这份合约不是"完全的"合约，也就是说合约双方不可能事先知道所有可能出现的情况。在这份合约中，会因为交易费用过高而导致缔约的低效率状态，在这里，交易费用涉及城镇化安置下的一系列障碍：征地补偿方面与社会经济发展的脱钩、户籍管理方面农转非的混乱与限制、社区管理方面管理主体的缺失以及就业扶持方面从规划到实施的滞后，它们均属于内生性交易费用。当内生性交易费用通过新的制度设计减少时，外生性交易费用就会增加，这些外生性交易费用包括考虑了市场因素、产权因素而造成的补偿标准与内容复杂化的测算成本，农转非下由烦琐的审批程序而导致的行政成本，构建新的社区管理体系而造成的建设成本与因就业扶持周期延长而增加的实施成本。当然，只要征地补偿制度的设计正确反映了移民的损失（土地、房屋等有形的损失与产权、就业机会等无形的损失），户籍管理制度的设计进一步放松了城乡二元的户籍限制，简化了农转非程序，社区管理制度的设计回应了移民对城镇化安置下社区管理的需要，就业扶持制度的设计提高了移民非农就业的竞争力，则内生性交易费用就会继续降低。此处，当且仅当外生性交易费用的提高高于内生性交易费用的降低时，总的交易费用才会降低，此时新的制度安排取代了旧的制度安排。水库工程农村移民城镇化安置制度安排创新理论逻辑如图 5.3 所示。

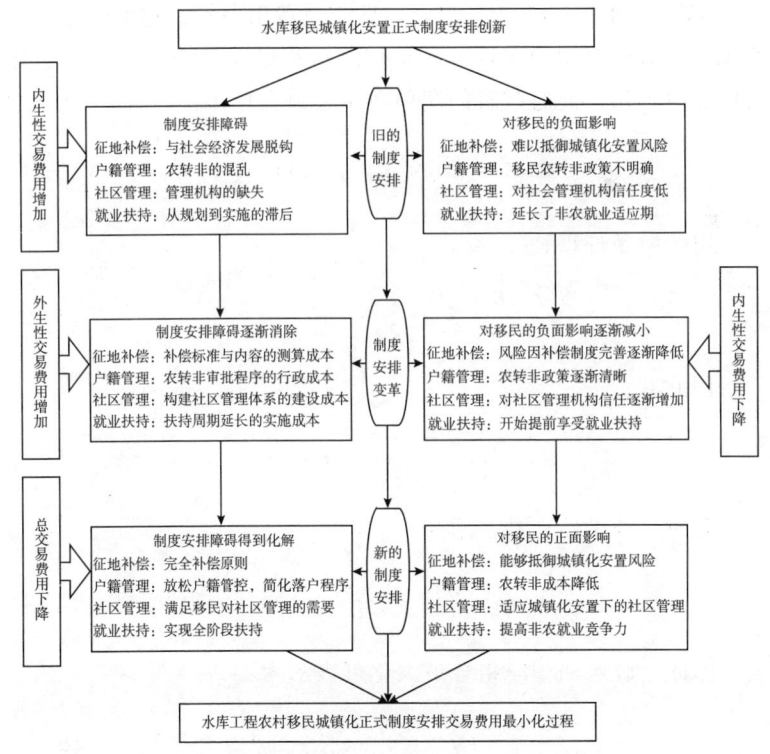

图 5.3 水库工程农村移民城镇化安置制度安排创新理论逻辑

5.3.1.2 不完全合约模型

根据上述分析的理论逻辑，可基于 Grossman 和 Hart（1986：691-719）的不完全合约模型阐述制度变革下总交易费用的降低。

假设制度安排的设计者政府为 g，移民 m 为制度安排的接受者。由政府承担的内生性交易费用为 c，同时城镇化安置的不完全合约下的契约租金为 v。此时存在两种可能：当 $v > c$ 时，相应的概率为 π，即制度创新带来的效益大于内生性交易费用，政府因此可获得剩余租金 v；当 $v = 0$ 时，其概率为 $(1-\pi)$。因此，政府只有在一定概率下才可以获得剩余租金，也就是说，移民与政府的"交换合约"是在信息不对称的情况下签订的。要想使剩余租金满足 $v > c$，政府可通过扩大"专用性投资"来实现，专用性投资会带来外生性交易费用的提高，设专用性投资造成的外生性交易费用 $I = \pi^2/2$，与内生性交易费用一样，它也全部由政府承担。假设期望的净租金是在政府与移民间平分的，基于纳什讨价还价解法，此时政府的期望净租金最大化为：

$$\max_{\pi} E(R_g) = \frac{1}{2}[\pi(v-c)] - \frac{\pi^2}{2} \qquad (5-1)$$

由一阶条件得：

$$\frac{\partial E(R_g)}{\partial \pi} = \frac{1}{2}(v-c) - \pi \qquad (5-2)$$

因此有：

$$\pi^* = \frac{1}{2}(v-c) \qquad (5-3)$$

此时，外生性交易费用为：

$$I^* = \frac{(v-c)^2}{8} \qquad (5-4)$$

因此，政府期望净租金最大化可表示为：

$$E(R_g^*) = \frac{(v-c)^2}{8} \qquad (5-5)$$

同时,移民的期望净租金最大化为:

$$E(R_m^*) = \frac{1}{2}[\pi^*(v-c)] = \frac{(v-c)^2}{4} \qquad (5-6)$$

此时,总交易费用为:

$$TC_0 = c + I^* = c + \frac{(v-c)^2}{8} \qquad (5-7)$$

制度创新的方向就是降低总交易费用,如果制度创新的路径是正确的,则在移民与政府就城镇化安置签订不完全合约后,政府拥有合约租金的剩余索取权,并且移民也被要求分担一半的内生性交易费用,此时,政府的最大期望净租金为:

$$\max_{\pi} E(R_g^{'}) = \pi v + (1-\pi)\frac{c}{2} - \frac{\pi^2}{2} \qquad (5-8)$$

虽然内生性交易费用由移民与政府共同承担,但其剩余租金收益为 0。此时,对政府而言,需要提供保留租金 R_0 给移民,以鼓励移民接受不完全合约。此时,移民的最大期望净租金为:

$$E(R_m^{'}) = \pi(0-c) + (1-\pi)(0-\frac{c}{2}) \geq R_0 \qquad (5-9)$$

这时,政府想实现期望的最大净值,需要满足:

$$\begin{cases} \max_{\pi} E(R_g^{'}) = \pi v + (1-\pi)\frac{c}{2} - \frac{\pi^2}{2} \\ s.t\, \pi(0-c) + (1-\pi)(0-\frac{c}{2}) \geq R_0 \end{cases} \qquad (5-10)$$

构建拉格朗日函数:

$$L(\pi,\lambda) = \left[\pi v + (1-\pi)\frac{c}{2} - \frac{\pi^2}{2}\right] + \\ \lambda\left[\pi(0-c) + (1-\pi)(0-\frac{c}{2}) - R_0\right] \qquad (5-11)$$

式 (5-10) 涉及非线性规划问题,可用库恩-塔克尔定理求解式 (5-11) 的一阶条件,得:

$$\pi^{**} = v - \frac{c}{2}(1+3\lambda), \lambda > 0 \qquad (5-12)$$

这时总交易费用表示为：

$$TC_1 = c + I^{**} = c + \frac{1}{2}\left[v - \frac{c}{2}(1+3\lambda)\right]^2 \qquad (5-13)$$

若要 $TC_1 < TC_0$，则需满足 $\lambda > v/3c$，这时说明经过制度变革后，新的制度安排的总交易费用小于旧的制度安排，实现了制度创新。

5.3.2 非正式制度安排：演化博弈分析

5.3.2.1 演化博弈的优势

在讨论正式制度安排时，本书已经指出无论是制度安排的制定者还是参与者都是"有限理性"的，这一点不仅适用于正式制度安排也同样适用于非正式制度安排。非正式制度安排的变迁无法像正式制度安排的变迁一样迅速地被移植，其修改与变动完全由个人完成，只有当一个社会中大部分人舍弃了原来的非正式制度安排并接受了新的非正式制度安排时，非正式制度安排的变化才算完成。在现实生活中，这种非正式制度安排变化的例子涉及伦理规范、风俗习惯、价值观、意识形态等。这些非正式制度安排的变迁取决于社会成员的相互作用，换言之，非正式制度的改变通过"有限理性"的社会成员之间的反复博弈来实现。而经典博弈论在分析这一情况时有明显的局限性。

假设参与人的完全理性是经典博弈论的显要特征。它不仅对博弈参与人的完全理性有严格假设，更为严苛的前提是它还假设这种理性是博弈参与人的共同知识（Common Knowledge）。在这一假设前提下，博弈一方任何一种"非理性"都会造成纳什均衡无法实现。但现实告诉我们，完全理性的人是不存在的，人类都是"有限理性"的。而演化博弈论对此做出了修正，它放宽了假设，允许博弈参与人的非理性行为，转而强调"过程理性"即参与人具备的一种在博弈过程中，根据当前信息调整策略行为的理性。也就是说，均衡并非一次性选择的结果，它是在反复博弈中进行修正的结果。同时，演化博弈论还认为，均衡的结果并不完全是由参与人个人理性做出的判断，在这个过程中，社会习俗、文化传统等都会对决策产生影响。它较好模拟了非正式制度安排变迁中社会成员间的互动作用。从这个角度来看,演化博弈论均衡的实现并非由参与人一次性的理性计算决定,而体现出一种自然而然的演化机制。与之相比,经典博弈论的均衡则更近似于生物学意义上的稳定研究。

由于演化博弈的参与人是"有限理性"的,在理性的层次、深度等方面具有差异,因此他们策略调整的速度与模式也会不同。理论上有两种机制模拟调整的过程,一种称为"最优反应动态"(Best Response Dynamics),即博弈参与人来自一小群具有快速学习能力的团体;另一种称为"复制动态"(Replicator Dynamics),它用来阐释学习速度较慢的有大量成员的反复博弈机制。从"有限理性"的角度来看,"复制动态"更适合移民群体,他们虽具有有限理性,但受到自身素质和成长环境的影响,其理性层次较低同时又容易受到外部环境影响,导致其预见能力并不一定完全反映其理性水平,进而造成他们在策略调整过程中学习和反应的速度相对较慢。基于此,在讨论移民城镇化安置的非正式制度安排变化时,"复制动态"机制更具有现实意义。

5.3.2.2 移民由"依赖型"向"非依赖型"转变的演化博弈分析

(1) 基本模型

水库工程移民对政府"等、靠、要"的依赖型心态一直是影响移民安置的重要的非正式制度安排障碍。这种心态一部分原因与农村原生文化传统有关,但更多地受到水库移民非自愿性与强制性的影响,造成移民过于依赖政府的心态。这种依赖体现在很多方面,归根结底是移民希望政府解决自己的生计问题。现行后期扶持政策中对移民每人每年 600 元的现金直补,以及各省对移民其他的优惠政策都可视为政府在正式制度安排上对"依赖型"心态这一非正式制度安排的回应。诚然,一方面移民总体处于较低的生活水平这一客观现实对后期扶持等政策提出了要求;但另一方面也应看到这些政策一定程度上又助长了移民对政府的"依赖",而且还形成了一种"锁定"的状态,即政府需要不断响应移民的"依赖",例如,后期扶持的现金直补政策要求扶持 20

年，那么20年后是否就立刻停止发放呢？政策上目前处于模糊的状态，也没有提出较好的解决办法。

下文将基于演化博弈论，分析移民由"依赖型"向"非依赖型"演变的过程。根据 Dietrich（1997）对不同技术专业集团演化博弈的模型，假设水库移民作为一个群体，其中分为两种类型，一类是技术集团，这类移民在受教育程度上要高于移民的平均水平，外出务工的经验也较丰富，在人力资源禀赋上，他们较另一类移民具有比较优势，在人数上，他们在移民中占较少的比例；另一类是非技术集团，这类移民受教育程度较低，外出务工经历也较少。移民的收入包括两个类型，一类称为"依赖型"收入，主要指政策性收入，这些收入有些是现金直补，有些表现为项目的形式或者支付给集体用以支持移民社区发展，就移民个人角度而言，这部分收入可看作按一定比例支付给每个移民，对于非技术集团，他们更依赖于这类收入；另一类为"非依赖型"收入，主要指移民的就业收入，对于技术集团，他们有更强的主观能动性去寻找非农就业机会。就城镇化安置的角度而言，移民摆脱对"依赖型"收入的依靠，融入城市生活，由"非依赖型"收入实现生活水平的提高自然是一种理想的状态。

每个博弈方有两个策略，"依赖型"（S_1）与"非依赖型"（S_2），为方便分析，假设当博弈双方策略不同时，技术集团与非技术集团不能达成一致，因此二者收益均为零。该博弈的标准形式如图 5.4 所示。

	技术集团	
	S_1（依赖型）	S_2（非依赖型）
非技术集团 S_1	I_1-i_1, i_1	0, 0
非技术集团 S_2	0, 0	I_2-i_2, i_2

图 5.4　非正式制度安排静态博弈

当两个集团都选择 S_1 时，I_1 为移民群体的总收入，大部分由

"依赖型"收入组成。此时,技术集团的成员的收入可分为两部分,表示为:

$$i_1 = w_1 + (I_1 - w_1) p_1 \quad (5-14)$$

式(5-14)中,w_1为技术集团成员的"非依赖型"收入,这类收入很少,假设全部为他们所有;另一部分收入为分给他们的一定比例的"依赖型"收入,p_1为分给他们的比例,且 $0 < p_1 < 1$。在这个分配体系下,技术集团的成员无法充分发挥自己在人力资源禀赋方面的优势,进而获得非农就业机会,实现对"依赖型"收入的独立,这是因为他们为了争取获得更多的"依赖型"收入投入了大量的精力与时间。本书虽称之为"依赖型"收入,但在现实中选择"依赖型"策略的移民并不完全就是"坐享其成",他们为了争取更多的"依赖型"收入,可能会通过频繁的上访、在法院的诉讼、与媒体记者的交流等方式博取政府与社会对自身的关注,这些都会耗费大量的时间和精力,甚至还有金钱。在这种情况下,选择"依赖型"策略的技术集团成员也很难投入足够的时间与精力从事非农工作。

当两个集团都选择 S_2 时,I_2 为移民群体的总收入,大部分由"非依赖型"收入组成,就业收入已成为主要收入部分。此时,非技术集团的成员的收入可分为两部分,表示为:

$$i_2 = w_2 + (I_2 - w_2) p_2 \quad (5-15)$$

式(5-15)中,w_2为非技术集团成员的"非依赖型"收入;另一部分收入来自"依赖型"收入的一定比例,此时 $0 < p_2 < p_1 < 1$。在这种分配体系下,非技术集团的成员对"依赖型"收入的依赖程度降低。

从上面的模型来看,尽管理论上有两个纳什均衡,即 $\{I_1 - i_1, i_1\}$ 与 $\{I_2 - i_2, i_2\}$,但是第一个纳什均衡是"明显的玩法"。那么为什么技术集团还会选择"依赖型"策略呢?这可能受到三个因素的影响。首先是从众心理的影响。在移民群体内部,非技术集团的成员占多数,这部分移民更倾向于选择"依赖型"策略,在从众心理的影响下,技术集团也会不自觉地与非技术集团一起选择"依赖型"策略。其次是家中长辈的影响。技术集团的成员在人力资源禀赋上的优势体现在多个方面，其中一个就是年龄优势，这与现实是相符的。在农村地区，年轻的移民，可能受教育程度更高，这与九年义务教育的普及有一定关系，因此，在非技术集团中，其成员很多都是技术集团成员的长辈，在尊敬父母、长幼有序这一儒家文化的非正式制度安排的影响下，技术集团成员往往不得不遵循非技术集团成员的决策。最后是现实中正式制度安排的影响。如前文的分析，现行的后期扶持等对移民支持政策的实质是对移民"等、靠、要"依赖型心态的不完全回应。所谓"会哭的孩子有奶喝"，技术集团的成员观察到非技术集团通过上访等方式获得了政府的回应，争取到了更多的"依赖型"收入，因此，技术集团为了增加收益也会效仿非技术集团的行为。

上述分析阐述了移民的"等、靠、要"的依赖型非正式制度安排形成的原因。想使"依赖型"向"非依赖型"过渡，也就是使纳什均衡由 $\{I_1 - i_1, i_1\}$ 向 $\{I_2 - i_2, i_2\}$ 转变，完成帕累托改进，就要满足 $I_2 > I_1$ 的条件，但完成这种变化需要花费大量的成本，这既牵涉对正式制度安排的改进，例如，构建完善的就业培训体系和职业教育体系以实现非技术集团成员向技术集团成员的转变；也涉及非正式制度的影响，例如，通过大众传媒与社会舆论对移民的宣传教育营造融入城市生活的氛围，摆脱对政府依赖的心理。

（2）演化博弈模型

非正式制度的变迁不像正式制度的变迁，可以依靠政府强制力实现，它更多地体现为一种诱致性变迁，在反复的演化博弈中实现。在现实中，有一部分移民群体已经完成了由"依赖型"向"非依赖型"的转变。这在一些经济发达地区的移民群体中体现得特别明显。2007年后期扶持政策实施后，按照要求需要对后期扶持的实施情况进行监测与评估，笔者所在的研究机构承担了对江苏某地的移民后扶监测评估项目。笔者虽没有参加项目团队，但从团队成员的反馈来看，当地移民多认为后扶直补600元是"锦上添花"，但没有每年的600元，他们也并不会强求。这种由

"依赖型"向"非依赖型"的转变是如何实现的呢？这里通过引入演化博弈进行分析。

设在整个移民群体中已经完成"依赖型"向"非依赖型"过渡的比例为 p^*，这里的移民群体既包括技术集团也包括非技术集团。此时，基本模型如图 5.5 所示。

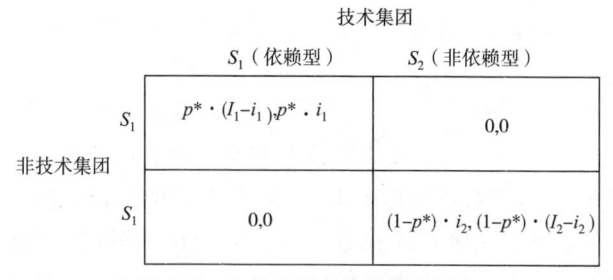

	技术集团 S_1（依赖型）	技术集团 S_2（非依赖型）
非技术集团 S_1	$p^* \cdot (I_1-i_1), p^* \cdot i_1$	0,0
非技术集团 S_1	0,0	$(1-p^*) \cdot i_2, (1-p^*) \cdot (I_2-i_2)$

图 5.5 非正式制度安排演化博弈

基于复制动态方程，得：

$$p^*(t+1) - p^*(t) = f[r(p^*, I_1, i_1) - r(p^*, I_2, i_2)] \quad (5-16)$$

式（5-16）中，r 表示收益。在整个移民群体中，无论是采用策略 S_1 还是 S_2，比例 p^* 都随收益同向变化，收益相对替代策略越大，博弈者学习此策略的速度也越快。在复制动态的演化博弈中，有限理性的博弈方会通过不断的学习，基于收益对自己的策略进行调整。在此过程中，存在一个 p^* 的阈值，一旦高于或低于这一阈值，对其中一个策略的扩散而言，就会形成一个自我加速与增强的过程。

对非技术集团，要求其阈值为 p_{nt}^*，可令：

$$p_{nt}^* \cdot (I_1 - i_1) = (1 - p_{nt}^*) \cdot i_2 \quad (5-17)$$

得：

$$p_{nt}^* = \frac{i_2}{I_1 - i_1 + i_2} \quad (5-18)$$

同理可得技术集团的阈值 p_t^*，表示为：

$$p_t^* = \frac{I_2 - i_2}{R_2 + i_1 - i_2} \qquad (5-19)$$

此时，如 Dietrich（1997）所指出的，对参与博弈的两个集团而言出现了一个"锁定"（Lock-in）现象。

为便于分析，假设 $p_{nt}^* < p_t^*$。当 $p^* = 1$ 时，就是基本模型所描述的博弈情况，此时技术集团的收益是 i_1，非技术集团的收益是 $I_1 - i_1$。随着 p^* 的减少，S_1 获得的收益也会下降，而 S_2 的则会增加。

对技术集团而言，$p_t^* < p^*$ 成立是他们选择 S_1 的必要条件。当 $p_{nt}^* < p^* < p_t^*$ 时，"锁定"现象就会出现，此时非技术集团倾向选择 S_1，尽管对技术集团而言，S_2 是较好的选择，但在非技术集团的主导下，这种转换很难实现。因为在"锁定"的情况下，博弈中的一方无法单独改变现状。使"锁定"消失，需要 $p_{nt}^* = p_t^*$，此时：

$$\frac{i_2}{I_1 - i_1 + i_2} = \frac{I_2 - i_2}{R_2 + i_1 - i_2} \qquad (5-20)$$

即：

$$\frac{I_2}{I_1} = \frac{i_2}{R_1 - i_1}, \frac{I_1}{I_2} = \frac{i_1}{I_2 - i_2} \qquad (5-21)$$

式（5-21）所表示的是一个比较难满足的均衡条件，所以，"锁定"是一种常态。化解"锁定"，既需要引入外部力量，也需要内部力量自身的进化。如前文所述，既需要正式制度安排的创新，也需要非正式制度安排的变化，只有在两方面作用下，新的均衡才会加速形成。

5.4 水库移民城镇化安置制度安排建议

5.4.1 补偿安置制度

（1）建立上游梯级新增发电收益补偿机制

水库工程的建成可有效减轻上游其余水电工程的调水调沙与

防洪压力,进而可增加它们的发电量。从这个角度来看,上游地区因水库工程的建设而获益,因此,可以利用上游新增发电量的收益,从中提取一定比例,建设专项的移民基金,对城镇化安置的实施予以支撑。

(2) 建立水电开发业主反哺失地农民机制

对于非公益性的水电工程,可考虑以土地入股的形式实现开发业主对失地农民的反哺。其实质是使移民可以拥有水电投资的永久性分红收益,将移民定位为"生态工人",使其领取定期"工资",缓解移民进城就业可能存在的收入不稳定状况。

在国家层面上有相关文件对入股分红安置方式提供了政策支撑,加强了其可操作性。《国务院关于深化改革严格土地管理的决定》(国发〔2004〕28号)以及《关于完善征地补偿安置制度的指导意见》(国土发〔2004〕238号)中提出了在现行土地政策下土地可以两种方式进行入股分红:一是以集体土地使用权作价入股,二是以征地补偿费入股。

以集体土地使用权作价入股是指在土地权属不发生变化(只办理农用地转用手续,土地所有权仍归村集体所有)的前提下,将土地使用权价值折算成一定的金额,以资本金方式投入项目的开发经营中,再根据所占股份比例分享经营效益,从而实现农村集体土地所有权与使用权分离后土地使用权的资本化。

以征地补偿补助费入股是指在土地权属发生改变的情况下(既要办理农用地转用审批手续,也要办理土地征收审批手续,农村集体土地变为国有土地),将征地补偿补助费入股,即将补偿的资金作为投资投入项目建设中,在此方案下,农民或集体经济组织将不再与土地所有权和使用权有任何关系。

两种方案在利益分配方式上没有差别,不同之处在于入股的方式,第一种方案以产权(Property Rights)入股,第二种方案以资金(Fund)入股。从操作层面上来看,以产权入股更复杂,需要投入的成本也更高。因为以集体土地使用权作价入股涉及产权资本量化的问题,对产权(包括使用权、收益权、让渡权等)的估价,无论是从政策层面还是技术层面都没有合理有效的解决办法（Barzel，1989）。并且为了保证估价的公正性，还需要聘请有资质的第三方资产评估机构进行估价，这都会增加交易成本。以征地补偿补助费入股的方式比较容易操作，而且在实践中也取得了比较好的效果（比如福建省德化县东固水电站移民安置），因此，本书认为虽然两种方案均有政策支持，但从操作可行性考虑，以征地补偿补助费入股更为合适。

从项目运行特点和土地政策空间来看，入股分红安置方式并不适用于所有建设项目征地，本书认为建设项目征地要实施入股分红安置方式应满足以下四个条件：第一，项目不能是公益性项目，公益性项目不以经济营利为主或没有明显的经济效益，无法自负盈亏，更不存在长期稳定的收益；第二，项目规模不能与征地面积、影响补偿情况不匹配；第三，项目法人对此安置方式采取积极的支持态度，也具有实施的能力；第四，被征地移民有意愿参与落实入股分红安置方案，因为可能有些移民对其不理解，或者担心该方案不能得到落实，会影响安置方案实施。

（3）建立逐年补偿的扶持机制

逐年补偿的实质就是以虚拟配置土地安置为中心，对搬迁人口进行货币安置，从这个角度来看，其特别适合水库工程农村移民的城镇化安置。因为城镇化安置的出发点就是为了缓解人地矛盾，从而避免调整配置土地，而在逐年补偿的扶持机制背景下，即使不为移民配置土地，也可以使他们通过虚拟配置土地享受到土地收益，因此，可在一定程度上保证城镇化安置下移民收入的稳定性。

从已实施的地区来看，特别是从云南省水电开发实践来看，逐年补偿的扶持机制可操作性强，提高了安置的弹性，易被移民接受，也受到地方政府的欢迎，并且云南省的逐年补偿政策还获得了 2012 年联合国"全球促进社会发展最佳实践奖"。云南省逐年补偿的扶持机制执行情况如表 5.3 所示。

表 5.3 云南省逐年补偿的扶持机制执行情况

流域	工程项目	计算方法	补偿标准
金沙江中游	阿海	"淹多少，补多少"，将淹没土地数量乘以产值计算逐年补偿发放标准	300 元/人/月 搬迁安置期提供 300/人/月的临时生活补贴
	梨园		
	龙开口		
	观音岩		
	鲁迪拉		
金沙江下游	溪洛渡	以库区人均耕地 0.8 亩为基础，规划提高至 1 亩乘以亩产值，计算逐年补偿发放标准	160 元/人/月
	向家坝		
澜沧江	功果桥	以库区人均耕地面积乘以亩产值计算逐年补偿发放标准	187 元/人/月
	糯扎渡		210 元/人/月

（4）建立以城镇化安置为导向的后期扶持机制

现行后期扶持制度是以农业安置为核心构建的，对非农业安置仅提到对于困难家庭要纳入地方城镇最低生活保障范围，并且每年每人 600 元的现金直补也并不针对已转为非农业户口的农村移民。虽说称为"后期扶持"，但相关的产业发展规划、就业扶持规划如前文所述，应在封库令下达后就着手编制，安置区的建设规划应纳入地方的经济社会发展规划。对未转为非农户口的城镇化安置移民，600 元的现金直补自 2006 年提出后就一直没有调整过，考虑到当下的物价水平已与之前有较大差距，因此需要有所调整才能满足移民的需求。对于已转为非农户口的移民，继续向他们发放 600 元后扶资金在政策上缺少支持，同时资金上也存在缺口，但对他们的后期扶持不能因此就停滞。一方面可加强就业扶持，有针对性地开展技能培训，提供就业信息；另一方面对自主创业者，可提供小额贷款支持，推动移民完成生计模式的转变。

（5）构建更合理的征地补偿机制

现行的征地补偿制度是计划经济体制下的产物，以产值倍数作为补偿标准不仅标准较低，而且实质上也属于一种不完全补偿原则。征地补偿的目的说到底是安置好移民，征地补偿制度创新的方向如果一味强调提高补偿倍数就不足以满足移民的安置需求，特别是对于选择城镇化安置的移民而言，并且也忽视了补偿制度设定中的土地权利、区域经济发展情况、市场因素的影响。对征地补偿制度的改革必然是一个渐进的过程，涉及土地权利设置、土地市场完善及其他配套制度的革新。考虑到我国社会主义市场经济体制与水库工程农村移民的特点，本书建议征地补偿制度的改革可在以人为本的基础上，综合考虑土地权利的设置与市场因素的影响，进而确定土地补偿标准。

以人为本就是要强调在征地过程中受影响人的参与，保障征地后移民的基本生存状况所受到的负面影响程度被降至最低，特别是城镇化安置下移民的需求与农业安置下差别较大。

考虑土地权利的设置。就移民而言，征地造成的损失实际由两方面组成：一是被征收土地本身；二是依附于土地上的权利。从全面补偿原则的角度来看，应是"损失多少，补偿多少"，而现有的补偿制度只包含了对农地本身的补偿，却没有体现对土地权利的补偿。对土地权利的补偿在当前的产权框架下应关注三个方面。首先是对土地发展权的补偿。从其他国家的征地补偿制度来看，对土地发展权的补偿是具有可操作性的。例如印度《土地征收、移民安置与重建法》中就规定，如果被征收土地在没有进行任何开发的情况下再转让，则土地升值价值的40%应由该土地原所有者享有。其次是要考虑"三权分置"下对承包权与经营权的补偿。"三权分置"下，土地承包权与经营权分开，补偿时既要考虑对土地承包权的补偿，也要考虑对经营权的补偿，并且二者的利益相关方可能不是同一方。最后是应关注城镇化安置下对集体土地所有权的补偿。现行的征地补偿有一部分是直接支付给村集体，用以发展生产的，这是由我国土地所有权结构所决定的。从农用地所有权的角度来看，当然有必要对村集体给予补偿。但在城镇化安置下，原有农村经济组织可能已不复存在，同时在职能上也发生了改变，因此，完全可以考虑降低对农村集体经济组织的补偿比例甚至根据实际情况全部取消而将其支付给移民个人。

重视市场因素的影响。其实质就是以土地的市场价值为基础制定补偿标准。从征地现状来看，与移民进行征地补偿的谈判已是征地过程中必不可少的环节，谈判虽以现行的年产值倍数补偿标准为基础，但实际费用与补偿标准已有一定差距，其受市场因素的影响。例如，宁夏黄河沙坡头水利枢纽工程的《移民安置规划设计报告》中提到："补偿的概算标准按自治区国土资源厅统征所制定的实际补偿标准，其中水浇地12500元/亩（概算标准8590元/亩），果园22000元/亩（概算标准18200元/亩）。"实际执行的补偿标准要高于概算标准。既然市场因素已经对补偿标准产生了决定性影响，那么以市场价值确定土地的补偿标准就应作为征地补偿制度改革的方向。在其他一些国家和地区，以市场价值作为补偿标准是比较常见的，比如美国以土地征收之日的市场价格为标准，英国以被征土地在公开土地市场的出售价格为标准，中国香港以征收当日土地的公开市场价格为标准。

5.4.2 社会保障制度

社会保障制度包括社会保险、社会福利、社会救助。

社会保险主要包括养老、医疗、失业保险等。这几类保险都涉及农村地区与城镇地区衔接的问题。从社会保险发展的总体趋势来看，城乡统一是未来的发展方向。在养老保险方面，有些地区已经完成了城乡养老保险的统一，例如宁夏回族自治区，对城镇化安置而言这是一个利好的因素。除了参加居民养老保险外，还应该关注移民参加职工基本养老保险的情况。在医疗保险方面，应尽快完成城镇居民医疗保险和新型农村合作医疗的整合，建立统一的城乡居民基本医疗保险制度，实现政策标准、支付结算、经办服务等内容的统一。在失业保险方面，现行的失业保险办法于2002年开始实施，尽管在保险金标准方面，失业保险金标准一再调整，但现行的失业保险办法是以1999年中央政府颁布的《中华人民共和国失业保险条例》制定的，其制度安排的出发点是以城镇正规就业人员为保障主体，因此，对于进城务工的水库工程农村移民而言，实际上并没有起到较好的"保护"作用，例如，将一次性生活补助的受益人限于农民合同制职工，并且还附加了"连续工作满1年"，还有"本单位已缴纳事业保险费"的限制，这与农村居民进城务工所具有的非正规就业特点是不符合的。尽管水库工程农村移民城镇化安置就业应以实现正规化就业为目标，但在此之前的过渡期，也应涵盖在失业保险的范围之内。

社会福利包括教育福利、公共福利和特殊福利。教育福利方面，针对户籍问题尚未解决的移民，应采取特殊政策，以尽快安排学龄移民子女就近入学。可根据实际情况，免除学杂费并给予一定的生活补助。公共福利方面，可与有关部门，特别是文化、市政部门紧密合作，在安置区附近开展福利设施建设，并定期在社区开展服务，提高移民在城镇的生活水平。特殊福利方面，针对移民群体中的孤寡老人、孤儿等，应由地方政府承担养育的责任，为孤寡老人提供物质、精神上的帮助与服务，为孤儿群体提供物质和教育的保障。

社会救助包括五保救助、扶贫救助等，主要针对的是生活困难的移民群体。

5.4.3 就业扶持制度

（1）提前建立人力资源开发机制

现行的就业扶持制度往往在搬迁完成后才进入实施阶段，这对城镇化安置的移民影响较大，一定程度上延缓了他们进城就业的时间。水库工程农村移民自身受教育水平导致了他们在安置区就业市场上竞争力不强，不仅明显弱于城镇常住居民，也与一般农业转移人口有一定差距，因此需要在搬迁实施前就建立人力资源开发机制，对选择城镇化安置的移民开展有针对性的免费培训，特别重视对中级及以上技工的培养，充分发挥市场在促进就业中的作用。加大对移民的教育投入力度，特别是九年义务教育、职业教育与成人教育的投入力度，缩短城镇化安置后移民寻找与自身条件相匹配的工作岗位的时间，顺利解决劳动力由第一产业向第二、第三产业转移的衔接问题，尽快解决移民的就业问题，同时也可推动安置区产业的结构转型与升级，满足安置区的劳动力需求，支持安置区经济发展。

（2）建立面向城镇化安置就业的帮扶机制

政府层面应建立以城镇化安置为导向的就业帮扶机制，改进安置区的就业服务体系，构建针对移民的就业咨询平台；对有条件自主创业的移民，可通过贷款贴息、天使基金等，提供低息或无息小额贷款；鼓励中小企业吸纳移民，特别是"4050"人员，并为吸纳移民的企业提供政策优惠，包括社会保险补贴、小额贷款贴息；政府可购买公益性岗位，旨在解决零就业家庭与就业困难家庭的就业问题。

（3）建立自主创业的指导机制

结合安置区的产业规划与产业优势，建立支持移民自主创业的指导机制。为移民提供一年甚至更长的时间试营业，在此期间，由地方政府组织有创业经验和专业知识的企业家定期为创业移民进行经营指导。立足于安置区的已有产业优势，充分与产业发展规划相衔接，重点发展第二、第三产业，进而形成具有不可替代性的、特色的产业发展链条，以产业结构调整推动就业结构调整，实现对移民非农就业的有效分配机制。

（4）完善劳动力市场就业保障机制

城镇化安置下，对雇用移民的用工单位，一方面要求它们必须按照《中华人民共和国劳动法》的相关规定，与移民签订劳动合同，给移民缴纳基本养老保险、医疗保险、失业保险、工伤保险、生育保险以及住房公积金；另一方面也可同时给予它们一定的政策优惠。在养老保险方面，可以根据移民需求和实际情况，适当降低缴费标准，调整计发方式。对于雇用移民的企业，可在税前列支其缴纳的保险费，或按其缴纳的额度给予企业减免一定期限与比例的税收，也就等于对移民的个人账户进行间接补贴，进而提高用人单位与移民缴费的积极性。建立健全失业保险制度，在尽量避免和减少失业保险制度可能导致企业用人成本提高的同时，充分发挥失业保险对再就业的促进作用。

（5）建立经济发展规划与就业扶持规划协调发展的机制

城镇化安置涉及经济社会各个领域，相关的移民安置规划是指导移民城镇化安置实施的基本指针和制定相关政策的重要依据。为保障移民城镇化安置的有序推进，应立足实际，做到"两个纳入"。一是在地方政府的引导和重视下，将移民安置规划纳入地方国民经济和社会发展规划，这具有重要的战略意义，是制定、实施相关政策的重要依据，为相关工作的有效开展提供了政策保障；二是将移民安置规划纳入其他专项规划，如扶贫攻坚规划、农村剩余劳动力转移规划等，充分利用相关专项资金，为相关工作的有效开展提供资金保障。

5.4.4 社会管理制度

（1）构建人口基础与专项管理机制

一是加强移民人口基础管理，包括人口登记、人口统计、人口规划、人口监测及人口基础信息管理等。在移民安置区，应构建以人口现居住地为主的管理方式，推动建立以居民身份证号码为标识的人口基础档案，整合人口出生、婚姻、移民迁出地和迁入地的相关公共服务。通过人口基础信息的采集、整理、校核、存储和共享，有利于解决移民户口管理混乱、人数不清、迁移手续繁杂等问题，有利于提高人口信息服务能力，并进一步构建基于人口基础档案的人口信息服务机制。二是强化人口专项管理职能，如治安管理、选民登记、兵役管理、民族管理、特殊人群管理等。三是完善人口公共服务职能，如教育、就业、社会保障、社会救助、卫生、计划生育等。

（2）构建移民社会融入机制

为移民创造条件，尽快促进他们融入安置区社会，促进安置区的社会信任。加强社区整合，为移民安置社区建立完善的公共服务配套设施，切实解决移民子女入学、社区医疗等问题；深入了解移民文化，充分发挥移民特长，可以相应地成立一些文化休闲组织，丰富移民的闲暇生活，培养移民健康的生活情趣，也有助于促进他们对社会的适应；在社区管理队伍的配置上，应有一定比例的移民代表，以充分发表移民的意见，增强移民的社区意识，实现社区的和谐与稳定。

（3）建立对社区管理人员的培训机制

城镇化安置下，移民虽参与了社区管理，但没有对城市社区的管理经验，因此需要建立对社区管理人员的培训机制。一是在搬迁前，对原村委会成员和移民进行培训，从而使他们在安置初期可以尽快适应城市的社区管理方式，保证搬迁安置的顺利过渡；二是在搬迁完成后，总结搬迁后社区管理存在的问题，有针对性地对参与社区管理的移民代表进行培训；三是定期组织移民安置社区的管理人员进行交流，针对在社区管理中各自存在的问题进行沟通，提高社区管理效率。

(4) 建立矛盾排查化解机制

通过建立矛盾排查化解机制，保证移民有畅通的渠道表达自己的利益与诉求，遇到问题时注意与移民协商，努力把矛盾和问题化解在萌芽状态。同时，也要妥善处理好安置社区与世居民众社区的关系，协调好各方面利益，形成矛盾的自我化解机制。

(5) 构建移民自治能力强化机制

一是健全完善基层自治组织，强化基层民主自治。移民搬迁后，原有的组织及其结构已不能适应移民安置后的生活，移民需要形成和发展新的自我管理组织，应对移民搬迁后的调适、管理需要。应稳步推进社区化管理，组建社区工作者队伍，建立健全社区公共服务中心。应积极培育社区治理多元主体，依靠社会组织的自治方式，发挥移民在社会管理中的参与作用，促进安置区多元主体共同参与社会管理新格局的形成。需要高度重视对移民安置区基层干部的培训教育，建立安置社区基层干部定期培训机制。需要推进居委会、社会组织、企业和移民参与安置区社会管理和服务，培养移民群众的公民意识、参与意识、合作精神。二是逐步提高移民自我管理能力。需要扩大移民对公共事务的参与。注意移民的公共事务参与诉求，建立有效的移民参与公共事务的途径，保障其公共事务参与权利，增强其主人翁意识。促进移民加快融入当地社会，引导他们自觉维护和谐互助的邻里关系。

5.5 小结

本章分析了水库工程农村移民城镇化安置的制度安排。首先通过对制度本质的分析，区分了正式制度安排与非正式制度安排，并指出制度运行以交易费用为支撑。之后以土地管理制度、交易费用和土地产权为线索，梳理了新中国成立以来我国水库工程农村移民安置制度的变迁。在变迁的过程中，水库移民安置制度同时受到正式制度安排与非正式制度安排的影响，在制度安排不断完善的同时也应看到整个制度运行的交易费用是在不断上升的。之后从路径依赖的角度，对水库移民安置制度变迁的条件给定、机制启动、状态形成进行了分析，指出现行的移民安置制度是在计划经济背景下以农业安置为核心构建的，在制度变迁上，它既显示出高效率的路径依赖路线，也体现了低效率的路径依赖路线。前者表现为专门性法规的不断完善，后者则以交易费用的上升为特征。总体来看，它已经形成了由政府主导制度变迁以及围绕农业安置展开制度变革的路径依赖，退出路径依赖的锁定状态，实现向城镇化安置制度安排的过渡，需要新的外生变量，打破以农业安置为政策出发点的路径依赖。但是在现行的制度安排下，征地补偿与社会经济发展的脱钩、户籍管理上农转非的混乱、社区管理中管理机构的缺失以及就业扶持上从规划到实施的滞后都限制了现行制度安排向城镇化安置制度安排的转变。之后，基于不完全合约理论与演化博弈理论，分别阐述了交易费用最小化下的正式制度安排创新与复制动态机制下的非正式制度安排变化。最后对城镇化安置下具体的制度安排提出了建议。

第 6 章
案例研究：宁夏 D 工程农村移民城镇化安置

6.1　D 工程背景

6.1.1　D 工程概况

黄河黑山峡河段位于甘肃省和宁夏回族自治区两省区境内的黄河干流上，全长 71 公里，是黄河上游最后一个可以修建高坝大库的峡谷河段。这里水多沙少，水资源开发条件十分优越。D 工程位于黄河黑山峡河段出口上游 2 公里处，是《黄河治理开发规划纲要》确定的黄河干流七项骨干、三大控制性工程之一。

根据批复流域规划和河段开发长期研究论证结果，D 水利枢纽工程开发建设任务以反调节、防凌、防洪为主，兼顾供水、生态灌溉和发电，全河水资源合理配置，综合利用。工程主要功能作用是，通过对上游梯级电站发电水量进行反调节，恢复并维持宁夏黄河中水河槽行洪输沙功能，为防凌和防洪创造有利条件，为中游骨干工程联合调水调沙运用提供水流动力；调节径流，满足宁蒙地区工业能源基地、沿黄城镇供水要求，保证宁蒙河段农业灌溉供水及河口镇断面河道生态基流；为黑山峡河段周边的工业发展提供水资源保障和优越的引水条件，改善生态环境；开发河段水能资源，提高上游水电梯级发电效益，为西北电网和西电东送提供优质电力。

2014 年 5 月 21 日，国务院第 48 次常务会议，明确将黑山峡河段开发列入当前国家重点推进的 172 项重大水利工程建设规划中。2014年12月和2015年6月水利部副部长矫勇和部长陈雷分别考察了黄河D水利枢纽工程坝址，并要求宁夏各级党委、政府及相关部门进一步做好调查摸底等前期工作，为下一步优化方案提供第一手资料。2016年3月，十二届全国人大四次会议将做好黑山峡河段开发工程前期工作列入国家"十三五"规划纲要，为深入推进工程前期工作提供了重要依据。

6.1.2 D工程移民情况

黄河黑山峡河段开发方案在1954年首次提出，一开始只有一级开发方案，但由于一级开发坝址位于宁夏回族自治区，水库淹没损失主要发生在甘肃省，两省（区）对河段开发的认识长期不统一，影响到国家有关部门对河段开发方案的决策。2002年，甘肃省又对河段开发的功能定位提出不同意见，认为黑山峡河段的开发任务应以发电为主，并提出黑山峡河段的四级径流式电站开发方案。但无论何种开发方案，主要的淹没损失都发生在甘肃省，这也是甘肃省迟迟不愿实施此项工程的原因之一，因此，宁夏回族自治区政府提出可由宁夏来安置甘肃受影响移民。

本书对移民情况的分析基于一级开发方案（即正常蓄水位为1380米），原因如下。第一，一级开发方案是宁夏地方政府倾向的开发方案，在这一方案中，宁夏地方政府对移民安置工作可发挥更大主观能动性，可更好地支持移民安置。第二，四级开发方案提出时间较晚，各方面论证都不够成熟，而一级开发方案经过多年论证，移民数据比较详细。第三，相关主管部门支持以一级方案进行开发。2014年9月19日，水利部以水规计〔2014〕305号文上报国家发改委的《关于报送黄河黑山峡河段开发论证报告及其评审意见的函》中明确提出，一级开发方案能够满足河段开发功能的要求，但水库淹没影响相对较大；四级开发方案具有水库淹没影响小的优点，但仅以发电为主，不能满足河段开发功能的要求，并继续推荐河段开发采用D高坝一级开发方案。第四，现阶段工程的前期工作基本都围绕一级开发方案展开，一级开发方案在很大程度上会成为未来工程实际实施时依据的方案。D工程历年调查受影响移民数量如表6.1所示。

表6.1 D工程历年调查受影响移民数量

单位：人

省（自治区）	所属县区	所属乡镇	1992年天津院调查	2001年甘肃统计局调查	2002年西北院调查	2007年天津院调查	2011年黄河设计公司调查（2008年为基准年） 搬迁人口	2011年黄河设计公司调查 淹地影响	2011年黄河设计公司调查 合计	2014年（2012年为基准年）1380米	2014年天津院调查（加1380米防护）
	平川区	水泉镇	—	10337	—	9314	6189	3200	9389	—	7585
		草窝滩镇	—	711	—	1450	1462	0	1462	—	840
	景泰县	庐阳镇	—	316	—	350	353	371	724	—	350
		五佛乡	—	14867	—	15175	15296	0	15296	—	14741
		中泉乡	—	3816	—	3978	4010	0	4010	—	3736
		小计	—	19710	—	20953	21121	371	21492	—	19667
甘肃		三滩乡	—	11613	—	15397	15520	101	15621	—	—
		石门乡	—	6849	—	7050	7106	449	7555	—	8300
	靖远县	双龙乡	—	8161	—	8522	8590	1160	9750	—	10900
		兴隆乡	—	6076	—	5170	5211	0	5211	—	7000
		永新乡	—	76	—	79	80	108	188	—	—
		东湾乡	—	—	—	—	—	593	593	—	—
		小计	—	32775	—	36218	36507	2411	38918	—	26200
	兰通农场		—	—	—	—	—	—	—	—	100

续表

省（自治区）	所属县区	所属乡镇	1992年天津院调查	2001年甘肃统计局调查	2002年西北院调查	2007年天津院调查	2011年黄河设计公司调查（2008年为基准年）			2014年天津院调查（2012年为基准年）	
							搬迁人口	淹地影响	合计	1380米	1380米（加防护）
宁夏	合计		57980	62822	83169	66485	63817	5982	69799	—	53552
	中卫沙坡头区		1920	—	—	2664	2685	0	2685	—	3124
总计			59900	62822	831669	69149	66502	5982	72484	74479	56676

一级开发方案，水位高为1380米，淹没回水长度为188公里，淹没范围涉及2省（自治区）4县（区）13个乡（镇），其中涉及宁夏中卫沙坡头区迎水桥、常乐2个乡（镇）；甘肃景泰县的草窝滩、五佛、芦阳、中泉4个乡镇，平川区的水泉镇，靖远县的兴隆、双龙、石门、三滩、东湾、永新6个乡镇。受影响移民人数历经1992年天津院调查、2001年甘肃统计局调查、2002年西北院调查、2007年天津院调查、2011年黄河设计公司调查与2014年天津院调查。由于种种原因，最新的详细调查尚未展开。本书综合历次调查结果，以2014年8月天津院结果为基础。

6.2 D工程移民城镇化安置环境容量分析

6.2.1 宁夏城镇化水平分析

宁夏位于我国西北地区，是全国五个少数民族自治区之一，2015年末宁夏全区常住人口有667.88万人，其中城镇人口为368.9万人，占全部常住人口的55.23%。近年在西部大开发战略的指导下，宁夏的社会经济得到快速发展，但作为西部欠发达地区，宁夏的城镇化水平与全国发达省份相比尚有一定差距。

（1）城镇化率

城镇化率是衡量城镇化的重要指标，我国统计部门计算城镇化率一般以城镇常住人口占常住总人口比例计算。

2014年底，银川全区的城镇化率达到53.61%，但是区内各城市城镇化率差距较大。银川市的城镇化率为75.45%，石嘴山市为72.25%，吴忠市为43.7%，中卫市为37.19%，固原市为30.09%。从中可以看出银川与石嘴山市城镇化水平较高，与其余城市有明显差距。同时，从地理区域上看，南北差异较大，最高的银川与最低的固原相差45.36个百分点。2014年全国分地区城镇化率如表6.2所示。

表 6.2　2014 年全国分地区城镇化率

单位:%

省　份	城镇化率	省　份	城镇化率
北　京	86.35	湖　北	55.67
天　津	82.27	湖　南	49.28
河　北	49.33	广　东	68.00
山　西	53.79	广　西	46.01
内蒙古	59.51	海　南	53.76
辽　宁	67.05	重　庆	59.60
吉　林	54.81	四　川	46.30
黑龙江	58.01	贵　州	40.01
上　海	89.60	云　南	41.73
江　苏	65.21	西　藏	25.75
浙　江	64.87	陕　西	52.57
安　徽	49.15	甘　肃	41.68
福　建	61.80	青　海	49.68
江　西	50.22	宁　夏	53.61
山　东	55.01	新　疆	46.07
河　南	45.20	全　国	54.77

资料来源:《中国统计年鉴 2015》。

一方面,从全国范围来看,宁夏 53.61% 的城镇化率低于全国 54.77% 的平均水平,在全国属于下游水平;另一方面,说明其城镇化发展尚有很大空间。

(2) 城镇分布密度

城镇分布密度可以较好地衡量城镇化的地区差异,城镇分布密度=区域城镇数量/区域土地面积。宁夏城镇分布密度差异 (2012 年) 如表 6.3 所示。

表 6.3　宁夏城镇分布密度差异 (2012 年)

区　域	土地调查面积 (万公顷)	城镇数量 (个)	城镇分布密度 (个/万平方公里)
宁　夏	467.63	101	21.60
银川市	18.00	6	33.33

续表

区域	土地调查面积（万公顷）	城镇数量（个）	城镇分布密度（个/万平方公里）
永宁县	9.26	5	54.00
贺兰县	12.00	4	33.33
灵武市	35.44	6	16.93
石嘴山市	41.14	11	26.74
大武口区	9.41	1	10.62
惠农区	10.86	3	27.61
平罗县	20.86	7	33.55
吴忠市	104.27	29	27.81
利通区	10.45	8	76.54
盐池县	67.78	4	5.90
同心县	8.69	7	80.55
青铜峡市	17.35	8	46.12
固原市	112.86	19	16.83
原州区	35.06	7	19.97
西吉县	31.30	3	9.58
隆德县	9.91	3	30.28
泾源县	11.31	3	26.53
彭阳县	25.29	3	11.86
中卫市	134.65	21	15.60
沙坡头区	45.99	10	21.74
中宁县	33.77	6	17.77
海原县	54.89	5	9.11

由表6.3可看出，宁夏的城镇分布密度为21.60个/万平方公里，在全国范围内属于比较低的水平，只比甘肃、黑龙江、西藏等个别省份要高。在区内，城镇分布密度最高的地级市是银川，为33.33个/万平方公里，接着为吴忠市与石嘴山市，分别为27.81个/万平方公里和26.74个/万平方公里，之后是固原市与

中卫市，分别为 16.83 个/万平方公里与 15.60 个/万平方公里。从上述数字来看，银川属于第一梯队，吴忠市与石嘴山市属于第二梯队，与银川市有一定差距，而固原市与中卫市属于第三梯队，与前三个城市差距较大。这种差异造成的原因一方面有经济因素，固原受地理位置与资源限制影响，是区内传统贫困地区，而银川作为首府有先天的优势，石嘴山也是历史比较久的工业基地；另一方面，也应看到个别地级市建市时间不长，各方面基础较薄弱的现实。例如中卫市，以前一直是中卫县，直到 2004 年才正式成立地级市，相比区内其他地级市，基础薄弱。总体来看，宁夏回族自治区城镇分布比较分散，城镇化水平较低。

（3）城镇化、工业化与非农化

城镇化与产业化存在一种自我循环演进和增强关系，城镇化进程与产业结构分布是相互关联的两个方面。在这一视角下，评价城镇化水平就不能脱离城镇化发展与产业结构调整的背景，即城镇化、工业化与非农化的关系。

人口地域分布的城镇化、经济产业结构的工业化与劳动力就业结构的非农化是相互作用的，通常用 IU 比和 NU 比来反映三者之间的关系，前者表示工业化率与城镇化率的比值，后者表示非农化率与城镇化率的比值。一般来说，IU 比为 0.5，NU 比为 1.2 是两个指标的理想状态。若指标比小于理想状态，则说明城镇化发展超前，为过度城镇化状态；若大于理想状态，则说明相比工业化与非农化，城镇化发展滞后，为不足城镇化状态。2000~2014 年宁夏回族自治区城镇化、工业化与非农化相互关系如表 6.4 所示。

表 6.4   2000~2014 年宁夏回族自治区城镇化、工业化与非农化相互关系

年份	城镇化率	工业化率	非农化率	IU 比	NU 比
2000	32.54	32.78	42.43	1.0072	1.3039
2001	33.32	31.66	43.69	0.9501	1.3113
2002	34.20	31.96	44.83	0.9345	1.3108
2003	36.92	33.95	48.32	0.9196	1.3086
2004	40.60	36.78	50.12	0.9059	1.2344
2005	42.28	37.28	46.33	0.8817	1.0958

第6章 案例研究：宁夏D工程农村移民城镇化安置 ◆183

续表

年份	城镇化率	工业化率	非农化率	IU比	NU比
2006	42.96	39.61	54.53	0.9221	1.2693
2007	44.02	40.99	54.28	0.9310	1.2330
2008	44.98	42.11	55.12	0.9363	1.2254
2009	46.10	38.45	60.18	0.8341	1.3055
2010	47.96	38.06	50.31	0.7935	1.0489
2011	49.82	38.85	51.06	0.7799	1.0250
2012	50.67	37.53	51.49	0.7406	1.0162
2013	52.01	36.20	52.43	0.6960	1.0081
2014	53.61	35.45	54.70	0.6612	1.0204

由表6.4可看出，宁夏全区的城镇化率一直呈现上升的趋势，而工业化率虽然有上升趋势但并不明显，近年还有所下降。IU比一直大于0.5，说明城镇化发展滞后。NU比在2000年至2009年（2005年除外）一直大于1.2，呈现不足城镇化状态，但是在2010年后，NU比开始小于1.2，这是否能说明宁夏已经进入过度城镇化状态呢？本书认为出现这种状态受到两个因素影响：第一，宁夏近年投入大量人力、物力和财力开展生态移民，一定程度上促进了非农化率的提高；第二，在宁夏城镇化率不断提高的背景下，工业化率增加并不明显，说明城镇化对工业化发展的带动作用并不显著。在工业化率增长不明显的情况下，单纯由政策等外部因素造成的非农化率提高，进而出现NU比小于理想状态，并不足以支撑宁夏已进入超城镇化状态的结论。

通过上述三个维度对宁夏城镇化水平的考察可以发现，一方面，全区城镇化发展处于较低水平，区内各城市城镇化发展差异显著，同时城镇化、工业化与非农化的发展尚需要进一步协调；但从另一方面看，正是由于城镇化率还处于较低水平，说明宁夏城镇化进一步发展的空间还比较大，也比较容易对工业化与城镇化的协调发展进行调整。

6.2.2　城镇化安置环境容量分析：中卫市沙坡头区

（1）选择中卫沙坡头的原因

第一，地理位置上，中卫市沙坡头区与 D 工程主要淹没区白银市相连，二者在生活习惯、文化语言等方面相近，有助于移民更快地适应安置区生活。

第二，地方政府对支持 D 工程建设有较强的主观能动性。D 工程建设过程会给中卫市带来大量的就业机会，并带动地方建筑材料市场的发展，在工程建成后，所带来的防洪、灌溉、发电效益又能使中卫市受益，因此，地方政府对安置 D 工程移民具有较高的积极性。

第三，人口结构上中卫市老龄人口比重较低，养老负担较小，有利于在城镇化安置下接收老年移民。根据对 2010 年第六次全国人口普查数据的整理，中卫市是宁夏全区人口老龄化程度最低的城市，老龄人口占总人口比重只有 5.86%，尚处于成年型社会，并且其老龄化速度（2000~2010 年）也是全区最慢的。宁夏部分地区人口老龄化情况如表 6.5 所示。

表 6.5　宁夏部分地区人口老龄化情况

单位：人，%

地　区	65 岁以上人口	占总人口比重	增长率	全社会人口年龄类型	老龄化速度
银　川	124831	6.26	6.83	成年型	超　速
石嘴山	59951	8.26	6.15	老年型	超　速
中　卫	53405	5.86	3.50	成年型	中　速
吴　忠	81991	6.44	5.10	成年型	超　速

第四，城市规模方面，中卫市较低的城市融入成本适合水库工程农村移民的城镇化安置，并且也适宜技能水平不高的移民就业。根据第四章的分析可知，水库工程农村移民的城镇化安置适宜围绕规模较小城市展开，这与其不高的城市融入成本和对劳动力技能水平要求较低密切相关，从这个角度看，中卫市较适宜进行水库工程农村移民的城镇化安置。

(2) 中卫沙坡头区城镇化安置环境容量分析

①系统边界确定

系统的空间边界是宁夏回族自治区中卫市沙坡头区，位于东经104°7′~105°37′，北纬36°39′~37°44′。2004年撤销了中卫县，成立地级市中卫市，当时并没有设立沙坡头区一级政府，而以"中卫城区"指代沙坡头区。2008年，正式设立中卫市沙坡头区。系统的边界时间为2004年至2013年，时间步长为1年，预测时间到2020年。预测所需数据来源包括《宁夏统计年鉴》（2005~2014年）、《中卫市统计年鉴》（2005~2014年）、《宁夏水资源公报》（2004~2013年）、《中卫市市辖区土地利用总体规划调整说明》（2006~2020年）。

②对仿真结果的检验

a) 运行检验

通过程序运行，未发现模型产生病态结果。

b) 历史检验

之后进行历史检验，将抽取总人口、人均GDP、第二产业就业需求、基本公共服务支出与固定资产投资总额作为检验参量，以2012年作为检验年份，检验结果见表6.6。

表6.6 历史检验验证结果

指标	总人口（万人）	人均GDP（元）	第二产业就业需求（人）	基本公共服务支出（万元）	固定资产投资总额（万元）
原始值	38.71	30722	69229	158211	989313
模拟值	38.23	31005	72011	152349	1002711
相对误差比（%）	-1.24	0.92	4.02	-3.71	1.35

在抽样历史检验中，相对误差小于1%的变量占总检验参量的20%，相对误差小于2%的占60%，相对误差小于5%的占100%，说明此模型模拟的结果比较可靠。

③情景模拟

根据第三章的设定，考察两个情景模式下，中卫市沙坡头区的城镇化安置容量。城镇化安置情景模拟结果如表 6.7 所示。

表 6.7 城镇化安置情景模拟结果

单位：万人

情景	情景描述	自然环境容量	经济环境容量	总人口	城镇化安置环境容量
基本情景	工业增加值年增长率为 12%，净迁移率为 1‰，平均灌溉水利用系数为 0.6	62.83	2.63	43.43	1.34
城镇化安置情景	工业增加值年增长率为 12.5%，净迁移率为 1.5‰，平均灌溉水利用系数为 0.65	64.52	3.93	45.19	1.153

由表 6.7 可以看出，在基本情景下，城镇化安置环境容量为 1.34 万人。在城镇化安置情景下，虽然集聚人口的增加会挤占一定的城镇化安置容量，但是工业增加值增长速度的提高也增加了经济环境容量。同时，黄河过境取水量利用系数的提高也有利于自然环境容量的扩大。因此在城镇化安置情景，城镇化安置环境容量虽有减小，但依然有一定的空间吸纳移民。

6.3 D 工程移民城镇化安置就业分析

6.3.1 宁夏回族自治区产业结构与就业结构转变情况

从人口上来看，宁夏不算人口大省，全区的就业形势呈现以下特点。

（1）产业结构偏离度：第一产业面临劳动力转移压力，第二、第三产业尚有劳动力吸纳能力，第二产业强于第三产业

对三产就业人员结构的考察有助于发现未来的就业发展趋势，但是更准确地考察各产业发展与劳动力吸纳能力的关系还需

要考虑产业结构偏离度。

结构偏离度大于 0 为正偏离，表明该产业仍有空间吸纳劳动力；结构偏离度小于 0 为负偏离，说明该产业中有大量的隐性失业（Disguised Unemployment）者，应该促使劳动力转移到其他产业部门。理论上，结构偏离度为 0 是最佳状态，此时该产业的产业结构与就业结构协调发展。2000~2014 年宁夏回族自治区产业结构变化情况如表 6.8 所示。

表 6.8　2000~2014 年宁夏回族自治区产业结构变化情况

单位：%

年份	产业结构 第一产业	产业结构 第二产业	产业结构 第三产业	就业结构 第一产业	就业结构 第二产业	就业结构 第三产业	产业结构偏离度 第一产业	产业结构偏离度 第二产业	产业结构偏离度 第三产业
2000	15.6	41.2	43.2	57.6	18.1	24.3	-0.7291	1.2741	0.7793
2001	14.7	40.3	45.0	56.3	18.5	25.2	-0.7386	1.1767	0.7862
2002	14.0	40.6	45.4	55.2	19.5	25.3	-0.7456	1.0812	0.7935
2003	12.5	43.6	43.9	51.7	21.8	26.5	-0.7584	1.0010	0.6561
2004	12.2	45.4	42.4	49.8	21.5	28.7	-0.7558	1.1134	0.4773
2005	11.8	45.9	42.3	48.4	22.3	29.3	-0.7569	1.0573	0.4437
2006	11.0	48.4	40.6	45.5	23.4	31.1	-0.7592	1.0698	0.3058
2007	10.7	49.5	39.8	45.7	22.7	31.6	-0.7669	1.1810	0.2608
2008	9.9	50.7	39.4	44.9	28.3	26.8	-0.7800	0.7903	0.4701
2009	9.4	48.9	41.7	39.8	25.8	34.4	-0.7637	0.8969	0.2109
2010	9.0	49.0	38.1	49.7	16.5	33.8	-0.8189	1.9697	0.1272
2011	8.3	50.2	38.8	48.9	16.3	34.8	-0.8303	2.0798	0.1149
2012	8.1	49.5	37.5	48.5	16.5	35	-0.8330	2.0000	0.0714
2013	8.2	48.9	36.2	47.6	17.2	35.2	-0.8277	1.8430	0.0284
2014	7.9	48.7	35.4	45.3	19.2	35.5	-0.8256	1.5365	-0.0028

资料来源：《2015 年宁夏统计年鉴》。

从表 6.8 可以看出，宁夏第一产业结构偏离度长期为负值，说明第一产业劳动生产率低，存在劳动力转移压力；第二产业结构偏离度为正值，近几年虽有下降，但基本上一直大于1，说明第二产业尚有较大空间吸纳更多的劳动力，以保持产业发展和就业吸纳能力协调。第三产业结构偏离度逐年降低，2014年甚至出现了负值，这说明如果第二产业在规模上不进一步扩大，其可吸纳劳动力的空间就会越来越小。第二产业的结构偏离度远高于第三产业，一定程度上反映了宁夏回族自治区的第二产业存在更大的就业空间，有较高的劳动力吸纳能力，劳动生产率也更高。宁夏第二产业就业人数一直是三产里最少的也间接支持了这一结论。

（2）就业弹性：经济增长对就业拉动作用明显，特别反映在第二、第三产业上

就业弹性系数是考察经济发展与就业增长之间数量关系的指标，是判断一定时期内就业形势严峻与否的重要依据。就业弹性系数为0，说明经济增长对就业无拉动作用；就业弹性系数为正值时，经济增长对就业具有拉动效应；就业弹性系数为负值时，经济增长对就业形成两种效应，一是当经济增长指标为正值、就业增长指标为负值时，经济增长对就业有"挤出"效应；二是当经济增长指标为负值、就业增长指标为正值时，经济增长对就业具有"吸入"效应。2011~2014年宁夏回族自治区就业弹性变化情况如表6.9所示。

表6.9 2011~2014年宁夏回族自治区就业弹性变化情况

单位：%

年份	国内生产总值增长率				就业人数增长率				就业弹性系数			
	总值	第一产业	第二产业	第三产业	总值	第一产业	第二产业	第三产业	总值	第一产业	第二产业	第三产业
2011	12.10	5.10	17.60	7.20	4.17	2.59	2.97	7.08	0.34	0.51	0.17	0.98
2012	11.50	5.80	13.80	9.70	1.44	0.54	2.71	2.12	0.13	0.09	0.20	0.22
2013	9.80	4.60	12.50	7.40	1.97	0.00	6.15	2.74	0.20	0.00	0.49	0.37
2014	8.00	5.49	9.20	6.90	1.68	-3.17	13.58	2.42	0.21	-0.58	1.48	0.35

资料来源：《宁夏统计年鉴》（2015年）GDP以1978年为100%计算。

总体来看，宁夏经济增长对就业的拉动作用比较明显，就业

弹性系数一直大于0。分产业来看，第一产业的就业弹性系数逐年下降，已经出现负值，说明经济增长对第一产业就业具有"挤出"效应，第一产业的劳动力转移压力不断加大。第二、第三产业就业弹性系数一直大于0，拉动效应显著，特别是第二产业，2014年就业弹性系数将近1.5，就业需求较强。

(3) 劳动参与率[①]

劳动力供给不仅受到劳动年龄人口规模影响，也与劳动参与率有关。表6.10数据显示，宁夏分年龄劳动参与率与劳动年龄人口结构均发生了显著变化：一方面，分年龄劳动参与率出现两端逆向变化，低年龄组劳动参与率下降和高年龄组劳动参与率上升；另一方面，劳动年龄人口结构老化，高年龄劳动人口明显增多，且呈现增长趋势。受这两个因素影响，总体劳动参与率也在下降，从1990年85.59%下降到2010年76.99%，尽管如此，宁夏2010年的总体劳动参与率仍高于全国平均水平（75.82%）（周潇君、施国庆、黄健元，2016：50~57）。

表6.10 宁夏三次人口普查劳动参与率、劳动年龄人口结构与劳动年龄人口

单位：%

年 龄	劳动参与率			劳动年龄人口结构			劳动年龄人口		
	1990年	2000年	2010年	1990年	2000年	2010年	1990年	2000年	2010年
15~19岁	57.25	43.38	32.54	19.03	13.63	12.13	55.60	50.21	55.21
20~24岁	91.72	89.44	73.59	18.53	13.49	12.12	54.13	49.69	55.15
25~29岁	97.29	93.61	88.11	14.40	15.01	11.01	42.07	55.31	50.11
30~34岁	97.22	94.32	89.24	10.35	14.90	11.85	30.24	54.90	53.92
35~39岁	96.57	94.56	90.47	10.37	11.84	13.01	30.29	43.61	59.22
40~44岁	94.82	92.54	90.19	7.53	7.97	12.66	21.99	29.36	57.63
45~49岁	91.91	86.84	87.64	6.60	8.18	9.79	19.29	30.13	44.54
50~54岁	86.03	44.81	74.73	5.73	5.99	6.43	16.75	22.08	29.27
55~59岁	77.76	32.99	63.87	4.49	6.45	4.79	13.13	17.66	29.35
60~64岁	66.86	25.58	42.43	2.96	4.20	4.54	8.66	15.46	20.65
合 计	85.59	81.09	76.99	100.00	100.00	100.00	292.15	368.41	455.05

① 该小节部分内容已发表于《干旱区资源与环境》2016年第11期。

资料来源：由宁夏第三、四、五次人口普查资料整理计算。

劳动参与率计算的是经济活动人口（就业人口与失业人口之和）占劳动年龄人口的比重，可用如下公式表示：

$$C = \frac{\sum_{i=15}^{64} p_i c_i}{P} = \sum_{i=15}^{64} r_i c_i \qquad (6-1)$$

其中，C 为总体劳动参与率，p_i 为 i 岁组劳动年龄人口数量，c_i 为 i 岁组劳动参与率，P 为劳动年龄人口总量，r_i 为 i 岁组劳动年龄人口占劳动年龄人口总量的比重。为了更好地考察分年龄劳动参与率与人口结构转变对总体劳动参与率的影响，对式（6-1）进行要素分解，得式（6-2）：

$$\underbrace{\frac{C_t}{C_0} = \frac{\sum_{i=15}^{64} r_i(t) c_i(t)}{\sum_{i=15}^{64} r_i(0) c_i(0)}}_{\text{总体劳动参与率变动}} = \underbrace{\frac{\sum_{i=15}^{64} r_i(t) c_i(t)}{\sum_{i=15}^{64} r_i(t) c_i(0)}}_{\text{分年龄劳动参与率变动}} \cdot \underbrace{\frac{\sum_{i=15}^{64} r_i(t) c_i(0)}{\sum_{i=15}^{64} r_i(0) c_i(0)}}_{\text{劳动年龄人口结构劳动参与率变动}} \qquad (6-2)$$

根据式（6-2），得到各项变动指数，详见表 6.11。

表 6.11　1990～2010 年宁夏劳动参与率变动趋势影响要素指数变动

要素	1990～2000 年	2000～2010 年
总体劳动参与率变动指数	0.947	0.933
劳动年龄人口结构变动指数	1.021	0.984
分年龄劳动参与率变动指数	0.928	0.948

由表 6.11 可以看出，总体劳动参与率变动指数在 1990～2010 年处于减少期（指数小于 1），这种变化受到劳动年龄人口结构变动指数与分年龄劳动参与率变动指数的影响。劳动年龄人口结构变动指数在 1990～2000 年对总体劳动参与率变动指数起到了促进作用（指数大于 1），而在 2000～2010 年对总体劳动参与率变动指数则起到抑制作用（指数小于 1），总体劳动参与率变动指数也出现了降低的情况。劳动年龄人口结构变动指数衰减的这段时间也正是宁夏人口准备向老龄化转变的时间（2010 年后），说明其对总体劳

动参与率变动指数的抑制作用是比较明显的。分年龄劳动参与率变动指数近年来一直小于1，且始终低于劳动年龄人口结构变动指数。这表明分年龄劳动参与率变动指数的下降对总体劳动参与率变动指数的变化起到持续的削弱作用，它要比劳动年龄人口结构变动指数的抑制作用更明显。基于对宁夏第四、五、六次人口普查数据的测算，可以发现1990~2010年低年龄劳动组（15~24岁）的劳动参与率大幅下降，其中15~19岁组下降了24.71个百分点，20~24岁组下降了18.13个百分点，这显然和初高中入学率提高以及大学扩招有关。1990年，宁夏平均每万人在校学生数，普通中学为611人，中等职业教育学校为50人，大学为17人；到2010年，分别上涨至714人、162人与133人。这也从侧面反映出近年来宁夏劳动力供给质量在不断提升。

（4）劳动力供求：供不应求局面将长期持续①

基于对生育模式、死亡参数、劳动参与率等关键指标的假设，根据测算，在"十三五"规划和"十四五"规划，宁夏回族自治区劳动力供给将不断增长，但是"十四五"期间劳动力供给增长速度会逐渐放缓。在劳动力需求方面，第一产业的劳动力需求将继续下降，占全部就业人数比重也会下降到40%以下，第二、第三产业的劳动力需求则不断增加。并且，劳动力需求始终大于劳动力供给，劳动力供需缺口不断扩大，因此，通过引入外省移民，将有效缓解劳动力市场供不应求的局面。

6.3.2 城镇化安置就业方案设计：中卫沙坡头区

中卫市沙坡头区地处宁夏回族自治区中西部，位于沿黄经济带和清水河城镇产业发展带交会节点，区位交通条件优越。根据经济形势的变化，沙坡头区确定了稳定发展第一产业，改造升级第二产业，加快发展第三产业的产业发展目标。

对城镇化安置就业方案的设计如第四章所分析的那样，必须结合地方产业规划展开，在《宁夏空间战略发展规划》中，中卫市是全区"一主三副"中的重要副中心，是全区打造"国家新能

---

① 详细的测算过程可参见《干旱区资源与环境》2016年第11期。

源产业基地"的核心地区,在全区"六大产业板块"中,中卫属于"电子信息、新能源和旅游产业板块"。

在《宁夏沿黄经济区发展总体规划》中,对中卫市沙坡头区相关园区产业发展方向的要求就是:中卫工业园区——造纸、冶金、精细化工、新材料;中卫能源化工基地——煤电、煤化工。对中卫市的功能定位是:建成西北地区重要的交通枢纽城市、区域性节点物流中心、我国重要的能源化工基地。重点发展旅游、物流、能源化工、建筑业等产业。

在《宁夏内陆开放型经济试验区规划》中,中卫沙坡头区位于开放核心区与特色农业示范区,应面向国际和国内市场,以特色优势农产品精深加工为突破口,建设清真食品生产加工基地,构建西部地区特色农业示范区。

根据各规划对中卫市沙坡头区的定位,城镇化安置的就业可重点考虑以下行业。

(1) 建筑业。近年来,建筑业一直是中卫市(市区)吸纳劳动力较多的行业,随着沙坡头区第二产业逐步向工业园区集中,相应的水、电、路、气、厂房等基础设施和配套设施建设也需要大量劳动力。

(2) 农副产品加工业。依托硒砂瓜、红枣、清真牛羊肉产业的快速发展,沙坡头区计划大力发展相关产品加工,这为吸纳非农劳动力提供了一定空间。

(3) 装备制造业。未来沙坡头区将大力发展电子信息产业,逐步将其打造为中卫工业转型升级的强大引擎。电子信息产业对技术水平要求高虽不适宜移民就业,但是根据当地政府规划,电子信息产业与装备制造业之间有联动关系,前者的发展必将带动后者。而装备制造业虽对技能也有一定要求,但移民在经过培训后完全可以具备上岗条件。

(4) 旅游业。推动旅游业的快速发展是沙坡头区加快发展第三产业的重要举措,沙坡头地区旅游资源丰富,旅游业的发展也有利于带动地方餐饮、住宿、交通的发展,提供大量就业机会。

6.4 D工程移民城镇化安置制度安排分析

6.4.1 现有的移民安置制度安排

在政策框架方面，可从三个层面考察宁夏现有移民安置制度安排：普适性政策法规、专用性政策法规与地方性政策法规（如图6.1所示）。

普适性政策法规包括我国现行的有关水利水电工程移民主要法律等上位法，如《中华人民共和国土地管理法》；水利水电工程移民主要行政法规与法规性文件，如《大中型水利水电工程建设征地补偿与移民安置条例》；还有相关部门出台的规章制度，如《关于设立水利水电工程后期扶持资金的通知》。

专用性政策法规指专门针对某一个水库工程移民安置而出台的政策法规。宁夏回族自治区成立以来，进行了大规模的水利水电工程建设，如青铜峡水利枢纽工程涉及移民2.7万人，黄河沙坡头水利枢纽工程涉及移民1031人。但目前在宁夏境内已建或在建的水库工程中，并没有像三峡工程、南水北调工程等一样的工程，因此没有颁布专用性政策法规。

地方性政策法规主要指自治区、市制定的征地补偿办法、土地管理条例等，例如，《自治区人民政府关于发布实施宁夏回族自治区县（市、区）征地补偿标准的通知》《宁夏回族自治区土地管理条例》等。

管理体制方面，在自治区层面设有水库移民管理办公室，其为宁夏回族自治区水利厅下属单位，负责贯彻落实国家有关水库移民政策以及全区的水库移民后期扶持政策的具体实施工作。

6.4.2 城镇化安置制度安排设计建议

（1）补偿安置制度

①建立上游梯级新增发电收益补偿机制

上游梯级新增发电收益补偿机制的建立，主要是指D工程建成以后，其所承担的调节和防凌（防洪）职责，将使上游各梯级电站的发电任务和能力得到进一步落实和提高,提高整个黄河中上游流域的开发深度,有利于沿岸经济社会发展和国家能源战略落实。根据 D 项目前期管理办公室估算,D 工程建成以后,其主要承担的调节和防凌(防洪)任务将大大减轻其上游 21 个水电工程的调节和防洪压力,仅从发电角度来讲,这些从防洪和调水调沙任务中"被解放"的水电工程的年发电量将增加 35.4 亿度时,由此带来的发电收入为 6.75 亿元,若拿出该笔收益的 20%

```
普适性政策法规
  ├─《中华人民共和国土地管理法》—— 水利水电工程移民主要法律
  ├─《大中型水利水电工程建设征地补偿与移民安置条例》—— 水利水电工程移民主要行政法规与法规性文件
  ⋮
  └─《关于设立水利水电工程后期扶持资金的通知》—— 相关部门出台的规章制度

专用性政策法规
  └─ 无

地方性政策法规
  ├─《自治区人民政府关于发布实施宁夏回族自治区县(市、区)征地补偿标准的通知》
  ⋮
  └─《宁夏回族自治区土地管理条例》
```

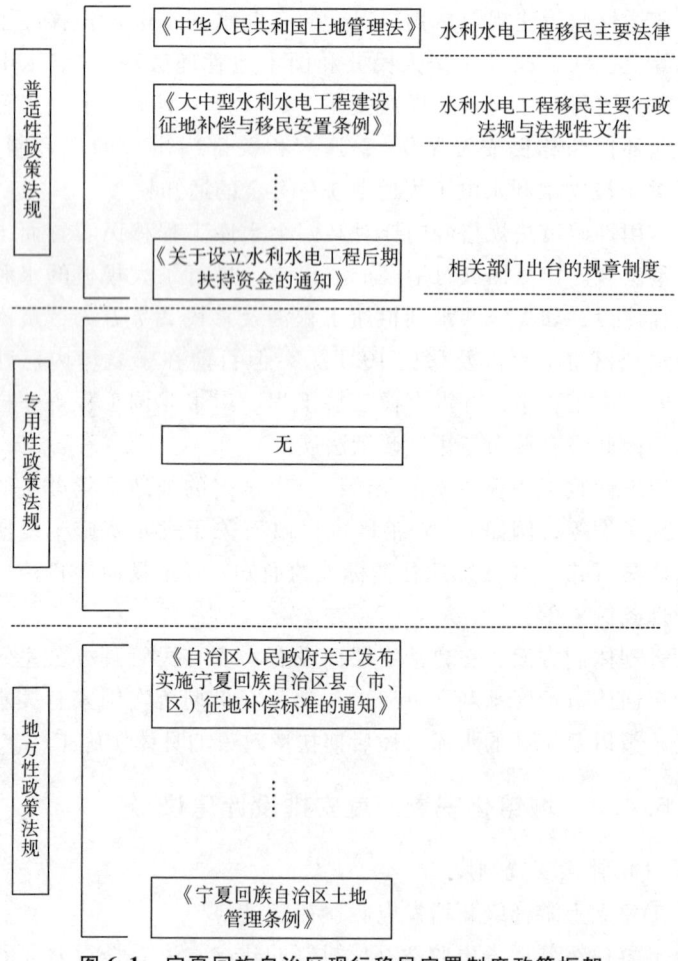

图 6.1　宁夏回族自治区现行移民安置制度政策框架

用于建立移民专项基金，每年可征收1.15亿元。这些资金可以用于促进库区或安置区的基础设施建设和经济发展、改善移民生产生活条件、进行移民生产技能培训、帮扶弱势移民群体以促进其生产生计恢复等诸多方面，并可以为其他制度的完善与建立提供坚实的资金支撑。

②建立移民税收分配专项扶持机制

考虑移民后续持续发展情况，可从D工程一级开发方案分配角度出发，将宁夏政府的税费全部拿出用于甘肃移民后续的生产生活补助，在一级开发方案中，在甘肃移民全部由宁夏安置解决的情况下，根据D项目前期管理办公室估算，工程每年可分宁夏地方政府税费1.19亿元。这些税费也可注入移民基金，以用于促进移民的长期发展。

③建立水电开发业主反哺失地农民机制

根据前文的分析，D工程基本符合实施入股分红安置方式的条件：首先，它具备发电功能，不是纯公益性的水利工程建设项目；其次，其工程建设规模与征占土地面积、影响移民人口基本匹配；最后，作为高投资的大型水利水电工程，其项目法人一般是有一定实力的国企，其具有较强的实施能力，也乐于采用新型的安置方式。目前，唯一不太确定的就是移民的参与意愿，在初期可能会出现由于对安置方式不了解而参与意愿不高的情况，但是这一局面可以通过政府和业主加强相关宣传得到改善。基于以上分析，本书认为可以对D工程移民实施入股分红安置方式。

④建立逐年补偿的扶持机制

目前，宁夏水库工程开发尚没有实施逐年补偿机制的实践经验，自治区也没有出台相关的政策。

逐年补偿的扶持机制固然有利于城镇化安置，但宁夏在实施过程中也应注意以下问题。

a）统一补偿标准

从云南的实践来看，其逐年补偿存在的一个问题在于各流域、各水电站逐年补偿标准并不一致，这容易引起各水电站移民之间的攀比。D工程涉及甘肃与宁夏两省份，两地在亩产值、耕地质量等方面有所不同确实是客观现实，但如果两地在逐年补偿计算方法与标准方面差异较大,则容易引起移民不满,影响社会稳定。这是 D 工程实施逐年补偿机制时需关注的问题。

b) 建立逐年补偿标准的调整机制

逐年补偿在实施的过程中还面临标准调整的问题,受到货币贬值、物价上涨、农用地产值提高等多种因素影响,如果逐年补偿标准长期不调整,则必然难以满足移民的基本生活需要。调整机制的建立需要考虑两个问题:一是以什么标准进行调整,二是调整后的资金来源怎么解决。对于第一个问题,在实际操作中可以宁夏回族自治区近三年农林牧渔业总产值指数增长率的平均值为依据,每三年调整一次。在调整过程中,还可以考虑当年的物价变化情况。对于第二个问题,如前文所述,可依靠上游梯级新增发电收益提取的专项资金作为支撑资金,也可将逐年补偿后续资金不足部分核定为上网电价以进行补充,当然这还需要有中央层面的政策支撑。

⑤建立以城镇化安置为导向的后期扶持机制

根据 D 工程的实施周期,应提前制定后期扶持规划,并与中卫市沙坡头区的社会经济发展规划、产业结构调整规划相结合。在政策允许的范围内,可采取长期补偿的方式,提高对移民的补助标准,相关资金可来自由上游发电增加效益建立的移民专项基金。对于已转为城镇户口的移民,要对他们的生产生活恢复情况进行评估,对于未恢复的移民,不应将他们屏蔽于后期扶持机制之外。

⑥构建更合理的征地补偿机制

D 工程可利用土地"三权分置"的契机,对征地补偿之地进行改革试点,基于完全补偿原则,充分考虑市场因素的影响。同时,降低对农村集体经济组织的补偿比例,将多余的部分直接支付给移民。并且应对支付给集体组织的补偿资金,制定详细的资金管理使用办法。

(2) 社会保障制度

①养老保险制度

在政策上,宁夏全区实行统一的养老政策,不会出现由于地区政策不一而提高实施的复杂程度。目前,宁夏已经建立了比较完善的养老保险政策体系,对于被征地农民也出台了专门的政策，以鼓励他们参加养老保险。

按照现阶段规划，甘肃移民搬迁到宁夏，还存在一个两地政策的异同问题。从缴费比例来看，两省个人均需缴纳40%，均为一次性趸缴，但宁夏为各年龄段的被征地农民设立了不同的缴费年限，给被征地农民更多的选择。两省均以上年度在岗职工社会平均工资的60%为基数，20%的缴费比例乘以年份计算缴费总额。宁夏回族自治区被征地农民养老保险政策解读如图6.2所示。

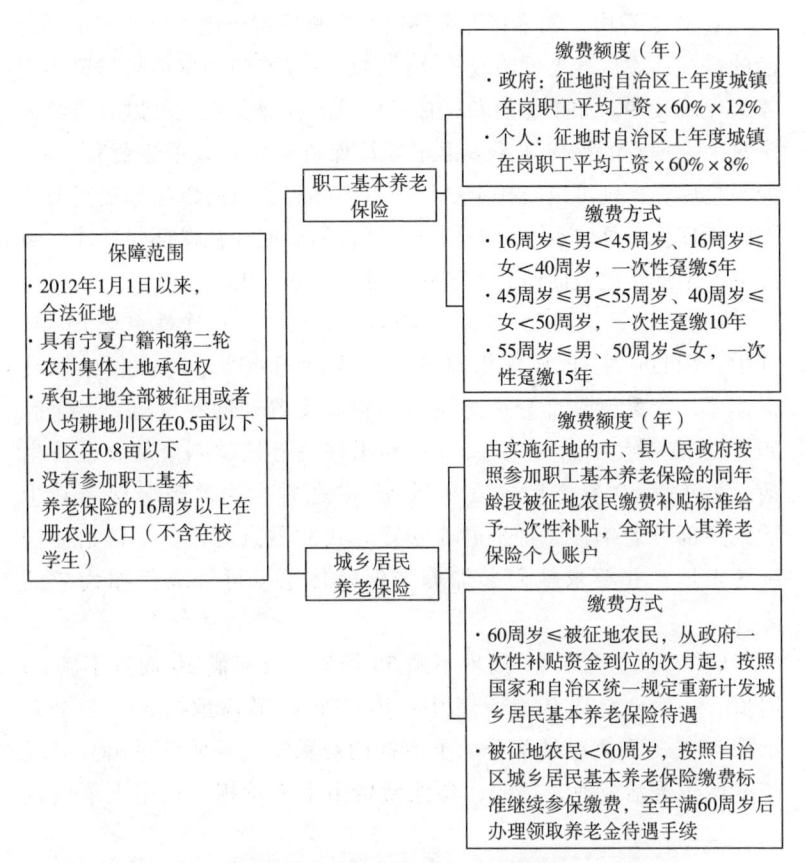

保障范围
- 2012年1月1日以来，合法征地
- 具有宁夏户籍和第二轮农村集体土地承包权
- 承包土地全部被征用或者人均耕地川区在0.5亩以下、山区在0.8亩以下
- 没有参加职工基本养老保险的16周岁以上在册农业人口（不含在校学生）

职工基本养老保险

缴费额度（年）
- 政府：征地时自治区上年度城镇在岗职工平均工资×60%×12%
- 个人：征地时自治区上年度城镇在岗职工平均工资×60%×8%

缴费方式
- 16周岁≤男<45周岁、16周岁≤女<40周岁，一次性趸缴5年
- 45周岁≤男<55周岁、40周岁≤女<50周岁，一次性趸缴10年
- 55周岁≤男，50周岁≤女，一次性趸缴15年

城乡居民养老保险

缴费额度（年）
- 由实施征地的市、县人民政府按照参加职工基本养老保险的同年龄段被征地农民缴费补贴标准给予一次性补贴，全部计入其养老保险个人账户

缴费方式
- 60周岁≤被征地农民，从政府一次性补贴资金到位的次月起，按照国家和自治区统一规定重新计发城乡居民基本养老保险待遇
- 被征地农民<60周岁，按照自治区城乡居民基本养老保险缴费标准继续参保缴费，至年满60周岁后办理领取养老金待遇手续

图6.2 宁夏回族自治区被征地农民养老保险政策解读

从享受待遇来看，根据两省公布的统计数据，无论是非私营

单位还是私营单位就业人员，宁夏的年平均工资都要高于甘肃①。以城镇非私营单位在岗职工年平均工资来计算，甘肃完全失地农民个人一次性需交保费为 $54454 \times 60\% \times 8\% \times 15 = 39206$ 元，政府需交 $54454 \times 60\% \times 12\% \times 15 = 58810$ 元；宁夏被征地农民个人一次性需交保费为 $62482 \times 60\% \times 8\% \times 15 = 44987$ 元，政府需交 $62482 \times 60\% \times 12\% \times 15 = 67480$ 元。这意味着宁夏被征地农民个人和政府承担保费均比甘肃要高，相应地，个人达到待遇享受年龄时能享受的待遇也比甘肃要高。

在 D 工程中，如果将甘肃移民在宁夏安置，则可以参照宁夏自己的被征地农民养老保险政策文件，也可以专门为本项目移民制定养老保险政策。如果是前者，甘肃移民的社保关系就可以直接纳入宁夏地方现有的社保体系，由宁夏社保机构负责处理缴费和发放。如果是后者，则可以委托宁夏社保机构办理，也可以招标委托商业保险代理公司具体承办。但相对而言，如果能和社保部门达成一致意见，则操作比较简便。养老保险设计方案如下。

a) 移民男年满 55 周岁、女年满 50 周岁，一次性趸交 15 年，其中：项目业主/政府承担 60%，个人承担 40%，一次性纳入社保体系。个人缴纳部分从土地补偿费和安置补助费里出。男年满 60 岁之前（女年满 55 岁以前）利用移民补偿款剩余部分维持生活，男年满 60 岁之后（女年满 55 岁之后）由养老金保障其生活。这部分老年移民将是退养安置方式的重点对象，不再给他们配置土地，并要求他们参加养老保障体系，可采取代扣代缴的方式。

b) 移民男年满 45 周岁不满 55 周岁、女年满 40 周岁不满 50 周岁，一次性趸交 10 年，其中：项目业主/政府承担 60%，个人承担 40%，个人缴纳部分从土地补偿费和安置补助费里出。以后年度属于灵活就业人员的，参保缴费由个人承担，在用人单位就

---

① 2015 年度甘肃省城镇非私营单位在岗职工年平均工资为 54454 元，私营单位就业人员年平均工资为 31091 元；宁夏城镇非私营单位就业人员年平均工资为 60380 元（在岗职工年平均工资为 62482 元），宁夏城镇私营单位就业人员年平均工资为 36322 元。

业的，由用人单位和个人按规定参保缴费。但在移民未找到工作前，应给予其一定的生活补助金并优先安排其就业。因为这个年龄段的移民找到非农工作相对困难，为了鼓励这部分移民参保，保障移民退休后的生活，可考虑利用上游新增发电收益基金进行部分或全额续缴；也可考虑利用上游新增发电收益基金直接购买工作岗位，比如公益性岗位。

c）移民男年满16周岁不满45周岁、女年满16周岁不满40周岁，一次性趸交5年，其中：项目业主/政府承担60%，个人承担40%，个人缴纳部分从土地补偿费和安置补助费里出。以后年度属于灵活就业人员的，由个人继续参保缴费，在用人单位就业的，由用人单位和个人按规定参保缴费。但在移民未找到工作前，应给予其一定的生活补助金并免费提供职业技能培训。这个年龄段的移民距离领取养老金的时间往往较长，因此参保的意愿并不强烈，更倾向于获得现金补偿。对这部分移民采取自愿参保的形式，重点应放在促进其非农就业方面，或者通过技能培训提高其技能或者直接提供其工作机会，可考虑利用上游新增发电收益基金或后扶资金等提供支持。

②医疗保险制度

自2011年起，宁夏已经完成了对城镇居民基本医疗保险和新型农村合作医疗制度的整合，建立了全区统一的城乡居民基本医疗保险制度，实现了制度框架、政策标准、支付结算、信息系统和经办服务的统一。同时，2016年，宁夏已经完成了覆盖全区的统一参保征缴、统一待遇标准、统一基金管理、统一经办服务、统一协议管理、统一信息系统的职工医疗保险自治区级统筹制度的建立，所有未参加自治区城乡居民基本医疗保险的人员，无论户籍状况，只要是宁夏回族自治区内的用人单位，包括企业、机关、事业单位、社会团体、民办非企业单位及其职工，个体经济组织业主及其从业人员、无雇工的个体工商户、非全日制从业人员和灵活就业人员等都可参加城镇职工基本医疗保险。宁夏现行的医疗保险制度可有力地促进D工程农村移民的城镇化安置。

③失业保险制度

宁夏现行的失业保险制度安排较难满足D工程农村移民城镇

化安置的需求，建议可从以下方面进行制度改革。

第一，失业保险制度的制定与实施可根据移民就业特点，因"类"制宜。对于与用人单位签订了劳务合同，就业相对固定的移民，不再区别其"农民合同制职工"的身份，应尽量让失业保险全部覆盖这部分人群，使他们享有的权利、应尽的义务与城镇职工相同；对于就业地点、雇主相对并不固定的移民（例如街头的小商贩、家庭保姆、个体的家政服务人员等），应针对他们的特殊情况，制定单独的政策内容，细化可操作的部分，例如缴费比例方面，对有雇用单位的移民，失业保险由单位缴纳一定比例，而对无雇用单位的移民，则面临缴费比例应该怎样确定，原由单位缴纳部分应怎样处理等问题。

第二，为城镇化安置的移民确定符合其实际情况的缴费比例。失业保险费一般由政府、用人单位、职工三方按一定比例承担。移民由于经济承受能力参差不齐，再加上他们非正规就业的特点，有必要对其缴费情况进行调整，实行梯度缴费率，使移民根据自身实际情况选择合适的比例。同时，对移民而言，一个有利的地方在于，征地补偿有一定比例是支付给村集体用以村内发展的，因此，在城镇化安置后，可从这部分资金中提取一定比例缴纳失业保险费。具体的比例不一定要用政策进行强制性规定，可由原村集体成员共同商议确定。

第三，对失业保险金的领取期限与领取方式进行调整。宁夏现行的制度安排下，失业保险金最长可领取24个月，期限很长，一般以12个月为宜。从其他国家的实践来看，大多在52周之内，在美国也只有26周。对移民而言，过长的领取时间容易助长他们对政府的依赖心理，特别对于移民这一群体，他们对政府的依赖心理要比其他群体更为明显。同时，从我国实际情况来看，失业周期一般不会超过12个月。

在领取方式方面，在领取总额不变并且每月金额能保障失业移民基本生活的情况下，可以将失业保险金和再就业奖金按照递减模式支付，也就是说越早实现就业，奖金也就越多，就业时间每推迟一定时间，失业保险金和再就业奖金就会按照一定比例减少。通过这种模式，一可以降低移民对政府的依赖心理，二可以激励移民发挥主观能动性,尽快实现再就业。

(3) 就业扶持制度

规划设计部门应提前制定 D 工程移民城镇化安置的就业规划,针对移民的需求在搬迁前就有针对性地进行人力资源开发。对移民城镇化安置后的就业需求进行详细调查,可为有意向选择自主创业的移民提供金融支持,并在移民安置前就对他们进行经验指导,组织他们参观沙坡头中小型企业,提高他们对市场的认识水平。

(4) 社会管理制度

对于全部为移民的安置小区,应尽快重构社区管理机构,完成由村委会管理模式向城镇化社区管理模式的转型,在这个过程中需要对社区管理人员进行专门的培训。同时,成立业主委员会,让移民也能有渠道参与社区管理,发表意见。对于非新建的移民安置小区,移民人口占到小区居民的部分比例,此时有必要定期组织社区活动,促进移民与世居民众的互相了解,并选举移民代表加入业主委员会,以与世居民众共同管理社区。

6.5 小结

本章以 D 工程农村移民的城镇化安置作为案例进行研究,基于"环境容量－就业－制度安排"的分析框架,首先分析了较适宜作为城镇化安置点的中卫市沙坡头区的城镇化安置环境容量,根据系统动力学模型,测算了其未来的人口承载力,结果显示,该地区有比较充足的空间吸纳移民。接着,对宁夏的整体就业环境进行了分析,结果表明通过引入外来移民将有效缓解未来宁夏劳动力供不应求的局面,并以中卫市沙坡头区为例,基于第四章对移民就业效用的分析,结合当地的产业规划,有针对性地设计了移民的就业方案。最后,基于宁夏现行的制度安排,从补偿制度、社会保障制度、就业扶持制度和社会管理制度四个方面提出了适应城镇化安置的制度安排建议。

第 7 章
结论与展望

7.1 主要研究结论

(1) 通过对水库移民安置关键要素的分析，梳理了由农业安置向城镇化安置转变的过程，提出了"环境容量 – 就业 – 制度安排"水库工程农村移民城镇化安置的分析框架。

(2) 在城镇化安置环境容量方面，基于复杂系统理论，以系统论为出发点阐述了水库工程农村移民城镇化安置的概念、特征，从自然资源、经济容量与社会容量三个方面构建了城镇化安置环境容量的系统动力学模型。

(3) 在农村移民非农就业方面，分析了移民非农就业现状与存在的问题，提出必须在考虑城市规模、城市内部区位、产业类型、城市融入成本与移民劳动力特性的基础上明确移民城镇化安置的方向，进而根据构建的数理模型，通过数值模拟得出城镇化安置应该围绕规模较小的城市展开，使移民就业的效用最大化。

(4) 在城镇化安置的制度安排方面，以土地管理制度、交易费用和土地产权为切入点，梳理了新中国成立以来水库移民安置制度变迁情况，根据路径依赖理论，对现行制度安排锁定状态形成的原因及状况进行了分析，指出要完成向城镇化安置的转型必须引入政府之外的外部力量并突破以农业安置为核心的制度安排，重点围绕征地补偿、户籍管理、社区管理与就业扶持四方面展开。并从理论模型的角度，利用不完全合约理论阐述交易费用最小化下的正式制度安排创新路径与演化博弈论下的复制动态机制对非正式制度安排变化的影响。

（5）在实证研究方面。将"环境容量-就业-制度安排"的城镇化安置分析框架应用于 D 工程移民的城镇化安置中，测算了城镇化安置的环境容量，提出了具体的就业方案，并根据宁夏现行的制度安排对在当地开展城镇化安置的制度安排设计提出了建议。

7.2 有待进一步研究的问题

（1）对移民城镇化安置的适应性研究。在选择安置类型的过程中，移民自身的想法具有决定性影响，是选择农业安置还是城镇化安置归根结底要尊重移民的意愿。但一个客观存在的事实是，由于移民自身条件的差异，的确不是所有移民都适合城镇化安置。但也不能因为某个移民不适合城镇化安置就强制安排其进行农业安置，这违背了"以人为本"的原则。基于此，有必要建立一套评价指标体系，根据移民的实际情况，在搬迁前就对他们在城镇化安置后的适应性进行评估，根据评估的结果，应该对适应性较强的移民、适应性一般的移民与适应性较差的移民从不同的方面进行差别化的扶持。

（2）对移民城镇化安置后的监测评估研究。现行的水库工程移民安置制度围绕农业安置进行构建并展开变革，相应地，对移民搬迁后的监测评估也以农业安置下的生产生活水平恢复为主要对象，因此，城镇化安置下需要建立一套新的监测评估体系，以对移民搬迁后的情况进行跟踪。这里不仅应单纯地以收入水平、住房面积等衡量其生产生活水平的恢复情况，还要对移民的城市融入情况、移民子女的教育情况等进行监测评估，从而全面评价城镇化安置的实施情况。

（3）对移民城镇化安置的后期扶持政策研究。现行的水库移民后期扶持政策中，无论是每人每年 600 元的现金直补，还是后扶项目的投资重点与实施方式都有明显的农业安置偏向性。城镇化安置后期扶持关注的领域、实施的方式、资金的分配必然与农业安置主导的后扶政策不同，本书在就业扶持与制度安排上对城镇化安置的后扶政策有所探究，但尚不够深入，未来值得进一步加大探索力度。

（4）对城镇化安置下征地补偿制度的深入研究。城镇化安置下，原有的征地补偿制度需要针对城镇化安置的需求与特点进行变革，以形成新的制度安排，例如，在村集体不复存在的背景下，原有支付给集体的土地补偿费应该如何调整；补偿资金应怎样运用以减轻移民社保缴费的压力，相关费用又应按照多少比例由补偿资金分担；在集体土地产权结构日益复杂的情况下，对农用地的价值应该怎样合理进行评估等，这些问题都有待进一步深入研究。

参考文献

〔德〕赫尔曼·哈肯：《协同学：大自然构成的奥秘》，戴鸣钟译，上海译文出版社，1995。

〔古希腊〕柏拉图：《理想国》，商务印书馆，1996。

〔古希腊〕亚里士多德：《政治学》，吴寿彭译，商务印书馆，1983。

〔美〕迈克尔·M.塞尼：《移民与发展：世界银行移民政策与经验研究》，河海大学水库移民中心编译，河海大学出版社，1996。

〔美〕西奥多·W.舒尔茨：《改造传统农业》，梁小民译，商务印书馆，1987。

巴娜：《三峡库区移民就业问题研究》，中央民族大学硕士学位论文，2010。

蔡昉：《二元经济作为一个发展阶段的形成过程》，《经济研究》2015年第7期。

蔡昉：《劳动力迁移的两个过程及其制度障碍》，《社会学研究》2001年第4期。

蔡昉：《人口迁移和流动的成因、趋势与政策》，《中国人口科学》1995年第6期。

蔡昉：《中国经济增长如何转向全要素生产率驱动型》，《中国社会科学》2013年第1期。

蔡继明、王成伟：《市场在土地资源配置中同样要起决定性作用》，《经济纵横》2014年第7期。

陈绍军、葛小波、李如春：《可持续发展条件下水库移民农业安置环境容量分析》,《水利经济》2011年第2期。

陈学法、丁浩:《走出农民市民化的困境:户籍与土地管理制度创新》,《江苏社会科学》2015年第3期。

陈印军、肖碧林、方琳娜等:《中国耕地质量状况分析》,《中国农业科学》2011年第17期。

陈悦:《库区农村移民就业转移途径及对策》,《重庆社会科学》2010年第4期。

程燕、王顺克:《基于生态补偿的三峡移民社会保险构建研究》,《改革与战略》2011年第7期。

丛旭文:《中国失地农民社会保障问题研究》,吉林大学博士学位论文,2013。

崔凤军:《环境承载力论初探》,《中国人口·资源与环境》1995年第1期。

崔万田、周晔馨:《正式制度与非正式制度的关系探析》,《教学与研究》2006年第8期。

丁小浩、于红霞、余秋梅:《中国城镇居民各级教育收益率及其变化研究:2002~2009年》,《北京大学教育评论》2012年第3期。

杜云素、李飞:《城镇化背景下农村水库移民的安置策略》,《农村经济》2014年第6期。

段龙龙、李涛、叶子荣:《中国式耕地质量保护之谜:从市场逻辑到政策规制》,《农村经济》2016年第4期。

段跃芳:《开发性移民政策:概念框架、应用及发展》,《江汉论坛》2007年第7期。

段跃芳:《水库移民补偿理论与实证研究》,华中科技大学博士学位论文,2004。

段跃芳:《水库移民补偿理论与实证研究》,武汉出版社,2005。

段跃芳、窦春锋:《水库移民城镇化安置模式:基本要素、制度障碍及体制安排》,《三峡大学学报》(人文社会科学版)2016年第1期。

高君:《推进我国农民工社会保障与市民化制度创新问题研

究》,《城市发展研究》2009年第1期。

辜胜阻、张永生:《三峡库区农村城镇化与移民安置》,《湖北社会科学》1992年第12期。

郭士国:《基本公共服务非均等化、成因、影响及对策分析》,吉林大学博士学位论文,2012。

韩光辉:《实行非农化转移是库区移民工程的根本出路》,《北京大学学报》(哲学社会科学版)1997年第1期。

何一鸣、罗必良、高少慧:《农业转移人口的市民化:基于制度供求视角的实证分析》,《经济评论》2014年第5期。

洪伟:《城市散居少数民族权利保障研究》,中央民族大学博士学位论文,2013。

胡宝柱、谢怡然、张志勇:《水库移民社区安置模式探讨》,《人民黄河》2012年第12期。

黄锟:《中国农民工市民化制度分析》,中国人民大学出版社,2011(a)。

黄锟:《农民工市民化制度创新的总体思路和阶段性制度安排》,《国家行政学院学报》2013年第2期。

黄锟:《城乡二元制度对农民工市民化影响的实证分析》,《中国人口·资源与环境》2011(b)年第3期。

黄廷政、段跃芳:《水库移民进城安置新模式探索》,《三峡论坛》(三峡文学·理论版)2011年第2期。

贾永飞、施国庆:《水库移民安置人口优化配置》,社会科学文献出版社,2012。

贾永飞、施国庆、王慧娟:《水库移民安置区的环境容量评价研究——以云南省糯扎渡水电站水库移民安置区为例》,《云南师范大学学报》(哲学社会科学版)2009年第4期。

郎永建:《三峡库区城镇移民的就业与生活现状》,《统计与决策》2005年第7期。

黎智洪:《农业转移人口市民化:制度困局与策略选择》,《人民论坛》2013年第20期。

李国柱、牛叔文、杨振等:《陇中黄土丘陵地区农村生活能源消费的环境经济成本分析》,《自然资源学报》2008年第1期。

李明月、胡竹枝：《失地农民内涵与数量估算——以广东省为例》，《中国人口科学》2012年第4期。

李青龙、王路光、张焕帧等：《水环境承载力理论研究与展望》，《地理与地理信息科学》2004年第1期。

李王鸣、潘蓉、祁巍锋：《基于良好环境理念下的城市人口容量研究——以杭州城市为例》，《经济地理》2003年第1期。

李祥飞、阎耀军：《复杂系统脆性视角下的公共危机预控研究》，《天津大学学报》（社会科学版）2015年第2期。

梁磊：《云南省水电项目移民城镇化安置经济融入问题研究——以向家坝水电站移民安置为例》，云南大学硕士学位论文，2014。

廖蔚：《水库移民经济论》，四川大学博士学位论文，2005。

刘传江、程建林：《双重"户籍墙"对农民工市民化的影响》，《经济学家》2009年第10期。

刘慧芳、冯继康：《"三农"难题视域下的农民工市民化》，《当代世界与社会主义》2008年第3期。

陆铭、高虹、佐藤宏：《城市规模与包容性就业》，《中国社会科学》2012年第10期。

吕斌、孙莉、谭文垦：《中原城市群城市承载力评价研究》，《中国人口·资源与环境》2008年第5期。

马桂萍、王芳：《促进农民工市民化制度安排探析》，《辽宁师范大学学报》（社会科学版）2008年第6期。

苗东升：《系统科学精要》，中国人民大学出版社，2006。

宁大同、晏晓林：《三峡工程开县移民安置环境系统的多目标优化决策》，《中国环境科学》1994年第4期。

漆向东：《中国农民市民化的制度安排》，《中国经济问题》2006年第5期。

齐文虎：《资源承载力计算的系统动力学模型》，《自然资源学报》1987年第1期。

钱学森、于景元、戴汝为：《一个科学新领域——开放的复杂巨系统及其方法论》，《自然杂志》1990年第1期。

邱桢耀：《水库移民环境容量系统分析》，四川大学硕士学位论文，2006。

曲玥、蔡昉、张晓波：《"飞雁模式"发生了吗？——对1998—2008年中国制造业的分析》，《经济学》2013年第3期。

任致远：《兰州城市容量试析》，《兰州学刊》1982年第4期。

沈际勇、强茂山：《交易费用、信息费用与农村水库移民合约的使用条款》，《中国农村观察》2009年第2期。

沈清基：《城市人口容量问题的探讨》，《同济大学学报》（人文·社会科学版）1994年第S1期。

施国庆：《东风水电站黔西库区移民环境容量分析》，河海大学出版社，1991。

施国庆：《移民学探讨》，中国水力发电工程学会水库经济专业委员会年会，2005。

施国庆、余芳梅、徐元刚等：《水利水电工程移民群体性事件类型探讨——基于QW省水电移民社会稳定调查》，《西北人口》2010年第5期。

施国庆、周潇君：《农民接受行蓄洪区土地征收与利用方式的意愿及影响因素研究——以淮河干流行蓄洪区为例》，《江淮论坛》2016年第5期。

石忆邵、尹昌应、王贺封等：《城市综合承载力的研究进展及展望》，《地理研究》2013年第1期。

史雅娟、朱永彬、黄金川：《北京市基础设施与社会经济发展关系》，《地理科学进展》2016年第4期。

宋悦华、雷洪：《三峡移民安居住宅及其社会适应性的意义》，《华中科技大学学报》（社会科学版）2000年第1期。

孙海兵：《新型城镇化背景下水库移民非农化研究》，《中国农村水利水电》2014年第3期。

孙晶琪、冷媛、李春杰：《基于复杂系统的电力市场运营状态识别研究》，《管理科学》2012年第6期。

孙中艮、施国庆：《新型城镇化背景下农民市民化的要素及其演变：一个社会分析框架》，《南京社会科学》2015年第9期。

唐传利：《中国水库移民政策与实践》，载《移民与社会发展国际研讨会论文集》，河海大学出版社，2002。

童玉芬：《人口承载力研究的演进、问题与展望》，《人口研究》2012年第5期。

童玉芬、刘广俊：《基于可能—满意度方法的城市人口承载力研究——以北京为例》，《吉林大学社会科学学报》2011年第1期。

王必良：《迁移·植根：楚雄青山嘴水库"城市楼房安置"移民群体的生计转型与城市适应》，中央民族大学硕士学位论文，2012。

王承云：《三峡库区移民就业及相关影响因素研究》，武汉大学博士学位论文，2012。

王承云、蒋杰、熊军：《人力资源评价与水库移民环境容量分析》，《人民长江》2006年第7期。

王春超：《转型时期中国农户经济决策行为研究中的基本理论假设》，《经济学家》2011年第1期。

王恩涌：《关于三峡库区移民就业问题的几点看法》，《地理学报》1996年第2期。

王国恩、胡敏：《城市容量研究的趋势与展望》，《城市问题》2016年第1期。

王灏晨、夏国平：《基于系统动力学的广西区域创新系统研究》，《科学学与科学技术管理》2008年第6期。

王浣尘、余峰、梅松林、李旗：《城市合理人口规模的系统分析》，《城市规划汇刊》1995年第1期。

王娜：《基于生态足迹的城市容量分析——以珠海市为例》，《陕西林业科技》2007年第1期。

王小鲁：《中国城市化路径与城市规模的经济学分析》，《经济研究》2010年第10期。

王晓刚：《失地农民就业：现状、困境与安置模式》，《学术论坛》2012年第10期。

王应政：《基于复杂系统科学的水工程移民生存与发展关键问题研究》，武汉理工大学博士学位论文，2012。

王应政：《中国水利水电工程移民问题研究》，中国水利水电出版社，2010。

王志凯：《小浪底农村水库移民人力资本开发研究》，西北农林科技大学硕士学位论文，2008。

魏宏森：《钱学森构建系统论的基本设想》，《系统科学学报》2013年第1期。

温涛、孟兆亮：《我国农村居民消费结构演化研究》，《农业技术经济》2012年第7期。

文军：《"被市民化"及其问题——对城郊农民市民化的再反思》，《华东师范大学学报》（哲学社会科学版）2012年第4期。

吴华安、王崇举、石智雷：《基于城市容量的农民工深度城市化探析》，《西北人口》2010年第6期。

吴业苗：《城郊农民市民化的困境与应对：一个公共服务视角的研究》，《中国农村观察》2012年第3期。

伍黎芝：《三峡工程开发性移民与可持续发展研究》，华中农业大学博士学位论文，2000。

熊建立：《三峡库区城镇搬迁中的就业问题——以万州库区为例》，《中国软科学》2001年第1期。

熊鹰、姜妮、李静芝等：《基于水资源承载的长株潭城市群适度规模研究》，《经济地理》2016年第1期。

徐旌、陈丽晖、李科：《水电开发移民非农就业研究——以向家坝电站绥江县为例》，《云南地理环境研究》2009年第4期。

许抄军、陈四辉、王亚新：《非正式制度视角的农民工市民化意愿及障碍——以湛江市为例》，《经济地理》2015年第12期。

荀厚平、施国庆：《水库移民环境容量的理论、方法及应用》，《环境科学》1993年第6期。

杨定国：《三峡库区农村移民城镇安置刍论》，《长江流域资源与环境》1995年第3期。

杨锐：《风景区环境容量初探——建立风景区环境容量概念体系》，《城市规划学刊》1996年第6期。

杨瑞龙：《论制度供给》，《经济研究》1993年第8期。

杨涛、施国庆：《我国失地农民问题研究综述》，《社会学研究》2006年第7期。

杨文健：《中国水库农村移民安置模式研究》，河海大学博士学位论文，2004。

杨雪梅、石培基、董翰蓉等：《水资源约束下的干旱内陆河流域城市适度规模研究》，《经济地理》2011年第12期。

杨云辉：《水库移民安置区环境容量分析方法》，《人民长江》1998年第9期。

余振国、胡小平：《我国粮食安全与耕地的数量与质量关系研究》，《地理与地理信息科学》2003年第3期。

曾芳钰：《论城市化的本质与"农民工"的终结》，《当代经济研究》2003年第10期。

张鸿雁：《中国新型城镇化理论与实践创新》，《社会学研究》2013年第3期。

张健、李文军、黄刘芳：《基于产业分析的移民安置环境容量确定方法探讨》，《人民长江》2013年第2期。

张鹂：《中国西部人口素质评价及发展策略研究》，武汉理工大学博士学位论文，2012。

张馨：《城乡居民家庭能源消费及其生存现状的多维视角分析》，兰州大学博士学位论文，2012。

张馨、牛叔文：《城乡居民家庭生活能源消费需求的实证分析》，《中国人口·资源与环境》2013年第S1期。

张耀军、岑俏：《中国人口空间流动格局与省际流动影响因素研究》，《人口研究》2014年第5期。

张占斌：《新型城镇化的战略意义和改革难题》，《国家行政学院学报》2013年第1期。

章友德：《我国失地农民问题十年研究回顾》，《上海大学学报》（社会科学版）2010年第5期。

郑瑞强、张春美、施国庆：《水库移民"城市楼房安置"模式创新机理思考——以青山嘴水库工程移民安置实践为例》，《中国农村水利水电》2011（a）年第6期。

郑瑞强、张春美、施国庆：《水库移民"多样化组合"安置模式创新机理探讨》,《水力发电》2011（b）年第9期。

中华人民共和国国家统计局编《中国统计年鉴2015》,中国统计出版社,2015。

钟世坚:《区域资源环境与经济协调发展研究——以珠海市为例》,吉林大学博士学位论文,2013。

周干峙:《城市及其区域——一个典型的开放的复杂巨系统》,《城市发展研究》2002年第2期。

周静:《当前我国水库移民安置问题研究》,南京师范大学硕士学位论文,2012。

周潇君、施国庆、黄健元:《人口转变、产业与就业结构调整视角下劳动力供求关系预测——以宁夏回族自治区为例》,《干旱区资源与环境》2016年第11期。

朱东恺:《水利水电工程移民制度研究》,河海大学博士学位论文,2005。

朱农:《三峡工程移民与库区发展研究》,武汉大学出版社,1996。

朱喜钢:《城市容量问题的几点思考》,《南京大学学报》（哲学·人文科学·社会科学）2000年第5期。

Ardehali M. M., "Rural Energy Development in Iran," *Renewable Energy*, 2006, 31 (5).

Arrow K., Bolin B., Costanza R., "Economic Growth, Carrying Capacity, and the Environment," *Science*, 1995, 268.

Arrow K. J., *The Limits of Organization* (New York: W. W. Norton, 1974).

Ashforth B. E., *Role Transitions in Organizational Life: An Identity - Based Perspective* (Mahwah: Lawrence Erlbaum Associated, Inc., 2000).

Banister J., Taylor J. R., "China: Surplus Labour and Migration," *Asia - Pacific Population Journal*, 1989, 4 (4).

Barzel Y., *Economics Analysis of Property Rights* (Cambridge: Cambridge University Press, 1989).

Baum - snow N., Paven R., "Understanding the City Size

Wage Gap," *The Review of Economic Studies*, 2012, 79.

Buchanan J. M. , "The Pure Theory of Government Finance: A Suggested Approach," *Journal of Political Economy*, 1949, 57 (6): 496 – 505.

Carey D. I. , "Development Based on Carrying Capacity: A Strategy for Environmental Protection," *Global Environmental Change*, 1993, 3 (2).

Cernea M. , Hydropower Dams and Social Impact: A Sociological Perspective, Washington D. C. : The World Bank, 1997.

Cernea M. , "Risks, Safeguards and Reconstruction: A Modelfor Population Displacement and Resettlement," *Economic & Political Weekly*, 2000, 35 (41).

Coase R. H. , "The Narure of the Firm," *Economica*, 1937, 4 (16).

Coase R. H. , "The Problem of Social Cost," *Journal of Law and Economics*, 1960 (3): 1 – 44.

Combes P. P. , Duranton G. , Gobillon L. , " Spital Wage Disparities: Sorting Matters! " *Journal of Urban Economics*, 2008, 63 (2).

Combes P. P. , Duranton G. , Gobillon L. , "The Identification of Agglomeration Economies," *The Journal of Economic Geography*, 2010, 11 (2).

Commons J. R. , *Institutional Economics* (Madison: University of Wisconsin Press, 1934).

Costinot A. , Vogel J. , "Matching and Inequality in the World Economy," *Journal of Political Economy*, 2010, 118 (4).

Coyle D. , *GDP: A Brief But Affectionate History* (New Jersey: Princeton University Press, 2014).

Davies J. C. , "Toward a Theory of Revolution," *American Sociological Review*, 1962, 27 (1).

Davis D. R. , Dingel J. I. , "The Comparitive Advantage of Cities," *Science Electronic Publishing*, 2014.

Deleon P. , "Policy Evaluation and Program Termination," *Review of Policy Research*, 1983, 2 (4).

Demsetz H. , "Toward a Theory of Property Rights," *American Economic Review*, 1967, 57 (3).

Dietrich M. , "Strategic Lock - in as a Human Issue: The Role of Professional Orientation," in Magnusson, L. , Ottosson, J. , eds. , *Evolutionary Economics and Path Dependence* (Cheltenham: Edward Elgar, 1997).

Fang C. , "Is There a 'Middle - income Trap' Theory, Experience and Relevance to China," *China & Amp; World Economy*, 2012, 40 (1).

Freedman M. L. , "Hopping, Earning Dynamics, and Industrial Agglomeration in the Software Publishing Industry," *Journal of Urban Economics*, 2008, 64 (3).

Friedmann J. , " Four Theses in the Study of China's Urbanization," *International Journal of Urban and Regional Research*, 2006, 30 (2).

Furubton E. G. , Pejovich S. , "Property Rights and Economic Theory: A Survey of Research Literature," *Journal of Economic Literature*, 1972, 10 (10).

Giddens A. , "Modenity and Self - identity: Self and Society in the Late Modern Age," *Social Forces*, 1991, 44 (3).

Glaeser E. L. , "Learning in Cities," *Journal of Urban Economics*, 1999, 46 (2).

Glaeser E. L. , Resseger M. G. , "The Complementarity between Cities and Skills," *Journal of Regional Science*, 2010, 50 (1).

Gottlieb M. , "The Theory of Optimum Population for a Closed Economy," *Journal of Political Economy*, 1945, 53.

Grossman S. J. , Hart O. D. , "The Costs and Benefits of Ownership: A Theory of Vertical and Lateral Integration," *Journal of Political Economy*, 1986, 94 (4).

Hadwen S. , Palmer L. J. , *Reindeer in Alaska* (Washington

D. C. : U. S. Department of Agriculture Bulletin, 1922).

Haken H. , *Synergetics* (Berlin: Springer, 1978).

Hansen G. D. , Prescott E. C. , "Malthus to Solow," *The American Economic Review*, 2002, 92 (4).

Henderson V. , "Efficiency of Resource Usage and City Size," *Journal of Urban Economics*, 1986, 63 (1).

Herberle R. , "The Causes of Rural - Urban Migration: A Survey of German Theories," *American Journal of Sociology*, 1938, 43.

Hering L. , Paillacar R. , "Market Access and Individual Wages: Evidence from China," *The Review of Economics and Statistics*, 2010, 92 (1).

Hirschman A. Q. , *The Strategy of Economic Development* (New Haven: Yale University Press, 1958).

Hochman O. , Thissee J. F. , "On the Optimal Structure of Local Governments," *American Economic Review*, 1995, 85 (5).

Hoover E. M. , Fisher J. L. , *Research in Regional Economic Growth, Problems in the Study of Economic Growth* (New York: National Bureaus of Economic Research, 1949).

Huibregts M. A. J. , Hellweg S. , Frischknecht R. , et al. , "Ecological Footprint Accounting in the Life Cycle Assessment of Products," *Ecological Economics*, 2008, 64 (4).

Jedwab R. , Vollrath D. , "Urbanization without Growth in Historical Perspective," *Exploration in Economic History*, 2015, 58 (1).

Joardar S. D. , "Carrying Capacities and Standards as Bases towards Urban Infrastructure Planning in India : A Case of Urban Water Supply and Sanitation," *Habitat International*, 1998, 22 (3).

Krugman P. , "Increasing Returning and Economic Geography," *Journal Political Economy*, 1991, 99 (3).

Lee E. S. , "A Theory of Migration," *Demography*, 1966, 3 (1).

Lewis A. , "A Economic Development with Unlimited Supplies of Labor," *Manchester School*, 1954, 22 (2).

Lichtenberg E. , Ding C. , "Assessing Farmland Protection

Policy in China," *Land Use Policy*, 2008, 25 (1).

Liebig J. V., *Organic Chemistry in its Applications to Agriculture and Physiology* (London: Taylor and Walton, 1840).

Lin J. Y., "An Economic Theory of Institutional Change: Induced and Impact Change," *Cato Journal*, 1989, 9 (1): 1-33.

Liu H., "Comprehensive Carrying Capacity of the Urban Agglomeration in the Yangtze River Delta," *Habitat International*, 2012, 36 (4).

Malthus T. R., *An Essay on the Principle of Population* (London: Pickering, 1986).

Marshall A., *Principles of Economics* (London: Macmillan, 1890).

Meadows D. H., Meadows D. L., Randers J., *The Limits to Growth* (New York: Universe Books, 1972).

Mumford L., *The City in History: Its Origins, Its Transformation, and Its Prospects* (New York: Harcourt, Brace & World, 1961).

Murphy R., "Turning Peasants into Modern Chinese Citizens: 'Population Quality' Discourse Demographic Transition and Primary Education," *China Quarterly*, 2004, 177 (177).

Nguyen T. D., Olliaro P., Dondorp A. M., "Optimum Population-level Use of Artemisinin Combination Therapies: A Modelling Study," *Lancet Global Health*, 2015, 3 (12).

Northam R. M., *Urban Geography* (New York: John Wiley & Sons, 1975).

North D. C., *Institutions, Institutional Change and Economic Performance* (Cambridge: Cambridge University Press, 1990).

North D. C., *Structure and Change in Economic History* (New York: W. W. Norton & Co., 1975).

North D. C., *Structure and Chinese in Economic History* (New York: W. W. Norton & Co., 1981).

Oh K., Jeong Y., Lee D., "Determining Development Density Using the Urban Carrying Capacity Assessment System," *Landscape & Urban Planning*, 2005, 73 (1).

Ohlin G., *Population Control and Economic Development* (Paris: Organisation for Economic Co-operation Development, 1967).

Olson M., The Exploitation and Subsidization of Agriculture in the Developing and Developed Countries, 19th Conference of International Association of Agricultural Economists, Malaga, Spain, 1985.

Onishi T., "A Capacity Approach for Sustainable Urban Development: An Empirical Study," *Regional Studies*, 1994, 28 (1).

Park R. F., Burgess E. W., *An Introduction to the Science of Sociology* (Chicago: Greenwood Press, 1921).

Pearl R., Reed L. J., "On the Rate of Growth of the Population of the US since 1790 and its Mathematical Representation," *Proceeding of the National Academy of Sciences of the United States*, 1920, 6 (6).

Petersen W., "A General Typology of Migration," *American Sociological Review*, 1958, 23 (3).

Pitchford J. D., *Population in Economic Growth* (Amsterdam: North Holland, 1974).

Polanyi B. K., "The Economy as an Instituted Process," *Trade and Market in the Early Empires*, 1957 (1).

Ravenstein E. G., "The Law of Migration," *Journal of the Statistical Society of London*, 1885, 48 (2).

Risenthal S. S., Strange W. C., "The Attenuation of Human Capital Spillovers," *Journal of Urban Economics*, 2008, 64 (2).

Rosen H, Gayer T., Public Finance (Cloumbus: McGraw-Hill Eduction, 2013).

Rozelle S., Guo L., Shen M., "Leaving China's Farms: Survey Results of New Paths and Remaining Hurdles to Rural Migration," *The China Quarterly*, 1999, June (158).

Ruttan V. W., Hayyami Y., "Toward a Theory of Induced Institutional Innovation," *The Journal of Development Studies*, 1984, 20 (4).

Sauvy A., *General Theory of Population* (New York: Basic Books, Inc., 1966).

Seidl I., Tisdell C. A., "Carrying Capacity Reconsidered from Malthus' Population Theory to Cultural Carrying Capacity," *Ecological Economics*, 1999, 31 (3).

Simon H. A., *Models of Man* (New York: Wiley, 1957).

Solinger D. J., "Citizenship Issues in China's Internal Migration: Comparison with Germany and Japan," *Political Science Quarterly*, 1999, 114 (3).

Solow R. M., "A Contribution to the Theory of Economic Growth," *Quarterly Journal of Economics*, 1956, 70 (1).

Stark O., Bloom D. E., "The New Economics of Labor Migration," *American Economic Review*, 1985, 75 (2).

Stigler G. J., "The Law and Economics of Public Policy: A Plea to Scholars," *Journal of Legal Studies*, 1972, 1 (1).

Sumrada R., Ferlan M., Lisec A., "Acquisition and Exporation of Real Property for the Public Benefits in Slovenia," *Land Use Policy*, 2013, 32 (5).

Tordaro M. P., "A Model of Labor Migration and Urban Unemplyment in Less Developed Countries," *American Economic Review*, 1969, 59 (1).

Ty P. H., Westen A. C. M. V., Zoomers A., "A Compensation and Resettlement Policies after Compulsory Land Acquisition for Hydropower Development in Vietnam: Policy and Practice," *Land*, 2013, 2 (4).

Venables A. J., "Productivity in Cities," *Journal of Economic Geography*, 2011, 11 (2).

Vendryes T., "Migration Constrains and Development: Hukou and Capital Accumulation in China," *China Economic Review*, 2011, 22 (4).

Wei Y. G., Huang C., Lam P. T. L., "Using Urban - Carrying Capacity as a Benchmark for Sustainable Urban Development:

An Empirical Study of Beijing," *Sustainability*, 2015, 7.

Wilhere G. F. , "Adaptive Management in Habitat Conservation Plans," *Conservation Biology*, 2010, 16 (1).

Williamson O. E. , *Markets and Hierarchies: Analysis and Antitrust Implications* (New York: Free Press, 1975).

Williamson O. E. , *The Economic Institutions of Capitalism* (New York: Free Press, 1985).

Wirth L. , "Urbanism as a Way of Life," *American Journal of Sociology*, 1938, 44 (1).

World Bank, Involuntary Resettlement Sources Book: Planning and Implementation in Development Projects, Washington D. C. : The International Bank for Reconstruction and Development, 2004.

World Commission on Dams, Dams and Development: A New Framwork for Decision Making – Overview, World Commission on Dams, 2003.

Zhao X. , Li N. , Ma C. , "Residential Energy Consumption in Urban China: A Decomposition Analysis," *Energy Policy*, 2011, 41 (1).

附　录

序号	子系统	变量	公式或数值	单位
1	自然环境容量	水资源需求量	生态需水量+工业用水量+农业用水量+居民生活用水量	亿 m^3
2		生态用水量	0.68	亿 m^3
3		工业用水量	工业增加值×万元工业增加值用水量	亿 m^3
4		万元工业增加值用水量	48	m^3
5		农业用水量	灌溉面积（Time）×综合净灌溉定额/平均灌溉水利用系数	亿 m^3
6		综合净灌溉定额	340	m^3/亩
7		平均灌溉水利用系数	0.45	—
8		居民生活用水量	［城镇化率×总人口×城市居民用水定额+总人口×（1－城镇化率）×农村居民用水定额］×365	亿 m^3
9		城镇居民用水定额	240	L（人·d）
10		农村居民用水定额	120	L（人·d）
11		水资源供给量	地表水+地下水-地表水和地下水重复计算量+（黄河过境取水量×黄河过境取水量利用系数）	亿 m^3

续表

序号	子系统	变量	公式或数值	单位
12	自然环境容量	地表水	0.097	亿 m^3
13		地下水	2.31	亿 m^3
14		地表水和地下水重复计算量	2.103	亿 m^3
15		黄河过境水量	6.45	亿 m^3
16		黄河过境取水量	黄河过境水量×黄河过境取水量利用系数	亿 m^3
17		黄河过境取水量利用系数	0.6	—
18		水资源紧张程度	水资源需求量/水资源供给量	—
19		水资源人口承载力	（水资源供给量－水资源需求量）×（1－水资源紧张程度）/［（城镇居民用水定额×城镇化率）+农村居民用水定额×（1－城镇化率）×365］	万人
20		耕地面积	INTEG（耕地面积变化量，23017）	公顷
21		耕地面积变化量	耕地面积×耕地面积变化率	公顷
22		耕地面积变化率	IF THEN ELSE（Time＝2007，0.6，0.06）	%
23		灌溉面积占耕地比例	灌溉面积（Time）/耕地面积	%
24		灌溉面积	WITH LOOK UP（Time，[（2004，0）－（2020，50000）]，（2004，18546），（2005，18961），（2006，23033），（2007，18463），（2008，18463），（2009，19128），（2009，22654），（2010，42253），（2011，37529），（2012，20458），（2020，35000））	公顷
25		人均耕地面积	耕地面积/总人口	亩/人

续表

序号	子系统	变量	公式或数值	单位
26	自然环境容量	粮食作物播种面积	WITH LOOK UP (Time, [(2004, 0) – (2020, 30000)], (2004, 25962), (2005, 26349), (2006, 25114), (2007, 24533), (2008, 28124), (2009, 125137), (2009, 23851), (2010, 23821), (2011, 22757), (2012, 20213), (2020, 24200))	公顷
27		粮食作物播种面积占耕地面积比例	粮食作物面积(Time)/耕地面积	%
28		夏粮播种面积	$EXP(-17.487 \times (LN(粮食作物播种面积))^2 + 356.38 \times (LN(粮食作物面积)) - 1806.6)$	公顷
29		秋粮播种面积	粮食作物播种面积 – 夏粮播种面积	公顷
30		夏粮单产	297	公斤/亩
31		秋粮单产	521	公斤/亩
32		夏粮产量	夏粮单产×夏粮播种面积	吨
33		秋粮产量	秋粮单产×秋粮播种面积	吨
34		粮食产量	夏粮产量+秋粮产量	吨
35		水产养殖面积	INTEG(水产养殖面积变化量, 934)	公顷
36		水产养殖面积变化量	水产养殖面积×水产养殖面积变化率	公顷
37		水产养殖面积变化率	IF THEN ELSE (Time = 2007, 0.6, 0.13)	%
38		水产品单产	4.2	吨/公顷
39		水产品产量	水产品单产×水产养殖面积	吨
40		水产品折粮系数	1.5	—
41		肉类产量	INTEG(肉类产量变化量, 38186)	吨

续表

序号	子系统	变量	公式或数值	单位
42	自然环境容量	肉类产量变化量	肉类产量×肉类产量变化率	吨
43		肉类产量变化率	IF THEN ELSE（Time=2007，0.5，−0.07）	%
44		肉类产品折粮系数	8	—
45		粮食潜在生产能力	粮食产量+水产品产量×水产品折粮系数+肉类产量×肉类产品折粮系数	吨
46		人均粮食消费标准	400	公斤
47		土地面积	6877	km²
48		人口密度	总人口/土地面积	人/km²
49		土地资源人口承载力	粮食潜在生产能力/人均粮食消费标准	万人
50		自然环境人口容量	0.5×水资源人口承载力+0.5×土地资源人口承载力	万人
51	经济环境容量	固定资产投资率	WITH LOOK UP（Time，[（2004，0）−（2020，1.1]，（2004，0.8），（2005，0.839），（2006，1.059），（2007，0.885），（2008，0.744），（2009，0.769），（2009，0.822），（2010，0.769），（2011，0.836），（2012，0.932），（2020，1））	%
52		固定资产投资总额	GDP×固定资产投资率（Time）	万元
53		房地产开发投资	房地产开发投资=固定资产投资总额×房地产开发投资率（Time）	万元

续表

序号	子系统	变量	公式或数值	单位
54	经济环境容量	房地产开发投资率	WITH LOOK UP (Time, [(2004, 0) - (2020, 0.3], (2004, 0.08), (2005, 0.125), (2006, 0.045), (2007, 0.109), (2008, 0.163), (2009, 0.245), (2009, 0.152), (2010, 0.165), (2011, 0.23), (2012, 0.186), (2020, 2))	%
55		第一产业增加值	$798.65 \times \text{Time}^2 + 8399.99 \times \text{Time} + 36227$	万元
56		第二产业增加值	$2e-0.7 \times $工业增加值$^2 + 1.0914 \times $工业增加值$ + 17251$	万元
57		第三产业增加值	$4187.4 \times \text{Time}^2 + 8796.2 \times \text{Time} + 115284$	万元
58		第一产业增加值比重	第一产业增加值/地区生产总值	%
59		第二产业增加值比重	第二产业增加值/地区生产总值	%
60		第三产业增加值比重	第三产业增加值/地区生产总值	%
61		GDP	第一产业增加值+第二产业增加值+第三产业增加值	万元
62		工业增加值	INTEG（工业增加值年增长量，84396）	万元
63		工业增加值年增长量	工业增加值×工业增加值年增长率	万元
64		工业增加值年增长率	IF THEN ELSE（水资源紧张程度<1，$0.153 + 0.1743 \times \text{COS}(3.326 \times \text{Time} - 1.003)$，0.10）	—
65		经济密度	GDP/土地面积	万元/km²

续表

序号	子系统	变量	公式或数值	单位
66	经济环境容量	第一产业就业需求	EXP（0.2825×（LN（第一产业增加值））^{2}+6.6219×LN（第一产业增加值）-27.345）	万人
67		第二产业就业需求	EXP（0.0078×（LN（第二产业增加值））^{2}+0.1458×LN（第二产业增加值）+7.8911）	万人
68		第三产业就业需求	EXP（0.5741×（LN（第三产业增加值））^{2}-14.197×LN（第三产业增加值）+98.473）	万人
69		劳动力需求	第一产业就业需求+第二产业就业需求+第三产业就业需求	万人
70		人均GDP	GDP/总人口	万元
71		经济环境容量	劳动力需求-劳动力供给	万人
72	社会环境容量	总人口	INTEG（出生人口+集聚人口-死亡人口，346606）	万人
73		出生人口	总人口×出生率	万人
74		死亡人口	总人口×死亡率	万人
75		集聚人口	总人口×净迁入率	万人
76		出生率	RANDOM UNIFORM（0.01，0.013，0.011）	—
77		死亡率	RANDOM UNIFOR（0.03，0.05，0.032）	—
78		人口自然增长率	出生率-死亡率	‰
79		净迁入率	1	‰
80		城镇人口	总人口×城镇化率（Time）	万人
81		农村人口	总人口×（1-城镇化率）	万人

续表

序号	子系统	变量	公式或数值	单位
82	社会环境容量	城镇化率	WITH LOOK UP (Time, [(2011, 0) - (2020, 0.6)], (2011, 0.452), (2012, 0.467), (2013, 0.495), (2015, 0.5), (2020, 0.55))	—
83		一般预算支出	$4993.3 \times \text{Time}^2 - 7706.8 \times \text{Time} + 39762$	万元
84		基本公共服务支出	RANDOM UNIFORM ($0.3 \times (4993.3 \times \text{Time}^2 - 7706.8 \times \text{Time} + 39762)$, $0.5 \times (4993.3 \times \text{Time}^2 - 7706.8 \times \text{Time} + 39762)$, $0.37 \times (4993.3 \times \text{Time}^2 - 7706.8 \times \text{Time} + 39762)$)	万元
85		人均基本公共服务支出	基本公共服务支出/总人口	元/人
86		劳动年龄人口比例	RANDOM UNIFORM (0.7, 0.8, 0.73)	—
87		劳动力参与率	IF THEN ELSE (工业增加值增长率 > 12%, 75%, 73%)	%
88		劳动力供给	总人口 × 劳动年龄人口比例 × 劳动力参与率	万人
89	其他	城镇化安置环境容量	0.7 × 自然资源环境容量 + 0.3 × 经济环境容量 – 总人口	万人

后　记

农村移民一直是水库工程移民的重要组成部分。基于他们自身的特性，特别是对土地的依赖性，长久以来农业安置方式是安置这一群体的主要方式。但是随着自然环境的变化与社会经济的发展，限制农业安置实施的约束性条件越来越多，包括可调整耕地面积的减少、第一产业劳动力转移压力的增大等因素。在新型城镇化建设大力推进的背景下，有必要提出一种与城镇化发展相适应的移民安置方式，加大城镇化安置在农村移民安置中的分量，使农村移民也可以享受到城镇化发展带来的红利，这不仅关系到我国城镇化建设的顺利推进，也影响到库区与安置区的稳定。

现有的移民安置法规，包括《大中型水利水电工程建设征地补偿和移民安置条例》《国务院关于完善大中型水库移民后期扶持政策的意见》等主要针对农业安置。此外，相关的技术规范也没有对城镇化安置提出详细的要求。在实施层面，这造成水库工程农村移民的城镇化安置缺少有效的指导。同时，在理论层面，一个围绕城镇化安置研究的分析框架尚未建立。城镇化安置的安置区域由农村转移到城镇，在一个更复杂的系统之中，城镇化安置需要考虑更多的影响因素，包括环境容量的测算、移民在城镇的就业以及制度安排等问题，现有的水库移民理论研究并没有给出明确的答案。

本书第二作者于 1991 年在国内外率先提出了水库移民环境容量的概念、理论与测算方法，于 2005 年指导朱东恺博士完成了水利水电工程移民制度研究的博士论文，这是国内第一个对新中国成立以来水库工程移民安置制度进行系统分析的研究成果。本书的研究以上述研究为基础，从理论上首次提出了针对城镇化安置的"环境容量-就业-制度安排"分析框架，以复杂系统理论、新经济地理学理论与制度安排理论为基础，提出了测算城镇化安置环境容量的系统动力学模型，分析了移民的就业效用与城市规模、城市内部区位、产业类型、移民的劳动力特征和城市融入成本的关系，并从正式制度安排与非正式制度安排两个角度对城镇化安置下新的制度安排提出了建议。笔者希望本书能够对推动水库工程农村移民城镇化安置的进一步研究有所裨益。

周潇君　施国庆　王海宝
2017 年 8 月 20 日

图书在版编目(CIP)数据

水库工程农村移民城镇化安置研究 / 周潇君，施国庆，王海宝著 . --北京：社会科学文献出版社，2018.12

（移民研究文库·水库移民系列）

ISBN 978 - 7 - 5201 - 3487 - 3

Ⅰ.①水… Ⅱ.①周…②施…③王… Ⅲ.①水库工程－移民安置－研究－宁夏 Ⅳ.①D632.4

中国版本图书馆 CIP 数据核字（2018）第 215645 号

移民研究文库·水库移民系列
水库工程农村移民城镇化安置研究

著　者 / 周潇君　施国庆　王海宝

出 版 人 / 谢寿光
项目统筹 / 胡　亮
责任编辑 / 胡　亮　王春梅

出　　版 / 社会科学文献出版社·社会学出版中心（010）59367159
　　　　　地址：北京市北三环中路甲29号院华龙大厦　邮编：100029
　　　　　网址：www.ssap.com.cn

发　　行 / 市场营销中心（010）59367081　59367083
印　　装 / 三河市尚艺印装有限公司

规　　格 / 开　本：787mm × 1092mm　1/16
　　　　　印　张：15.5　字　数：228千字
版　　次 / 2018 年 12 月第 1 版　2018 年 12 月第 1 次印刷
书　　号 / ISBN 978 - 7 - 5201 - 3487 - 3
定　　价 / 69.00 元

本书如有印装质量问题，请与读者服务中心（010 - 59367028）联系

▲ 版权所有 翻印必究